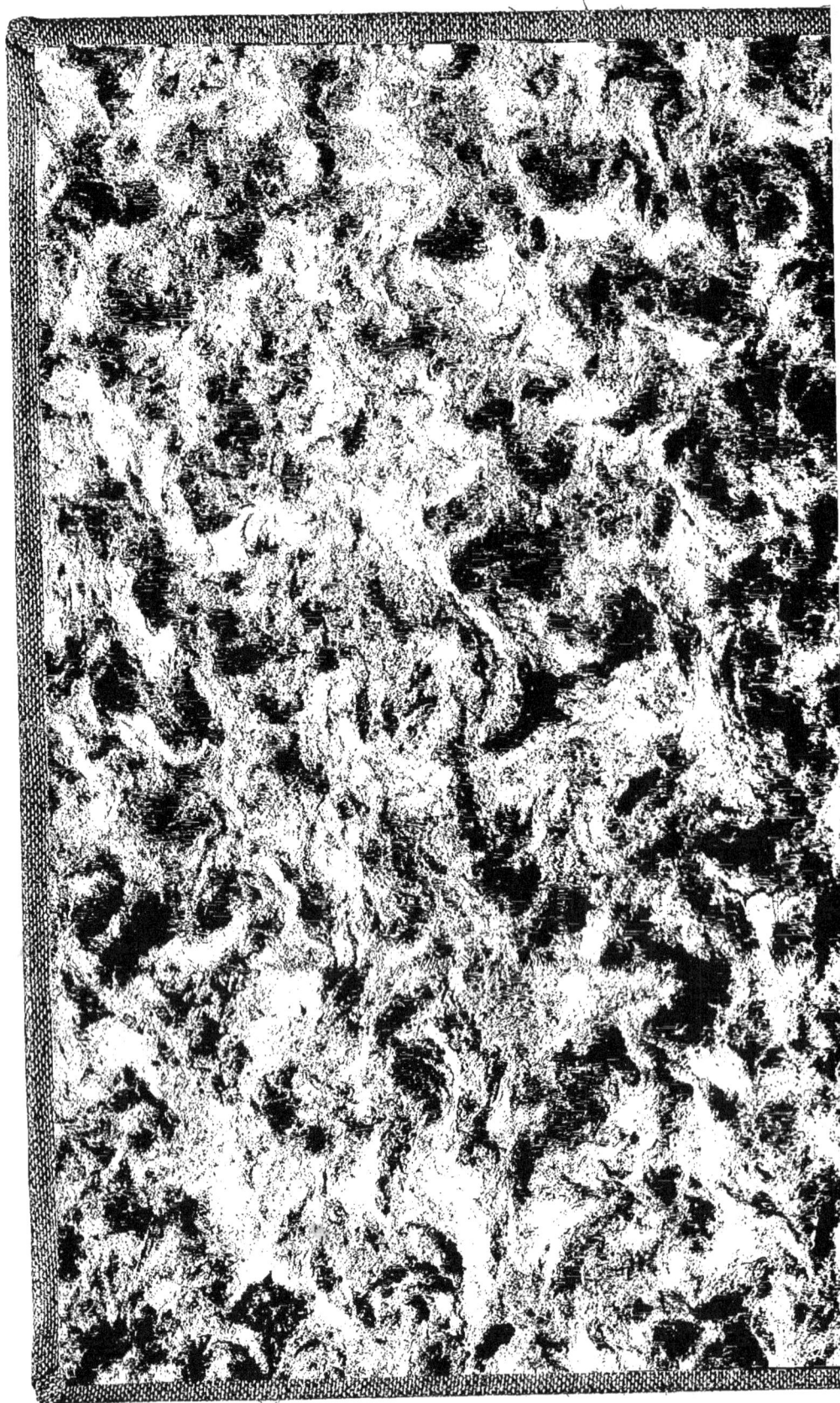

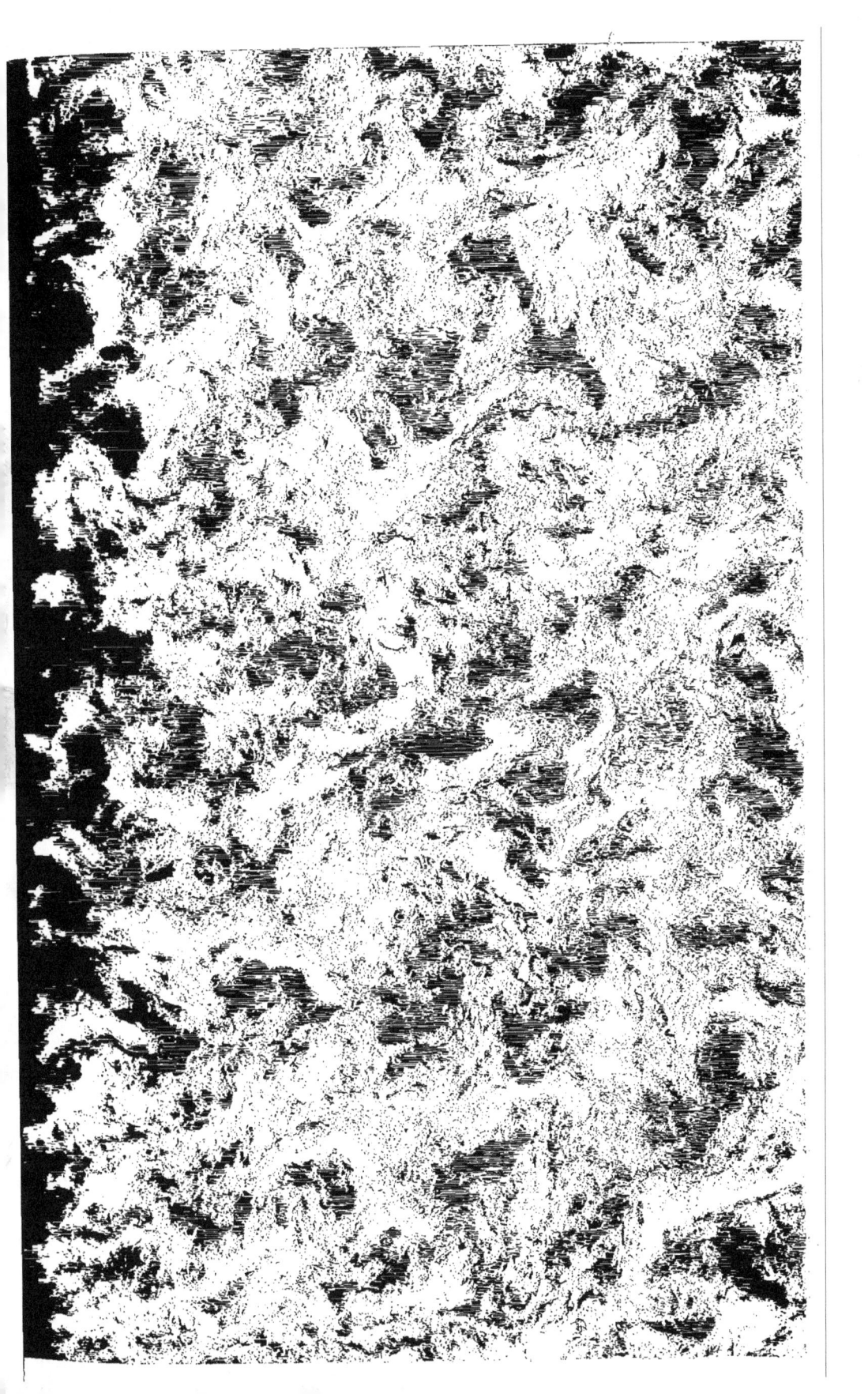

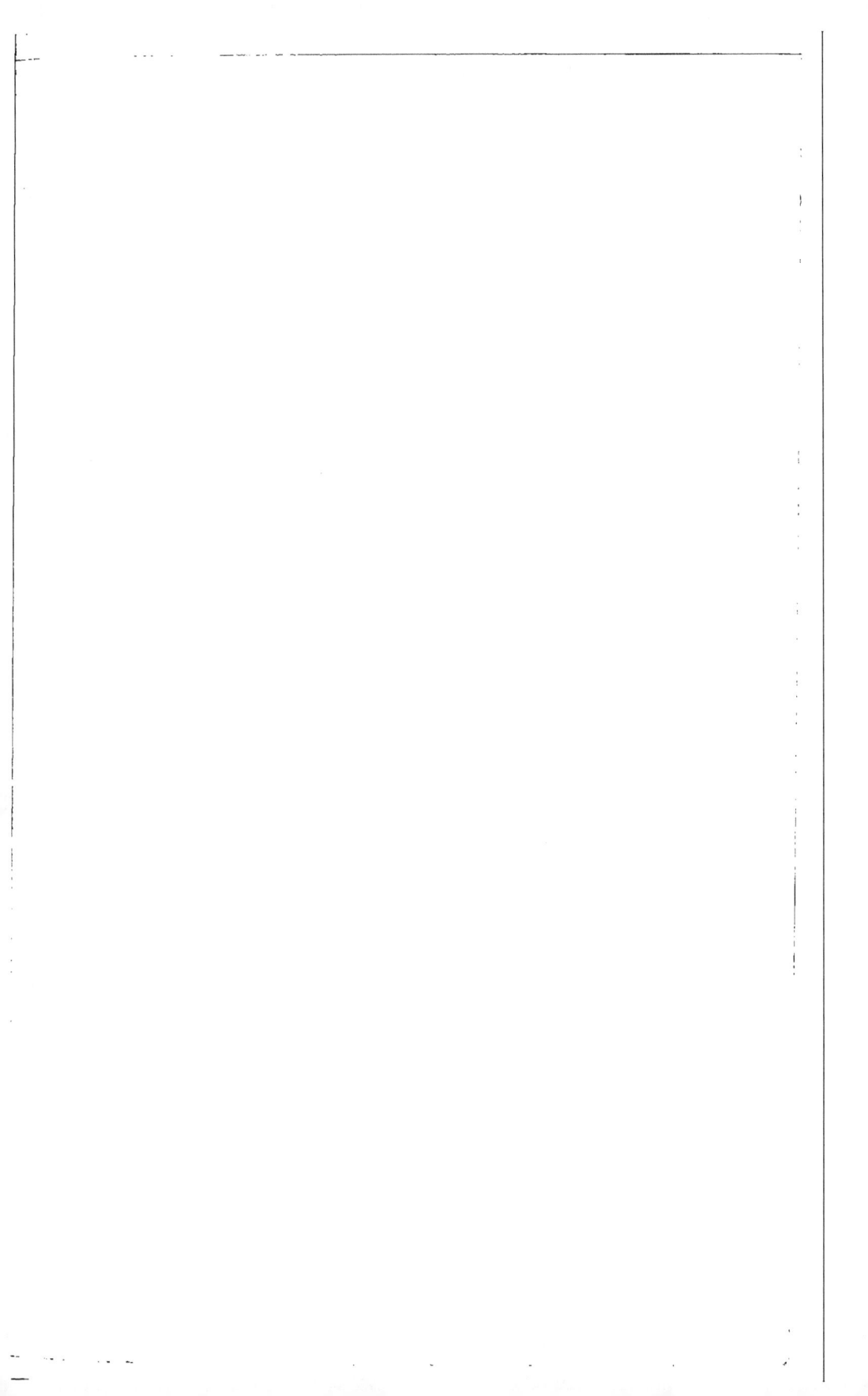

FACULTÉ DE DROIT DE CAEN

DES

OBLIGATIONS NATURELLES

EN DROIT ROMAIN ET EN DROIT FRANÇAIS

THÈSE

POUR LE DOCTORAT

SOUTENUE PAR

GABRIEL-JUST GUIGOU

Avocat à la Cour d'Appel d'Aix

LE 23 JUIN 1893

MARSEILLE

IMPRIMERIE MARSEILLAISE
Rue Sainte, 39

1893

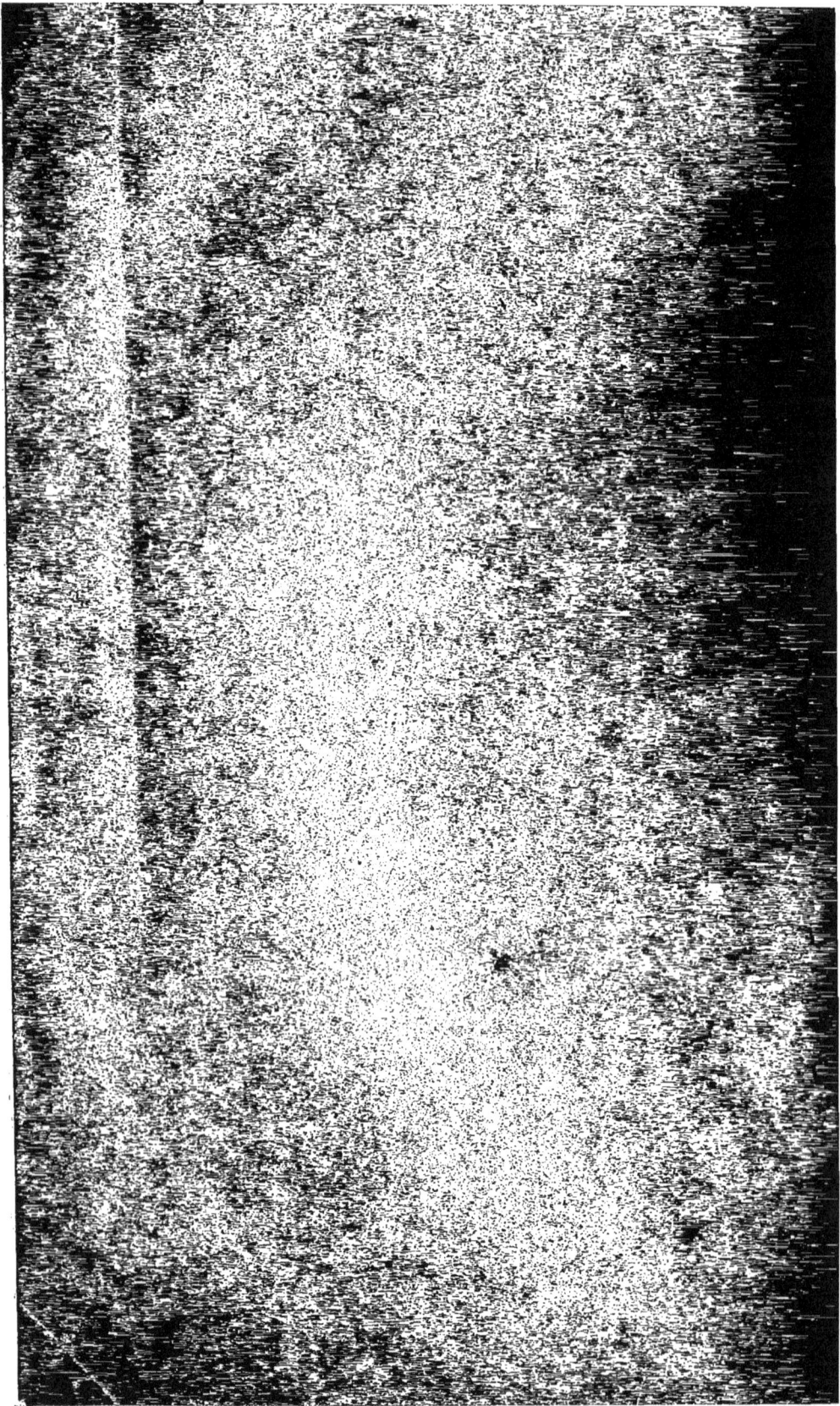

FACULTÉ DE DROIT DE CAEN

DES

OBLIGATIONS NATURELLES

EN DROIT ROMAIN ET EN DROIT FRANÇAIS

THÈSE

POUR LE DOCTORAT

SOUTENUE PAR

GABRIEL-JUST GUIGOU

Avocat à la Cour d'Appel d'Aix

LE 23 JUIN 1893

MARSEILLE

IMPRIMERIE MARSEILLAISE
Rue Sainte, 39

1893

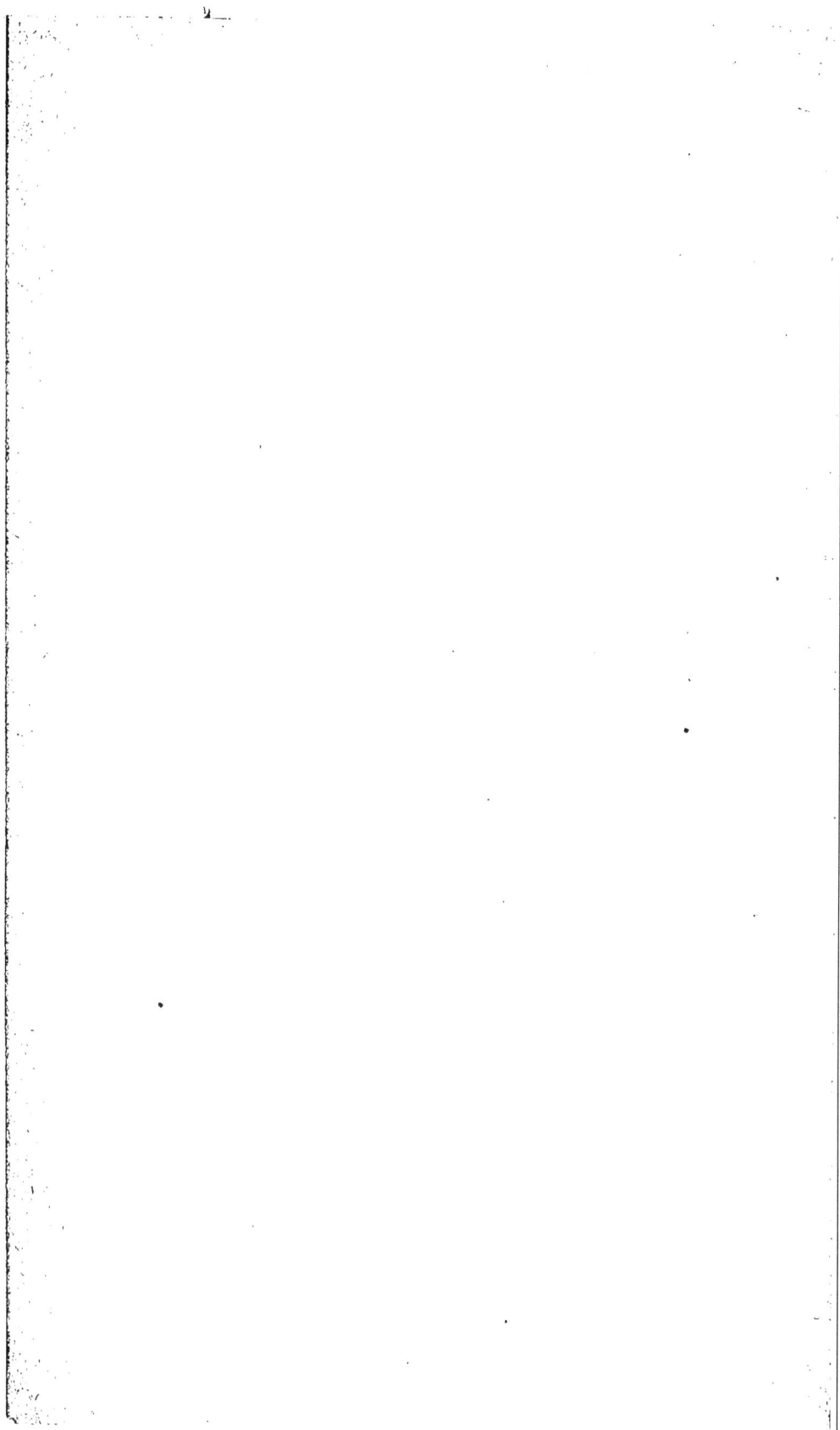

A MON PÈRE

AVOCAT, DOCTEUR EN DROIT

doyen honoraire de la Faculté libre de Droit, de Marseille

A MA MÈRE

A MES FRÈRES, A MA SŒUR

A MES MAITRES

A MES AMIS

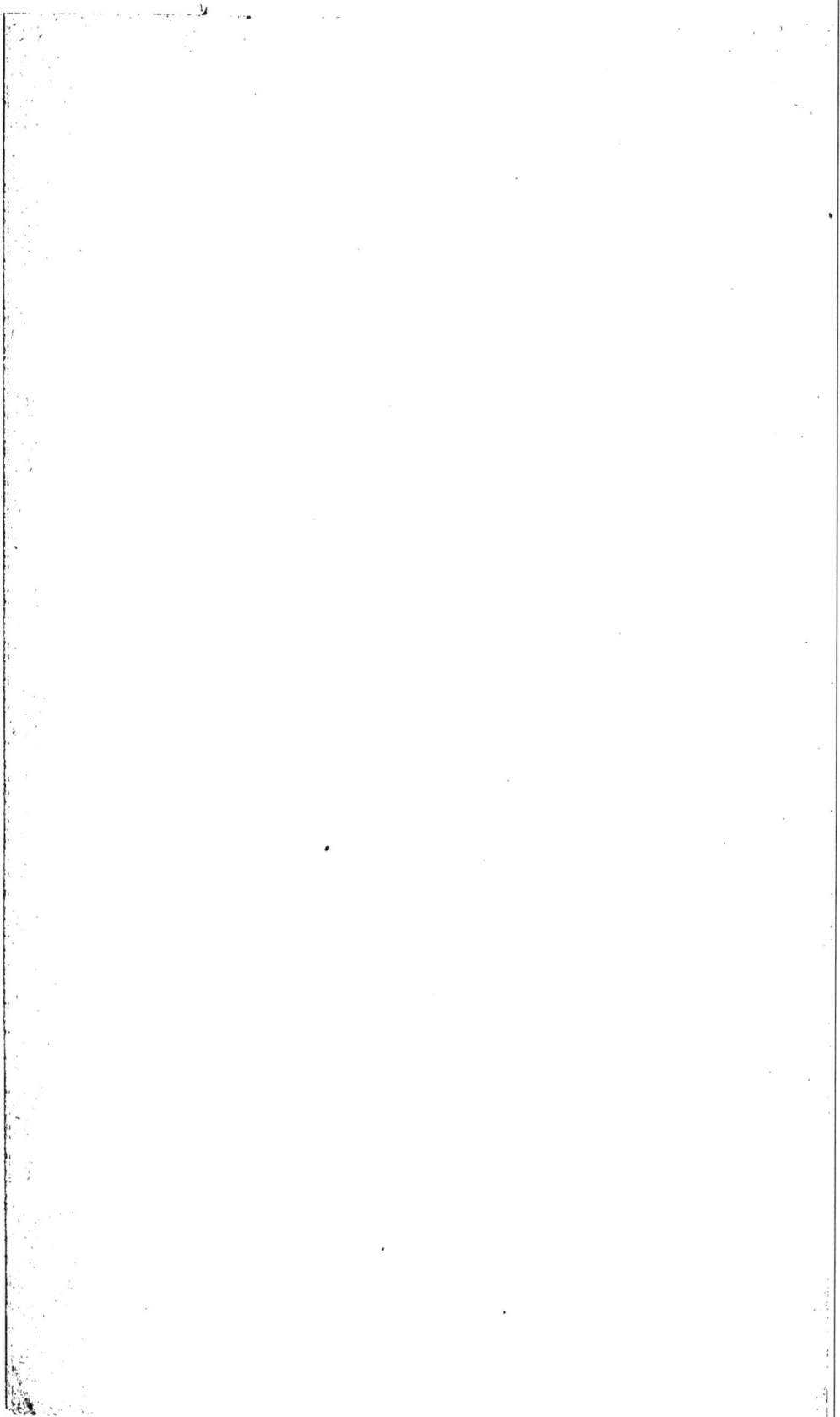

JURY D'EXAMEN

MM. CAREL, Professeur, président de la Thèse.

VILLEY, Professeur-Doyen.

CABOUAT, Professeur.

BIVILLE, Agrégé.

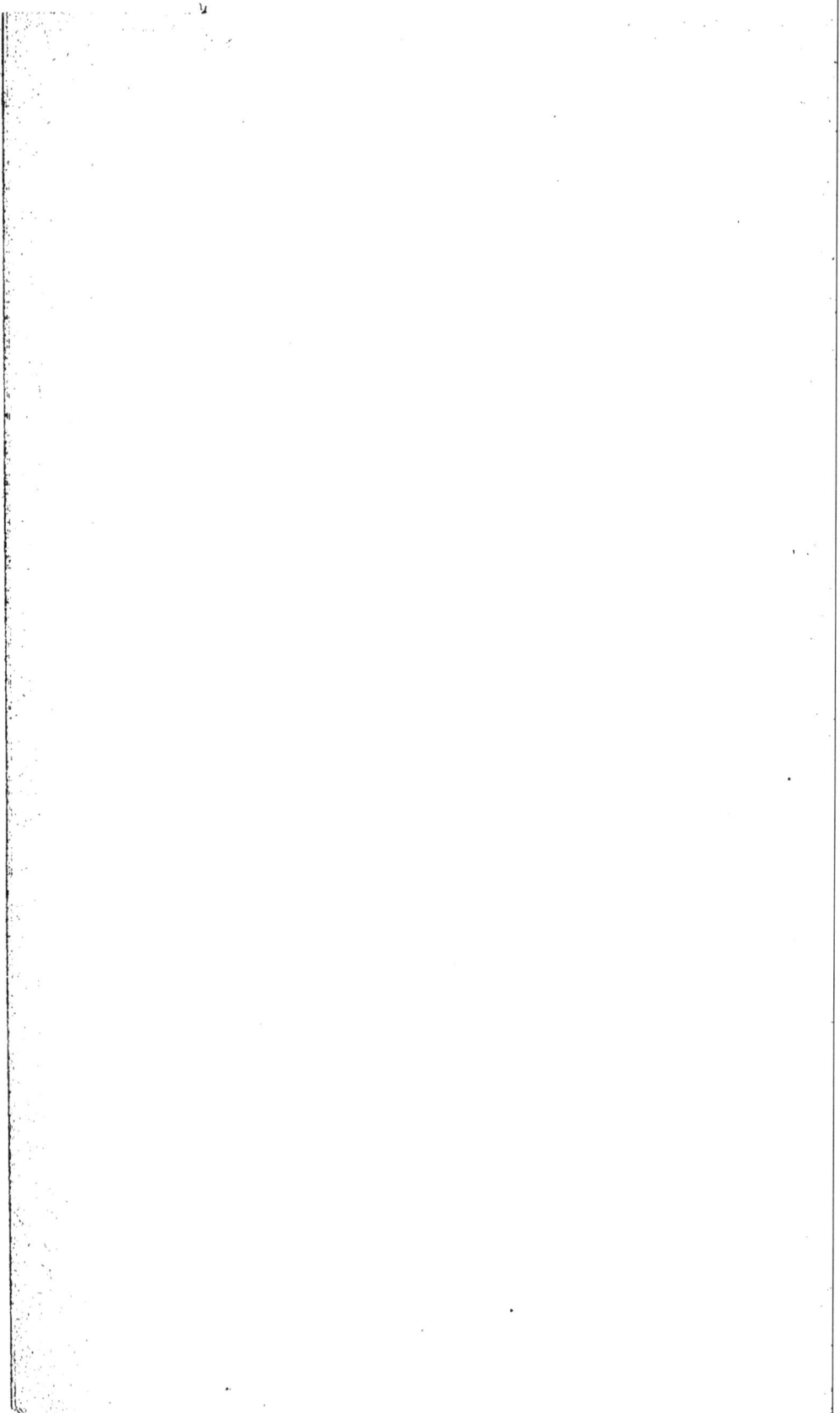

PRINCIPAUX AUTEURS CONSULTÉS POUR CETTE ÉTUDE

Accarias. — Précis de Droit romain. Tome I et II.

Argout. — Institution de Droit français.

Argentré (d'). — Coutumes de Bretagne.

Aubry et Rau sur *Zachariæ*. — Cours de Droit civil (1869).

Baudry-Lacantinerie. — Précis de Droit civil.

Clappier. — Essai sur l'Obligation naturelle (Aix, 1859).

Cauvet. — Des systèmes nouveaux sur les Obligations naturelles en Droit romain. Revue de législation et de jurisprudence (année 1853 tome I).

Delvincourt. — Droit civil.

Demolombe. — Cours de Code civil. Traité des contrats. Traité des successions.

Duranton. — Cours de Droit français.

Dalloz. — Jurisprudence générale *et* Recueil périodique.

Dunod. — De la Prescription.

De Vienne. — Etude sur les Obligations naturelles (Nancy, 1868).

Demante et Colmet de Santerre. — Cours analytique du Code civil.

Demangeat sur *Mourlon*. — Répétitions écrites sur le Droit civil (1884).

Ferrière (de). — Dictionnaire de Pratique et de Droit.

Domat. — Lois civiles dans leur ordre naturel.

Fenet. — Motifs du Code civil.

Demangeat. — Cours de Droit romain.

Demanget. — Institutes de Gaius (1866).

Fregier. — Paraphrase des Institutes de Théophile.

Grotius (traduction de Barbeyrac). — Droit de la guerre et de la paix (1748).

Holtius. — De l'Obligation naturelle en Droit romain. Revue de Législation et de Jurisprudence (1852, tome III).

La Bigne (de), De Villeneuve et Henry. — Eléments de Droit civil.

Laurent. — Principes de Droit civil français.

Laromdière. — Théorie et pratique des Obligations.

Loysel. — Institutes coutumières.

Machelard. — Des Obligations naturelles en Droit romain.

MASSOL. — De l'Obligation naturelle et morale en droit romain et en droit français.

MARCADÉ. — Cours de Code civil.

MERLIN. — Répertoire des Questions de Droit.

MOLITOR. — Obligations en Droit romain.

MAYNZ. — Cours de Droit romain.

ORTOLAN. — Institutes de Justinien.

POTHIER (édition Bugnet). -- Traité des Obligations.

POTHIER. — Pandectæ Justinianæ (1821).

PUCHTA. — Pandectes.

PUFENDORF. — Le Droit de la nature et des gens (traduction Barbeyrac) (1712).

SAVIGNY. -- Le Droit des Obligations (traduction Gerardin et Jozon).

TOULLIER. — Droit civil.

TROPLONG. — Traité de l'Obligation ; *et autres*.

VANGEROW. — Pandectes.

WEBER. — Exposé systématique de la théorie de l'Obligation naturelle.

DES OBLIGATIONS NATURELLES

EN DROIT ROMAIN

PRÉLIMINAIRES

Le droit est la source de toute obligation, mais au-dessus du droit purement positif, créé par les législateurs, variant de peuple à peuple, se modifiant et se transformant selon les besoins de chaque époque, il existe une loi éternelle, qui gouverne le monde, invariable dans ses prescriptions, c'est la loi naturelle, ainsi appelée parce qu'elle nous prescrit ce qui est conforme à notre nature, nous conduit et nous dirige jusqu'à notre entier développement moral. Tous les génies de l'ancienne Rome ont reconnu et proclamé l'existence de cette loi, dont Dieu est l'auteur, et dont tout législateur doit s'inspirer pour établir une législation équitable.

L'histoire du droit nous apprend que la science des lois a toujours reposé sur un double fondement : les coutumes nationales et le droit naturel ou la loi naturelle ; c'est ce qu'exprime si bien Gaïus, lorsqu'il écrit au début de ses Institutes : *Omnes populi partim suo, partim communi omnium hominum jure utuntur.*

Ainsi, quand on étudie le droit romain depuis ses

1

premières origines dans les rigueurs du droit des Douze Tables, jusqu'à son entier épanouissement qui l'a fait surnommer « la raison écrite », on est frappé de trouver à côté des institutions des vieux Quirites d'autres institutions analogues, plus douces, dérivant seulement de l'équité et de l'intérêt général, qui viennent corriger les sévérités et le rigorisme des vieilles institutions.

Nous retrouvons ces commencements rudes et exclusifs dans toutes les parties du droit : d'abord, dans la constitution de la famille romaine ; nous y voyons le despotisme absolu du *paterfamilias*, juge, législateur et prêtre ; la famille elle-même est constituée sur une base toute artificielle, formée par des liens purement civils, excluant longtemps de son sein ceux auxquels la nature a cependant donné le même sang ; c'est la théorie de l'agnation ; plus tard, la nature reprit ses droits sous l'empire de la loi naturelle, et la famille fut reconstituée sur sa vraie base.

Il en est de même dans le domaine des choses : la loi des Douze Tables ne connaît qu'une sorte de propriété, réservée aux seuls Romains ; les étrangers n'y peuvent participer et, pour bien marquer le caractère particulier de ce droit, on l'appelle *dominium ex jure Quiritium*, et on qualifie de *justus dominus* le titulaire d'un pareil droit, qui ne peut être transmis ou cédé que d'après les modes déterminés par la loi.

A côté de cette propriété restreinte, quant aux biens sur lesquels elle pouvait porter et quant aux personnes qui la pouvaient posséder, on vit apparaître de bonne heure une propriété nouvelle dépouillée de ce caractère rigide et étroit, l'*in bonis*, moins étendue dans ses effets que le domaine quiritaire, soumise à des règles particulières, mais procurant à peu près les mêmes avantages que lui. Justinien fit cesser cette étrange coexistence de deux sortes de propriétés, pour n'en laisser subsister qu'une seule ayant le même caractère, la même étendue et les mêmes effets.

Si, maintenant, quittant le domaine des droits réels, nous passons dans celui des droits personnels, nous trouvons dans les commencements de la législation romaine la même rudesse et le même exclusivisme. Prenons le droit d'obligation, par exemple. On sait que l'obligation est un lien juridique qui astreint une personne à une prestation envers une autre et qui comporte, pour son exécution, le concours et l'appui de la force publique.

En cette matière, comme dans les autres, on ne tient d'abord aucun compte des principes de l'équité naturelle, on se cantonne dans les exigences et les formalités rigoureuses du droit des Douze Tables ; on s'oblige civilement ou on ne s'oblige pas ; on transporte en cette matière la cérémonie symbolique de la balance et de la pièce de monnaie, qui servit primitivement à créer la propriété quiritaire.

Avec le temps et la civilisation, il y eut des adoucissements à cette primitive rigueur, on put s'obliger par la tradition, *re*, par des paroles ou des écritures solennelles, et même par le simple consentement. Ainsi peu à peu, avec les rapports que le rapprochement des peuples et le progrès des mœurs créent entre les nations voisines, le droit romain laisse le droit des gens pénétrer dans ses institutions, y exercer une influence nouvelle et les étrangers peuvent bien plus librement contracter.

Les magistrats de Rome, subissant eux-mêmes cette heureuse influence, corrigent les anciennes sévérités du pur droit civil ; sous le nom d'obligations honoraires, ils sanctionnent des contrats qui ne produisaient autrefois aucun effet. Bien plus, l'équité fait souvent à elle seule la loi, elle reconnaît la formation d'un lien, là où ni les rigueurs du droit civil, ni la bienveillance du préteur n'ont voulu voir la formation d'une véritable obligation.

Alors on vit apparaître à Rome cette grande division des obligations en obligations civiles et en obligations naturelles, qui est comme le fait remarquer Savigny, en son *Droit des obligations*, p. 26, vol. I, en parfaite harmonie avec l'opposition que l'on rencontre à chaque pas entre le *jus gentium* et le *jus civile*.

Cette division des obligations en obligations civiles et en obligations naturelles présente une grande importance au triple point de vue de leur origine, de leur efficacité et de la capacité juridique des personnes qui peuvent en être les sujets actifs ou passifs.

Avant d'aborder l'étude de l'obligation naturelle en elle-même, nous préciserons exactement le terrain sur lequel doit porter notre modeste travail.

Les textes parlent souvent de la *naturalis obligatio* pour indiquer qu'elle appartient par son origine au *jus gentium*, qu'elle en est un produit que le droit civil s'est approprié et auquel il a donné toute son efficacité ; ces obligations-là sont très nombreuses, bien plus nombreuses assurément que celles qui sont nées romaines. Il ne serait pas sans intérêt de rechercher l'acte de naissance de chaque obligation, mais, dans un travail borné comme le nôtre, nous ne pouvons que signaler cette diversité d'origine des obligations et indiquer l'importance de ce fait au point de vue des personnes qui pouvaient ou qui ne pouvaient pas être les sujets actifs ou passifs de ces obligations, suivant qu'elles étaient un produit du droit civil ou du droit des gens.

Nous n'étudierons l'obligation naturelle que sous le rapport de son efficacité, c'est-à-dire l'obligation naturelle par opposition à l'obligation civile, à l'obligation munie d'action ; c'est sous ce point de vue que l'obligation naturelle présente son caractère original et mérite vraiment son appellation de « naturelle ».

L'essence de l'obligation civile consiste dans un état d'assujetissement d'une personne vis-à-vis d'une autre ; la

définition que les jurisconsultes en ont donnée est restée
classique : *Obligatio est vinculum juris, quo necessitate
adstringimur alicujus solvendæ rei, secundum nostræ
civitatis jura.*

La force du lien qui unit ainsi les deux personnes, sujets
de l'obligation, consiste dans la sanction d'une action que
la loi donne aux engagements dont elle reconnaît l'existence
légitime et l'efficacité.

Mais il est des cas où la loi, tout en constatant la formation d'un lien, ne vient pas au secours des parties qui l'ont
formé, ne leur donne aucun moyen pour en assurer l'exécution ; le créancier, si toutefois on peut employer cette
expression en notre matière, ne pourra obtenir ce qui lui
est dû que par accident et par des voies indirectes ; tel est
le cas de l'obligation naturelle qui doit faire l'objet de
cette étude.

CHAPITRE PREMIER

Source et nature de l'obligation naturelle à Rome

§ I

SOURCE DE L'OBLIGATION NATURELLE

Les textes du droit romain, bien que reconnaissant formellement l'existence de l'obligation naturelle, n'en
donnent aucune théorie générale ; ils se bornent à en
constater l'existence ou les effets dans certains cas donnés,
mais c'est là tout ; on ne trouve nulle part l'explication
de leur origine.

Il eût été cependant intéressant d'étudier l'histoire de

ces obligations particulières; aussi, voit-on aux diverses époques les commentateurs et les savants chercher à édifier une théorie sur la nature et l'origine de l'obligation naturelle et émettre à ce sujet les doctrines les plus diverses.

Les anciens auteurs, dont la théorie se confond avec celle de la Glose, puisent dans la conscience universelle et l'équité la source de l'obligation naturelle; ils semblent avoir voulu donner à leur théorie une base philosophique un peu trop moderne et que le droit romain aurait désavouée. Il suffit de voir le résultat d'une pareille doctrine pour en apprécier la valeur; c'est la confusion le plus étrange; du principe vague et indéterminé de l'équité, chacun fait découler des conséquences diverses, des effets différents. Il n'y a rien là d'ailleurs d'étonnant, car que faire avec une base aussi peu précise que celle sur laquelle repose une telle doctrine, qu'on pourrait résumer en citant l'opinion de Westenberg et de Vinnius à ce sujet: « L'obligation naturelle, nous disent-ils, est une obligation fondée en droit naturel, mais que les Romains, pour des raisons particulières, refusent de reconnaître autrement qu'à titre d'équité. » (Holtius, *Rev. de leg. et de jurisp.*, an. 1852, p. 6, t. III.)

On ne peut pas nier que l'équité et la morale aient une part et même une très large part dans la formation de l'obligation naturelle, comme dans la formation de l'obligation civile; mais elles n'en constituent pas l'essence. Il n'y a pas antagonisme entre le droit positif et le droit naturel, comme le supposent ces vieilles théories qui arrivent à produire la plus regrettable confusion entre les obligations morales et les obligations naturelles.

Weber, frappé de l'obscurité des doctrines anciennes, cherche à rattacher la théorie des obligations naturelles à une base moins vague et plus saisissable que celle du droit naturel tout seul; il place encore leur fondement dans les profondeurs du *jus naturale*, il cherche a leur assigner une base plus solide, mais, dans son désir de réagir contre la théorie de l'*equitas* pure, il se jette dans un excès encore plus grave. Pour lui toute obligation naturelle consacrée par la saine raison doit produire une action quelconque, même dans le droit romain ; les exemples contraires ne sont que des exceptions du droit positif; le droit naturel, sans qu'il ait besoin de l'assentiment du droit civil donne à l'obligation tous ses effets, moins l'action et, si ces effets sont ainsi restreints, c'est l'œuvre du droit positif. (Weber, *Systematische entwidklung.*, etc.).

Une pareille théorie est on ne peut plus dangereuse et porte atteinte aux principes les plus sacrés des législations, elle ne tend à rien moins qu'à rendre inutiles toutes les lois positives.

La théorie inaugurée par Puchta dans ses Pandectes et reproduite avec beaucoup de talent par Savigny a rencontré, parmi les auteurs et les savants, de nombreux suffrages : elle place la source et le fondement de l'obligation naturelle dans le *jus gentium.*

« Cette théorie, dit Savigny, est en corrélation évidente avec l'opposition du *jus gentium* et du *jus civile ;* les obbligations du *jus gentium* sont en grande partie reconnues par le droit civil ; quelques-unes cependant, par suite de certaines circonstances qui s'y opposent et les rendent imparfaites, ne sont pas reconnues par le droit civil, et, si on les appelle de préférence *naturales*, c'est en ce sens qu'elle ne sont que *naturales*, tandis que la plupart des autres sont sanctionnées par le droit civil. » (*Droit des Obligations*, ch. 1, p. 41, t. 1.)

Cette opinion semble trouver un solide fondement dans la loi 84, § I, *De reg. juris*, au Digeste : *Is naturâ debet quem jure gentium dare oportet, cujus fidem secuti sumus ;* elle distingue aussi bien nettement l'obligation naturelle de l'obligation morale et, au lieu d'être fondée sur une opposition entre le droit civil et le droit naturel, entre les prescriptions de la loi morale et celles de la loi positive, elle repose sur une distinction qui se retrouve à chaque instant dans les textes romains : la distinction du *jus gentium* et du *jus civile*.

On pourrait cependant reprocher avec quelque justice au système de Savigny de n'avoir pas précisé d'une manière assez certaine le sens du mot *« jus gentium »* qui se prête, dans le langage des Romains, à un double sens : tantôt il signifie droit naturel, tantôt droit des gens ; ce manque de précision amène dans cette théorie, dont le fondement nous paraît sérieux, une regrettable confusion.

Nous devons mentionner la théorie de Schwauert, professeur à Rostock, qui, sortant des voies suivies jusqu'alors, donne à l'obligation que nous étudions une origine et une nature très particulière. (Schwauert, *Die natural obligationen des ræmischen rechts*, Gœttingen 1861.)

Il confond dans leur origine et dans leurs causes les obligations naturelles et les obligations civiles ; il se borne simplement à restreindre les effets des premières ; il exige, pour qu'il y ait une obligation naturelle, une *causa juris civilis*, en se basant sur le texte de la loi 49, § 2, au Dig., *De Pecul.* (XV, 1), qui indique bien en effet la nécessité d'une *causa civilis* pour l'appréciation d'une dette de l'esclave envers son maître, ou du maître envers son esclave : *ut debitor vel servus domino, vel dominus servo intelligatur ex causa civili computandum est.* Mais nous ferons remarquer que ce texte vise une hypothèse toute particulière, dans laquelle l'esclave ayant un pécule peut exceptionnellement créer une obligation civile ; les règles pour la formation d'une telle obligation trouvant ici leur place, rien d'étonnant que l'on mentionne la nécessité d'une *causa juris civilis*.

Cette théorie aboutit d'ailleurs à des résultats étranges et inadmissibles : avec la nécessité de la *causa civilis*, il faut écarter toute possibilité d'une obligation naturelle chez l'esclave, qui ne pourra jamais, par suite de la situation que lui fait le droit des gens, donner naissance à une obligation ayant une *causa civilis ;* on ne peut davantage admettre, avec une pareille exigence, l'obligation naturelle dérivant du pacte.

Schwauert a senti le côté faible de sa théorie ; il a imaginé une nouvelle classe d'obligations, le *naturâ debitum*, dont il n'est pas facile de déterminer la nature d'une façon bien précise, mais qui nous paraît se rencontrer, d'après Schwauert, toutes les fois que dans un engagement il y a un lien de droit mélangé de morale, et qui, d'après lui, doit se distinguer de l'obligation de conscience, dont l'exécution constitue toujours une libéralité.

A côté de ces diverses théories nous devons mentionner la doctrine de M. Holtius, professeur à Utrecht, qui semble vouloir réduire à des proportions insignifiantes la théorie de l'obligation naturelle.

Pour lui l'obligation naturelle est tout à fait un produit du droit positif, profondément imprimé dans les institutions romaines ; l'équité et la morale y ont leur part comme dans toute autre obligation, mais n'en constituent pas l'essence.

« L'idée qui domine, dit-il, est celle d'un fait opposé à un droit ; c'est ce que le mot « naturel » en droit romain exprime : c'est une expression négative ; les effets si complaisamment énumérés par nos jurisconsultes modernes étaient si insignifiants aux yeux des Romains, que, dans maintes discussions théoriques, on pouvait se dispenser d'y avoir égard, au point que *obligatio naturalis et obligatio inutilis* étaient à peu près synonymes. D'ailleurs, ajoute-t-il l'obligation naturelle ainsi entendue (par les anciens) n'existe pas en droit romain ; presque toujours les textes la qualifient d'*inutilis ;* elle est synonyme d'obligation entièrement nulle et non existante ; les effets que parfois elle produit sont des concessions exceptionnelles que le droit romain consacre en se la rendant propre et la faisant, pour ainsi dire sortir du domaine des obligations protégées par la seule équité » (*Revue de Législ. et de Jurisp.*, année 1852, pp. 26 et suiv., tome III.)

Il est vrai que parfois les textes qualifient l'obligation naturelle : *inutilis, inanis* ; ainsi, au livre III *Comment. Gaii*, § 176, l'obligation d'un pupille qui, sans l'*auctoritas tutoris*, a nové une obligation civile est qualifiée par ces expressions. Ce texte signifie simplement que l'obligation du pupille est sans action, que par suite il n'y a pas une véritable obligation civile, hors de laquelle il n'y a qu'un engagement que l'on qualifie d'*inutilis*, bien que susceptible encore de produire certains effets équitables ; quand il n'y a pas d'action, pour les Romains, on ne peut parler qu'*improprie* d'une obligation. D'ailleurs, ce texte même nous montre, à côté de l'obligation du pupille, qualifiée *inutilis*, une obligation d'un esclave contractée dans les mêmes termes et il nous indique que cette obligation sera inexistante, tandis que celle du pupille, malgré l'épithète que l'on nous objecte, a le pouvoir d'éteindre une obligation civile.

M. Cauvet, professeur à la Faculté de droit de Caen, a fait justice des théories de M. Holtius dans une réponse au professeur d'Utrecht, publiée par la *Revue de Législation et de Jurisprudence*, année 1853, pp. 193 et suiv., tome I.

« Le terme d'obligation naturelle, écrit-il, ne doit pas être détourné de sa signification vulgaire et commune : l'obligation naturelle contractée en dehors des prescriptions du droit national, mais conforme à la stricte justice, est appelée de la sorte, comme on nomme fils naturel celui qui naît hors du mariage et que pourtant des rapports de convenance et de morale reconnus par la loi romaine unissent à son père. »

Et il ajoute plus loin, en forme de conclusion : « Si les obligations naturelles, en droit romain, ne donnent que rarement passage aux deux effets les plus importants de l'obligation civile : l'exception et la compensation, toutes les fois que l'équité les proclame comme engageant la conscience de l'homme vraiment juste, elles obtiennent certaines conséquences juridiques : c'est ainsi qu'elles sont toujours aptes à devenir la cause d'un contrat volontaire, intervenu à leur occasion ; la possibilité de ratifier un acte implique, en effet, dans toute législation, l'existence imparfaite de cet acte. »

Au milieu de ces opinions si diverses, je crois qu'il faut choisir, comme nous indiquant la vraie source de l'obligation naturelle, celle qui la place dans le *jus gentium*.

Peut-être pourrait-on soutenir que sous l'empire de la loi des Douze Tables et dans la rigueur primitive du droit quiritaire l'obligation qui ne satisfaisait point à toutes les conditions prévues par la loi civile restait sans effet ; on s'obligeait civilement ou on ne s'obligeait pas, de même qu'on était propriétaire *ex jure Quiritium* ou qu'on ne l'était pas du tout.

L'histoire du droit romain nous fait assister au développement successif que, grâce au préteur et aux jurisconsultes, le *jus gentium* prit dans les vieilles institutions de Rome et il semble difficile de placer ailleurs qu'en lui le fondement de l'obligation naturelle. Quelques auteurs cependant soutiennent que les Romains n'ont eu que plus tard leurs *jus proprium*, après avoir longtemps connu et suivi seulement les prescriptions du *jus naturale ;* ce ne fut donc que la civilisation qui apporta des règles aux rapports primitifs des Romains, fondés sur le *jus gentium* et la *ratio naturalis*. Nous ne pouvons discuter cette opinion dans une étude restreinte comme celle que nous poursuivons. Mais nous croyons utile, en terminant cet aperçu historique, d'emprunter quelques lignes à M. Accarias qui paraît avoir très heureusement résumé en peu de mots l'histoire de l'obligation naturelle :

« Je conclus que les obligations naturelles, dit-il, n'appartiennent pas à la législation primitive (un législateur, en effet, ne reconnaît pas des obligations pour les abandonner, ou peu s'en faut, au bon vouloir du débiteur), mais que toujours elles restèrent en dehors du droit proprement dit... elles furent le produit d'une réaction de l'équité contre le droit et cette réaction eut pour instrument une jurisprudence qui ne pouvait pas ou ne voulait pas faire la loi : voilà pourquoi ces obligations furent si incomplètement sanctionnées. » (*Precis de Droit romain*, tome II, p. 190.)

L'équité et le droit naturel sont donc la base première des obligations naturelles; consacrées par le droit des gens, moins sévère que le droit civil, elles entrèrent peu à peu dans la législation romaine, qui les reconnut et leur accorda même des effets très importants, qu'elles n'auraient jamais eus sans cette consécration; la législation positive n'est donc pas étrangère à la formation des obligations naturelles, puisque c'est d'elle qu'elles tiennent toute leur efficacité.

Quelques auteurs se sont étrangement mépris sur la nature du *jus gentium*, considéré à Rome dans ses rapports avec la *ratio naturalis*. Le *jus gentium* y était regardé comme un droit positif, distinct du droit civil, mais cette distinction ne reposait que sur une base purement historique. Le *jus gentium* vivait en bonne intelligence, et non en rival du droit civil, qui lui emprunta d'un côté bien des institutions qu'il fit siennes, et d'autre part, comme dans la théorie des obligations naturelles, sans consacrer toutes ses institutions, vint au secours de plus d'une d'entre elles et leur prêta certains effets qu'il attachait à ses propres institutions.

Les obligations naturelles ne doivent donc pas être considérées comme une émanation, un produit direct du *jus gentium*, comme des institutions rivales de celles du droit civil, auquel elles s'imposent, pour ainsi dire, par leur propre force; bien au contraire, c'est la législation positive qui leur donne tous leurs effets par une sorte de consécration législative d'où elles tirent toute leur énergie.

§ II

NATURE DE L'OBLIGATION NATURELLE

Nous avons défini l'obligation civile : un lien de droit qui astreint une personne à une prestation envers une autre, sous la garantie de la loi, qui, pour en procurer l'exécution directe, donne au créancier le secours de l'action contre le débiteur.

L'action, aux yeux des Romains, est la caractéristique de l'obligation civile, si bien que l'on peut dire avec Savigny : « Les mots *civilis obligatio* et droit d'action sont pris comme synonymes. » (*Du Droit des Obligations*, t. I, chap. Iᵉʳ, page 41.)

Pour l'obligation naturelle, au contraire, il n'y pas d'action ; aussi les Romains nient-ils même l'existence d'une obligation en ce cas-là ; les textes nous disent que ce n'est que très improprement et par un véritable abus de langage que l'on peut parler alors d'obligation, de *creditor* et de *debitor*.

La différence essentielle de l'obligation naturelle et de l'obligation civile est donc que la dernière trouve dans le droit civil un moyen direct d'exécution, c'est-à-dire une action, tandis que la première se voit refuser cette sanction efficace ; mais l'une et l'autre constituent un lien de droit, imparfait si l'on veut, mais très important cependant au cas d'obligation naturelle, puisque le débiteur peut, même contre son gré, être amené à exécuter sa prestation, comme nous le verrons en étudiant tout à l'heure les effets de l'obligation naturelle.

Il ne faudrait pas exagérer la portée du mot « *naturalis* » appliqué à cette sorte d'obligations, les rattacher d'une façon trop étroite au droit naturel et chercher dans leur seule origine leur différence avec les obligations civiles ; car les unes et les autres ont leur base première dans le droit naturel et l'équité, sources de toutes les obligations. Quoique se rattachant au droit naturel d'une façon peut-être moins éloignée, les obligations naturelles n'en participent pas moins à certains effets qu'elles ne ne peuvent produire que par une reconnaissance formelle du droit civil.

Cette reconnaissance du droit civil différencie les obligations naturelles de certains engagements que prévoient les textes et dans lesquels, malgré l'avis contraire de quelques auteurs, il nous paraît difficile de trouver autre chose qu'une obligation morale.

Ici le droit civil n'accorde à l'obligation aucun effet, pas même ces effets indirects qui, donnés à l'obligation naturelle, en rendent la réalisation encore assez facile ; il laisse l'exécution de l'obligation à la plus entière discrétion du débiteur ; si celui-ci veut bien payer ou plutôt s'exécuter, la loi se borne à constater l'accomplissement de cette obligation très imparfaite et, s'il défend la répétition en cette matière, ce n'est pas qu'il y ait un lien de droit, qu'il y ait payement d'un *debitum*, mais bien parce qu'il serait contraire aux convenances et à la morale de revenir sur un tel payement.

Ainsi la loi 26, § 12, Dig., *De Condict. indeb.* (XII, 16), nous montre que l'affranchi qui a rendu à son ancien maître des *operæ officiales*, auxquels il ne s'était point engagé, ne pourra cependant en répéter la valeur ; et elle en donne cette raison : que la liberté est pour l'affranchi un bienfait incommensurable qui doit amener chez lui une reconnaissance qui s'oppose à ce qu'il revienne sur les services rendus : *Libertus cum se putaret operas patrono debere, solvit, condicere eum non posse, quamvis putans se obligatum, solvit... naturâ enim operas patrono libertus debet.*

La loi 14, § 7 (XI, 17), *De relig.*, interdit de même la répétition, au cas où un parent aurait payé les frais funéraires.

La loi 32, § 2, *De Condict. indeb.*, consacre encore le même principe pour le cas où une ascendante non obligée par le droit civil, mais s'y croyant obligée à ce titre, aurait cependant, par un motif d'affection ou pour toute autre cause, fourni une dot, elle donne comme raison de ce refus de répétition : qu'en faisant abstraction de l'erreur qui a pu pousser l'ascendante à faire une telle libéralité, il subsiste encore une *causa pietatis* qui s'oppose à ce qu'elle puisse revenir sur sa libéralité : *sublatâ enim falsâ opinione, relinquitur pietatis causa, ex quâ solutum repeti non potest.*

Les autres textes qui traitent de semblables hypothèses fondent tous, ainsi que les lois que nous venons de mentionner, le refus de cette répétition sur la *causa pietatis*, sur un *officium naturale* ou sur un motif de convenances.

On ne trouve nulle part mentionnée dans les textes cette distinction des obligations naturelles et morales ; quelquefois même les expressions usitées par les jurisconsultes pourraient faire croire que les Romains avaient confondu dans une même catégorie ces deux sortes d'obligations ; aussi quelques auteurs ont-ils nié formellement toute distinction.

C'est ainsi que Machelard, dans son livre sur l'obligation naturelle, proteste contre cette distinction.

« Rappelons, dit-il, que l'obligation naturelle pour les Romains n'est pas un type unique, et qu'elle se prête à des variétés considérables ; c'est pour embrouiller la matière que l'on cherche à établir, avec des noms différents, des catégories diverses étrangères à la langue des Romains, en plaçant à côté des obligations naturelles des obligations morales dont on a bien de la peine ensuite à déterminer le caractère. Les Romains n'avaient qu'une expression pour qualifier, l'obligation dépourvue d'action, ils l'appelaient : *natura debitum ;* seulement l'énergie de ce *debitum* était susceptible d'avoir plus ou moins de puissance, mais le *debitum* n'est-il pas le criterium de l'obligation naturelle? (*Des Oblig. natur. en Droit rom.*, p. 284.)

Savigny ne reconnaît pas non plus d'obligations morales ; mais, dans les hypothèses que nous avons citées plus haut et dans d'autres analogues, il trouve une obligation naturelle d'une nature toute spéciale ayant pour seul effet le refus de la *condictio indebiti :* ce qui revient en somme au même, car, quelle que soit la dénomination que l'on donne aux choses, on arrive ainsi à reconnaître plusieurs catégories d'obligations naturelles.

Massol, au contraire, dans son traité *De l'Obligation naturelle et de l'Obligation morale* (Introd., pp. XXIII et suiv.), défend, avec des arguments qui nous semblent très solides, la distinction des obligations naturelles et des obligations morales. Avec lui nous trouvons qu'il est impossible de ranger dans une même classe l'une et l'autre obligation, bien que les textes emploient parfois, pour désigner ces deux sortes d'obligations, la même expression de *natura debitum ;* il n'est peut-être pas de mots employés par les jurisconsultes en autant de sens que celui-là, et cet argument ne prouve rien, comme on l'a dit, parce qu'il prouve trop.

On a encore tiré un autre argument de la loi 7, *De fidejussoribus*, pour nier l'existence de l'obligation morale. Julien y émet cette doctrine : qu'une *fidejussio* est possible partout où il y a refus de répétition. L'acquittement de l'obligation morale ne pouvant être repété, on en conclut que cette dernière peut être cautionnée. Si cet argument était vrai, ce serait la négation de l'obligation morale, mais, comme le dit Massol: « le devoir moral étant laissé à la merci du débiteur, on ne saurait dire que vis-à-vis de lui, il constitue une obligation susceptible d'être cautionnée ; pourrait-on valablement, par exemple, faire cautionner par un tiers la gratitude d'un donataire ? »

Julien lui-même reconnaît, dans la loi 11, *De fidejus.* (111,21), qu'un père qui a payé par imprudence, au delà du montant du pécule, une dette naturelle de son fils, acquitte un *officium pietatis*, par conséquent une obligation morale, et il indique très nettement qu'une pareille dette ne saurait être cautionnée. Rien ne prouve donc que, dans la loi 7, invoquée contre nous, Julien ait eu en vue autre chose que l'obligation naturelle.

Le *præmium* de la loi 47 *De fidejus.* (III, 21) nous signale encore une hypothèse où Julien refuse la possibilité d'une fidéjussion, bien qu'il y ait une obligation morale ; ce qui prouve que l'obligation morale, de l'avis de ce jurisconsulte, ne saurait être cautionnée, et n'est nullement visée dans la loi 7, à moins d'admettre la plus étrange contradiction.

D'ailleurs, si, faisant abstraction de tous les textes, nous nous en rapportons à la raison, au simple bon sens, nous ne pouvons qu'accepter la distinction des obligations naturelles et morales, car il est impossible de ranger dans une même catégorie des obligations si différentes quant à leur nature et à leurs effets ; par exemple, peut-on met-

2

tre sur le même pied l'obligation résultant d'un *nudum pactum*, c'est-à-dire l'obligation librement consentie, et l'obligation pour un affranchi de rendre des *operæ officiales*, ou pour un donataire d'être reconnaissant ? Assurément non.

Y a-t-il un intérêt véritable à cette distinction ? Il est vrai que l'une et l'autre catégorie d'obligations se voient refuser la répétition en cas de payement, mais ce refus est basé sur des motifs bien différents. Tandis que, dans l'obligation naturelle, la *condictio* est refusée parce qu'il y a un *naturale debitum*, un véritable lien de droit moins fort que le lien civil, mais efficace quand même, parce qu'il y a, en un mot, une dette ; au cas d'obligation morale, au contraire, on considère l'acquittement comme une libéralité, car c'est vraiment donner que d'accorder ce que nul droit ne peut forcer à accomplir et l'on refuse la *condictio indebiti* en ce cas, parce qu'il est contraire à la justice et aux convenances de revenir sur une libéralité librement exécutée. Les textes nous disent que l'accomplissement de l'obligation morale ne constitue pas un *indebitum;* ils expriment par là, que le payement n'est pas fait sans cause, car, dans de telles obligations, il y a vraiment une cause, c'est l'intention d'être libéral.

Maintenant, pour qu'il y ait une obligation morale, faut-il que le débiteur ait vraiment l'intention d'accomplir une libéralité, de telle sorte que l'on ne pourrait reconnaître son existence, quand celui qui l'accomplit, s'exécute parce qu'il s'imagine être tenu *jure civili.*

Assurement il faut, pour que la donation puisse se rencontrer, l'intention de libéralité, mais la loi peut toujours la supposer et elle le fera toujours, car, comme le dit très bien Massol, l'*officium pietatis* est favorable; l'intention de donner n'a pas besoin d'être expresse, d'ailleurs.

Ainsi donc, l'obligation morale devra être regardée comme libéralité et prise en considération par rapport à la Falcidie, qui est un criterium infaillible pour distinguer tout ce qui est donation.

D'ailleurs, cette discussion n'a pas une très grande importance pratique, car les auteurs qui nient l'existence de l'obligation morale en arrivent à créer des distinctions entre les obligations naturelles, ce qui revient au même avec des expressions différentes.

M. Ginouilhac, dans la *Revue critique* (4ᵉ année, p. 5), écrit avec beaucoup de raison ces quelques lignes que nous transcrivons comme conclusion de notre discussion :

. « Il faut nécessairement admettre, à côté de l'obligation naturelle proprement dite, une autre obligation qui en est distincte ; ou bien admettre plusieurs espèces d'obligations naturelles dont chacune produirait des effets différents, ce qui, sous un autre nom, reviendrait au même. »

L'obligation morale comme l'obligation naturelle n'a pas d'action ; comme elle, elle ne peut être répétée ; mais on ne saurait lui accorder aucun des autres effets de cette dernière, elle ne peut être cautionnée, munie d'hypothèque, de gage, ou de toute autre sûreté accessoire, elle ne peut entrer en compensation, servir de base à une novation, tous effets qui sont attachés à l'obligation naturelle.

De plus, constituant une libéralité, l'obligation morale est soumise à des règles toutes particulières, inapplicables aux obligations naturelles. C'est ainsi que les prescriptions de la loi Cincia, relatives au taux ou aux personnes qui peuvent être gratifiées, s'appliqueront aux premières sans s'appliquer aux secondes ; de même l'obligation morale sera encore soumise aux formalités de l'insinuation, exposée à diverses chances de révocation et à divers cas de nullité.

§ III

DIFFÉRENCE DE L'OBLIGATION NATURELLE ET DE
L'OBLIGATION CIVILE

Les obligations naturelles n'ont pas le secours de l'action pour être ramenées à exécution; c'est ce qui constitue leur grande infériorité sur les obligations civiles ; le créancier naturel ne peut actionner son débiteur, il ne peut obtenir ce qui lui est dû que par des moyens indirects et détournés: aussi, Ulpien ne veut-il pas, en ce cas, donner le titre de *creditor* au créancier d'une telle obligation, car ce terme ne convient véritablement qu'à celui qui peut avoir une action.

La loi 1, § 17, au Digeste (l. XXXV, t. II) *Ad legem Falcid.* nous dit très clairement que ce qui est dû naturellement ne peut être poursuivi au moyen de l'action : *peti quidem non potest.*

Cependant, à côté des textes qui établissent le défaut d'action en cas d'obligation naturelle, nous trouvons deux autres textes, l'un de Paul et l'autre de Julien, qui à première vue semblent admettre qu'une action est possible en cette matière.

Le texte de Paul est la loi 10, au Digeste, *De oblig. et action.* (l. III, t. XIV), où le jurisconsulte s'exprime en ces termes : *Naturales obligationes non eo solo æstimantur, si actio aliquid earum nomine competit, sed etiam eo, si soluta pecunia repeti non possit.*

Julien, à la loi 16, § 4, *De fidejus.* (l. III, t. XXI), reproduit dans les termes identiques la doctrine de Paul; l'on peut résumer en ces termes la pensée des deux jurisconsultes : l'obligation naturelle est caractérisée par le défaut de répétition en cas de payement, mais elle n'exige pas nécessairement la concession d'une action. Dire que l'obligation n'exige pas nécessairement l'existence de l'action, c'est dire qu'en principe elle peut être munie d'action, quoique cela ne soit pas absolument obligatoire.

Cette contradiction apparente a exercé la sagacité des interprètes et de tous les auteurs qui ont traité des obligations naturelles, et on a exprimé les opinions les plus diverses pour essayer de mettre d'accord les textes de Paul et de Julien avec la doctrine générale des autres jurisconsultes.

Quelques auteurs proposent de corriger les textes de Paul et de Julien en y insérant une négation ; on arrive certainement par là à mettre tout le monde d'accord, mais rien ne justifie qu'il y ait eu ici un oubli des rédacteurs des Instituts ; c'est un moyen par trop commode, mais aussi par trop violent, de corriger la contradiction, que ce système adopté par Godefroy et Hotoman.

D'autres. comme Weber, justifient les expressions de ces deux textes en y trouvant l'application du principe par eux admis : que l'obligation naturelle engendre, sauf exception, une action ; nous avons déjà combattu cette doctrine.

Un autre système qui a rencontré beaucoup de crédit parmi les auteurs explique la difficulté, en indiquant que l'action dont parlent les deux textes est l'action qui peut naître, non de l'obligation naturelle elle-même, mais à son occasion, par suite de l'accession de certains contrats civils qui peuvent corroborer l'obligation naturelle et donner naissance à une action, comme cela arrive au cas d'hypothèque ou de fidéjussion. Nous ferons remarquer que l'on ne peut puiser les éléments de la détermination de la nature de l'obligation naturelle dans des faits aussi accidentels que ceux que l'on indique ainsi ; l'obligation naturelle est indépendante de ces contrats accessoires ; sa dénomination de naturelle ne lui vient pas de ce qu'elle tire une force accidentelle d'un cautionnement ou d'une hypothèque, et sa nature même consiste dans le défaut d'action. D'ailleurs, par leurs expressions mêmes, les textes prouvent qu'il s'agit bien d'une action naissant de l'obligation naturelle elle-même, *si actio earum nomine competit*, et non d'une action naissant de contrats accessoires.

Puchta et Savigny estiment que les textes précités visent à la fois les obligations naturelles proprement dites et les quelques contrats issus du droit des gens et munis d'action par le bienfait des lois. Paul et Julien auraient donc employé le mot *naturalis obligatio* dans le double sens que nous connaissons déjà : obligation sans action, et obligation issue du droit des gens, mais munie d'action.

Massol (dans son *Traité des Oblig. natur. et mor.*, pag. 30 et suiv.), soutient une théorie nouvelle : pour lui Julien et Paul visent l'action *præscriptis verbis* ou l'action *in factum*, qui de leur temps était déjà accordée lorsque l'une des deux parties, obligée naturellement par un pacte, s'était exécutée.

On pourrait, peut-être, avec quelques auteurs, expliquer l'action mentionnée aux deux textes précités, comme s'appliquant à certaines hypothèses où le prêteur avait donné des actions honoraires à quelques obligations naturelles. Ainsi, l'esclave ne pouvait, par son seul fait, rendre *deteriorem* la condition de son maître, il ne pouvait l'engager civilement, ni s'engager lui-même de cette façon, n'étant pas une personne civile ; mais il était capable de s'obliger naturellement ; les textes reconnaissent formellement cette possibilité d'une obligation naturelle de l'esclave et de plus nous voyons parfois cette obligation munie par le prêteur de certaines actions qui naissent à cette occasion, comme les actions *institoria, tributoria, exercitoria, de peculio, de in rem verso*, qui rejaillissent contre le maître.

Maintenant, pourquoi le droit romain a-t-il refusé aux obligations naturelles cette suprême sanction de l'action, alors qu'il leur reconnaît des effets appartenant aux obligations parfaites ? Pourquoi leur faut-il en quelque sorte la reconnaissance du débiteur, pour leur faire produire leur entier effet ? La loi a peut-être craint, en les sanctionnant d'une façon plus parfaite, de leur faire produire des effets trop étendus, en opposition avec la législation ; mais elle s'incline et fait taire ses scrupules devant le fait accompli du paiement volontaire du débiteur.

CHAPITRE II

Des effets de l'Obligation naturelle

§ I

Quelques auteurs ont soutenu que l'on ne pouvait établir pour les obligations naturelles des règles générales ; qu'il fallait faire de chaque cas une étude particulière. Machelard, qui est partisan de cette doctrine, s'exprime en ces termes, dans son ouvrage sur l'obligation naturelle (p. 534) :

« Il faut s'abstenir de poser des règles générales ; chaque espèce doit être appréciée séparément, afin de fixer la mesure des effets possibles de l'obligation. » L'étude des textes ne nous offre pas, il est vrai, une vue d'ensemble des effets de l'obligation naturelle, qu'il faut rechercher çà et là, à la suite de chaque cas prévu et indiqué par les

jurisconsultes, mais, d'ailleurs, qu'y a-t-il là d'étonnant ?
N'était-ce pas l'habitude des prudents de donner des
réponses aux questions et aux difficultés qui leur étaient
soumises ? Il en est de notre matière comme des autres
parties du droit, et ce sont ces réponses aux difficultés
élevées au sujet de l'obligation naturelle qui sont insérées
dans les textes.

Holtius est aussi opposé à une théorie générale de l'obligation naturelle ; il écrit, dans un article de la *Revue de
Jurisprudence et de Droit* (année 1852), que ces effets
de l'obligation naturelle ne sont que des concessions particulières et exceptionnelles ; l'on devra par suite les restreindre à chacun des cas spéciaux pour lesquels ils sont
écrits dans les lois romaines.

Savigny est d'un avis opposé ; avec la majorité des
auteurs, il pense que les obligations naturelles sont susceptibles de faire l'objet d'une étude d'ensemble.

« Toute *obligatio naturalis*, dit-il, est, en règle générale, capable d'engendrer tous ces effets ; de même, on
peut, en principe, conclure, de ce que l'un de ces effets
est reconnu, à l'existence des autres et par suite à l'existence de la *naturalis obligatio*. Cependant il ne faut pas
admettre absolument et sans exception que tous ces effets
soient toujours réunis ; au contraire, il est dans la nature
propre de quelques-unes des institutions du droit dont
nous nous occupons de ne pas pouvoir servir de base à
certains de ces effets. » *(Du Droit des Oblig.*, pp. 58 et 59.)

Massol, dans son savant traité des obligations, émet
une théorie semblable, qu'il appuie sur une solide argumentation. « Les obligations civiles, écrit-il, ne sont pas
scindées quant à leurs effets ; pourquoi n'en serait-il pas
de même pour les obligations naturelles ? Que l'on ne
perde pas de vue que l'obligation naturelle ne diffère de
l'obligation civile proprement dite, qu'en ce qu'elle ne
produit pas d'action ; ce qui ne l'empêche pas d'être

placée dans le domaine du droit civil et de produire tous les autres effets de l'obligation civile. (Introd., p. VII. *Traité de l'oblig. nat. et mor.*)

Nous avons fait remarquer plus haut que la caractéristique de l'obligation naturelle opposée à l'obligation civile était dans le défaut d'action, mais elle a ce côté de commun avec les obligations morales et les obligations réprouvées comme ayant un caractère illicite ou immoral.

Ce qui la distingue tout particulièrement de l'obligation morale, c'est que le législateur lui prête des effets positifs très importants ; il la consacre indirectement en la fortifiant de certaines garanties, en lui accordant la possibilité de s'entourer de certains moyens qui pourront amener le débiteur à s'exécuter même malgré lui. Pour l'obligation morale, au contraire, la loi ne fait rien, absolument rien ; elle laisse faire le débiteur que sa conscience pousse à s'exécuter, elle empêche la répétition de ce qui a été payé, mais c'est là tout ce qu'elle fait, son rôle est tout passif. C'est que l'obligation morale est tout à fait étrangère à la loi positive, elle est hors du domaine des lois, elle est affaire trop intime et ne relève que de la conscience.

Parmi les effets que l'obligation naturelle peut produire, on s'accorde généralement à mentionner les suivants :

1° L'obligation naturelle empêche la répétition ;

2° Elle fait partie des biens du créancier ;

3° Elle peut servir de bases à certaines garanties personnelles ou réelles ;

4° Elle peut être ratifiée ;

5° Elle peut servir de base à une novation ;

6° Elle donne lieu au droit de rétention et à la compensation ;

7° Elle donne lieu à la déduction.

Nous avons vu que l'obligation naturelle était susceptible de produire en principe tous ces effets, mais il nous arrivera plus d'une fois, au cours de cette étude, de trouver des hypothèses où nous aurons, pour des raisons particulières, à refuser tel ou tel des effets que nous venons d'indiquer, mais ce ne seront toujours que des exceptions.

§ II

L'OBLIGATION NATURELLE EMPÊCHE LA RÉPÉTITION

DU PAYEMENT

Le payement l'obligation naturelle, une fois exécuté, n'est pas susceptible d'être répété ; le débiteur qui voudrait exercer la *condictio indebiti* ou la *condictio sine causà* pour recouvrer la montant de ce qu'il a payé, serait repoussé par le créancier. C'est là l'effet le plus important de l'obligation naturelle ; mais ce n'est pas un effet qui lui soit propre, puisque les obligations morales ne souffrent pas la répétition, et que, dans le cas d'une obligation ayant une *turpis causa*, on applique cette règle : *In pari causà melior est causa possidentis*.

La répétition de l'obligation naturelle est interdite alors même que le payement aurait été fait sous l'empire de l'erreur, comme il arriverait au cas où le débiteur aurait payé, se croyant obligé en vertu d'une disposition de la loi.

Paul, au Digeste, loi 15, *De Condict. indeb.* (XII, t. 6), nous donne la raison de ce refus de répétition, en nous faisant voir que la condiction repose sur l'équité : *Hæc condictio naturalis*, et qu'il serait contraire à cette équité de revenir sur un payement qui n'est autre chose que l'acquittement d'une dette véritable.

Papinien nous dit encore, au Digeste, loi 66, *De Condict. indeb.* (XII, 6) : *Hæc condictio ex bono et æquo introducta quod alterius apud alterum sine causà deprehenditur, revocare consuevit.*

D'ailleurs, en cas d'obligation naturelle, le créancier payé n'a pas reçu autre chose que ce qui lui était dû : *Suum recepit* (loi 16, § 4, *De fidejus*, Digeste, III, 21), *non locupletior factus est cum alterius detrimento* : il ne s'est pas enrichi aux dépens du patrimoine de son débiteur, dont l'engagement se résolvait en une véritable dette.

La loi 44 au Digeste, *De Condict. indeb* (l. XII, t. 6), est très énergique encore : *Repetitio nulla est ab eo qui suum recepit*.

La loi 19 pr., Digeste, *De Condict. indeb.* (l. XII, t. 6), indique très nettement que l'obligation naturelle est bien par elle-même la cause du refus de répétition : *Si quod dominus servo debuit manumisso solvit, quamvis existimans ei se aliquâ actione teneri, tamen repetere non poterit*.

On pourrait se demander maintenant si le créancier naturel, qui a eu son obligation acquittée, aura besoin d'insérer dans la formule une exception de dol pour repousser les prétentions du débiteur qui essayerait de revenir sur son payement. — Si le débiteur, naturel intente la *condictio indebiti*, quoique la *condictio* soit une action de droit strict, il ne serait pas nécessaire d'user de l'exception de dol, qui présenterait seulement son utilité au cas où il faudrait repousser une revendication, la dette ayant été acquittée avec les deniers d'autrui ; une nécessité semblable s'imposerait alors à un créancier même civil.

Ce premier effet de l'obligation naturelle est très généralement admis, il n'en existe pas moins dans les cas où les fils de famille, l'esclave ou le pupille sont débiteurs naturels, quoique l'on puisse en douter en lisant certains textes qui admettent parfois la possibilité d'une *soluti repetitio*.

On n'aura plus aucun doute sur l'application générale du refus de répétition en tous les cas, si l'on remarque

que toutes les hypothèses où la *soluti repetitio* est autorisée visent des engagements dans lesquels le payement a été fait par un incapable, par un fils encore en puissance paternelle, par exemple ; tant que le *filius familias* est sous la *patria potestas* il ne peut pas plus acquitter seul une dette naturelle qu'une dette civile ; de même le pupille ne peut payer sans *l'auctoritas tutoris*, car toute aliénation rendant sa condition pire lui est défendue sans le secours du tuteur ; mais, si le fils de famille devenu *sui juris*, si le pupille échappé à la tutelle, viennent à acquitter une obligation naturelle, la répétition leur est interdite, parce qu'ils sont à cette époque pleinement capables de payer.

Par suite, si le fils de famille vient à payer sans le consentement de son père une dette naturelle, ce dernier pourra revendiquer les écus indûment payés par son fils, et la loi 14 Digeste, *De rebus creditis*, suffit pour nous indiquer très clairement qu'aucune exception ne pourra paralyser l'action du père en cette occasion.

De même l'esclave pouvait bien acquitter les dettes nées à l'occasion de son pécule, alors qu'il avait obtenu de son maître la *libera administratio peculii ;* mais il est incapable, en tout autre cas de payer valablement, tant qu'il n'a pas reçu le bienfait de la liberté. Le pupille, de son côté, ne peut payer qu'avec *l'auctoritas tutoris ;* s'il paye sans elle, il pourra exercer la *soluti repetitio* et même la *condictio*, si le créancier naturel a déjà consommé les deniers ; si, au contraire, il acquitte sa dette avec l'assentiment du tuteur, il paye valablement et ne conserve d'autre ressource que la *restitutio in integrum*.

Nous avons dit, en commençant ce chapitre, que le refus de la répétition n'était pas spécial à l'obligation naturelle ; il est bien son effet principal, mais cet effet lui est commun avec les obligations morales.

La loi 32, Digeste, *De Condict. indeb.* (XII, 6), vise l'hypothèse d'une ascendante qui fournit une dot sans y être obligée civilement, mais s'y croyant obligée à ce titre, et nous indique que la répétition ne sera pas admise en faveur de l'ascendante, en donnant en ces termes la raison de ce refus : *Sublatà enim falsâ opinione, relinquitur pietatis causa, ex quâ solutum repeti non potest.*

La loi 26, Digeste *(eod. tit.)* indique une même solution pour le cas où un affranchi, sans y être obligé, aurait presté à son ancien maître des *operæ officiales*, pour le motif qu'exprime très bien le texte : *Naturâ enim operas patrono libertus debet.*

On ne peut trouver dans ces deux textes que des obligations morales ou simples devoirs ; si le second des textes que nous venons de citer emploie le mot « *naturâ* », il ne faut pas l'entendre dans le sens d'obligation naturelle, mais bien dans un sens purement moral et philosophique ; il n'y a dans ce cas-là assurément qu'une simple obligation morale, laissée à l'entière discrétion du débiteur, et cependant les textes refusent la répétition, pour un motif de convenance, parce qu'il y a un *officium pietatis* qui s'y oppose.

Nous trouvons encore dans les textes une série d'hypothèses où, dans de semblables circonstances, la répétition est refusée pour un motif analogue.

§ III

L'OBLIGATION NATURELLE FAIT PARTIE DES BIENS
DU CRÉANCIER

Nous avons déjà dit que l'obligation naturelle constituait un lien de droit, moins efficace que le lien de l'obligation civile, mais produisant encore des effets considérables ; le débiteur engagé dans les liens d'une telle obligation voit donc son patrimoine grevé d'une véritable dette, tandis que le créancier naturel a le sien augmenté de la valeur de la créance naturelle. Par là l'obligation naturelle se distingue très nettement de l'obligation morale, laquelle ne constitue pas, à proprement parler, une dette ; on ne peut, en effet, apprécier sa valeur qu'autant que le débiteur a bien voulu s'exécuter ; jusque-là peut-on dire ce qui est dû ? — Si, d'ailleurs, la loi maintient l'exécution d'un pareil payement, ce n'est pas qu'elle y trouve l'acquittement d'une dette, mais bien une donation, et qu'il est contraire aux convenances de revenir sur une libéralité librement faite.

La loi 16, § 4, au Digeste, *De fidej.* (III, 21), reconnaît formellement que l'acquittement de l'obligation naturelle constitue un véritable payement : *Creditor suum recipit*, le créancier naturel reçoit son dû.

Bien que dans plusieurs textes il soit indiqué que ce n'est qu'*impropriè et per abusionem* que le mot *debere* peut s'appliquer à l'obligation naturelle, la loi 94, § 3, au Digeste, *De solut.* (XLVI, 3), emploie cette expression dans une hypothèse où se rencontrent cependant les deux cas d'obligation civile et d'obligation naturelle.

La loi 101, § 2, au Digeste, *De solut.* (XLVI, 3) et la loi 5, § 2, *ejusd. tit.*, nous montrent par ailleurs que quand il y a deux dettes, l'une naturelle et l'autre civile, ou quand il y a des intérêts dus naturellement et civilement, le créancier peut, à son choix, imputer ce qui lui est payé, sur sa dette naturelle ou sur sa dette civile ; l'imputation des intérêts peut de même se faire indistinctement sur les intérêts dus civilement ou sur ceux qui ne sont dus que naturellement.

Les lois 40 et 64, *Ad Senatusc. Trebell.* (XXXVIII, 1), établissent d'une façon certaine que l'obligation naturelle fait bien partie du patrimoine.

Quamvis senatus, nous dit le premier de ces textes,

de his actionibus transferendis loquatur, quœ jure civili heredi et in heredem competunt : tamen honorariœ omnes transeunt, nulla enim separatio est : imo et causa naturalium obligationum transit.

La loi 64 ajoute : *Si ejus pupilli cui sine tutoris auctoritate pecunia credita erat restituta, ex eo senatusconsulto mihi fuerit hereditas ; si solvam creditori, non repetam atquin heres si post restitutam solvat, repetet, non ob aliud quam quod ab eo in me naturalis obligatio translata intelligitur.*

La première de ces deux lois est formelle pour établir que les obligations naturelles suivent le patrimoine en quelques mains qu'il passe, tout comme les obligations civiles ou honoraires.

La seconde autorise l'héritier institué qui, avant d'avoir transmis l'hérédité au fidéicommissaire, paye une dette naturelle, à en opérer la répétition, parce que cette dette s'est fixée sur la tête du fidéicommissaire ; on ne saurait indiquer d'une façon plus précise que l'obligation naturelle suit le sort des obligations civiles.

L'obligation naturelle constituant une véritable dette, à la différence de l'obligation morale, ne sera pas, comme cette dernière, soumise aux prescriptions et aux restrictions de la loi Cincia, aux formalités de l'insinuation et aux causes de révocation.

L'obligation naturelle peut être transmise par différentes voies ; c'est ainsi que les textes autorisent le legs d'une obligation naturelle, alors même qu'il serait fait au créancier lui-même ; ce legs sera d'une utilité inconstestable pour le créancier, qui, en devenant légataire, trouvera dans cette nouvelle qualité une action qu'il n'aurait jamais eue en tant que simple créancier naturel ; et même plus tard, à l'époque de Justinien, il se trouvera en possession d'une hypothèque.

Bien plus, la loi 95, § 2, au Digeste (XLVI, 3), *De solut.*

et liber., autorise le créancier naturel devenu héritier de son débiteur à prélever sur la masse héréditaire le montant de ce qui lui est dû : *Aditio hereditatis… aliquando pro solutione cedit ; si fortè creditor, qui pupillo sine tutoris auctoritate nummos crediderat, heres ei extiterit ; non enim quanto locupletior factus est consequeretur, sed in solidum creditum suum ex hereditate retinet.*

Si l'obligation naturelle fait partie des biens du créancier, il semble qu'il peut en faire l'objet d'une cession autre qu'un legs, comme pour tous ses autres biens.

Cette question a soulevé bien des difficultés ; quelques auteurs, Puchta et Massol entre autres, admettent que l'obligation naturelle peut faire l'objet de toute cession, legs, délégation, en se basant sur la loi 17, au Digeste, *De hereditate vel actione vendit.* (XVIII, 4).

Schwauert, au contraire, combattant cette doctrine, reconnaît bien la possibilité de léguer ou de déléguer à un tiers une dette naturelle, mais il ne veut pas que la cession soit *possible ;* le créancier, n'ayant pas d'action, ne peut transférer son droit, qui est d'ailleurs d'une nature trop personnelle pour se prêter à une transmission pareille ; il peut, au contraire, le déléguer, car la délégation repose sur une novation, à laquelle l'obligation naturelle peut bien servir de fondement, et de plus une telle opération comporte le consentement du débiteur naturel ; la cession n'est pas admissible, car on ne peut céder un droit dépourvu d'action, un droit purement passif et tout personnel, et cela sans l'aveu du débiteur.

Les lois 64 et 40, au Digeste, *Ad Senatusc. Trebel.*, embarrassent singulièment cependant ceux qui nient la possibilité de la cession en notre matière ; il est dit formellement, dans ces deux textes, que toutes les obligations, sans distinguer si elles sont civiles ou naturelles, passent au fidéicommissaire auquel l'héritier restitue l'hérédité.

On nous répond que ces textes visent des cas tout à fait exceptionnels, des transmissions d'universalité qui sont en dehors de l'hypothèse ordinaire d'une cession.

Massol réfute cet argument en faisant remarquer qu'avant même le sénatusconsulte Trebellien, la restitution s'accomplissait en vertu d'une cession volontaire, que le sénatusconsulte lui-même a toujours supposé cette cession et qu'il importe peu que la cession s'applique à une universalité ou à un droit particulier.

D'ailleurs, on ne voit pas trop pour quel motif on accorderait au legs un effet que l'on refuserait à la cession, quant à la transmission d'une obligation naturelle.

§ IV

L'OBLIGATION NATURELLE ADMET DIVERSES GARANTIES

ACCESSOIRES

Quoique n'ayant pas la sanction efficace de l'action, l'obligation naturelle se voit accorder néanmoins de nombreuses garanties qui viennent la fortifier et procurer au créancier le secours d'une action indirecte que ne lui aurait jamais donnée l'obligation naturelle par elle-même.

Parmi les sûretés personnelles qui peuvent accéder à une obligation naturelle, nous mentionnerons d'abord la possibilité de la faire cautionner non par tous les modes, car quelques-uns sont réservés aux obligations contractées dans les formes solennelles, dans les formes requises par la rigueur des lois, mais tout au moins par la fidéjussion, qui peut corroborer toutes sortes d'engagement.

La FIDÉJUSSION présente un grand avantage en cette
matière ; elle donne d'abord au créancier deux débiteurs ;
elle lui permet d'actionner celui qui est venu ainsi fortifier
une obligation sans action, car la fidéjussion qui vient
ainsi se greffer sur l'obligation naturelle donne vraiment
et par elle-même une action. Weber réduit bien à tort le
nouvel engagement du fidéjusseur à l'état d'obligation
naturelle. Quoique la fidéjussion soit un contrat accessoire, nous n'admettons pas qu'elle doive participer au
caractère imparfait de l'obligation qu'elle corrobore ; nous
croyons, et les textes semblent appuyer notre croyance,
que la fidéjussion a par elle-même la vertu d'engendrer
une action, et qu'elle conserve toujours sa nature, ses
effets et surtout son énergie, quelle que soit la force du
lien de l'obligation principale ; de sorte que l'on peut
trouver une caution soumise à un droit d'action alors que
le débiteur principal échappe à toute poursuite.

Massol, moins catégorique, veut que l'on recherche
quelle a été l'intention du fidéjusseur, pour apprécier la
portée de son obligation.

De nombreux textes établissent la possibilité d'une
fidéjussion au cas d'obligation naturelle.

La loi 7, § 1, *De fidejuss.* (Digeste, III,21) nous indique
qu'il y a place pour la fidéjussion toutes les fois que la
condictio indebiti est refusée.

La loi 16, Digeste, § 3, *De fidejuss.(ejusd. titul.)* ajoute :
*Fidejussor accipi potest quotiès est aliqua obligatio,
civilis vel naturalis, cui applicetur.*

La loi 6, § 2, au Digeste, est dans le même sens :
*Adhiberi autem fidejussor potest, dummodo sit natu-
ralis obligatio.*

Gaius, dans ses Commentaires (III, § 19) exprime la
même pensée : *Fidejussor omnibus obligationibus ad-
sumi potest ; at ne illud quidem interest utrum civilis
aut naturalis obligatio sit cui adjicitur ; adeo quidem*

*ut pro servo quoque obligetur sive extraneus sit qui a
servo fidejussorem accipiat, sive dominus in id quod
sibi debeatur.*

Le fidéjusseur qui a accédé à l'obligation naturelle pourra
donc être poursuivi, bien que le débiteur principal ne
puisse être actionné.

Bien plus, en supposant qu'une obligation primitivement civile devienne naturelle, le fidéjusseur demeure
tenu d'une action, alors même que le débiteur ancien, devenant simplement débiteur naturel, ne peut plus être poursuivi ; la loi 60, *De fidejuss.* (XLVI, 1) nous dit en effet :
*Ubicumque reus ita liberatur a creditore ut naturà
debitum maneat, teneri fidejussorem.*

Le fidéjusseur ne peut donc invoquer les exceptions qui
appartiennent au débiteur naturel, à moins que l'exception
soit une de celles qui font disparaître l'obligation, auquel
cas il ne demeure plus ni engagement principal, ni fidéjussion.

Malgré la généralité des textes qui ne paraissent faire
aucune restriction à la possibilité de la fidéjussion en
matière d'obligations naturelles, nous rencontrons certaines
hypothèses dans lesquelles, pour des raisons toutes particulières, on ne peut admettre une pareille garantie accessoire
ayant son effet ordinaire.

C'est ainsi qu'il arriverait, au cas où un fils de famille,
ayant contrevenu aux dispositions du sénatus-consulte
Macédonien, aurait emprunté une somme d'argent et,
pour garantir le remboursement du prêt à lui fait, aurait
donné à son créancier un fidéjusseur.

Le fidéjusseur devrait être tenu civilement en ce cas-là ;
mais, par suite de la nature de l'engagement prohibé
qu'il a corroboré, il pourra paralyser l'action du créancier
naturel par l'exception du sénatus-consulte, exception
rei cohœrens, accordée pour rendre efficaces les dispositions de la loi et attribuée au fidéjusseur même, afin d'évi-

ter de sa part un recours, un *regressum mandati* contre le mineur

Si le fidéjusseur venait à payer sans invoquer l'exception tirée du sénatus-consulte, on ne peut douter que le payement soit valable, puisqu'il y a une obligation naturelle.

De même encore les rapports qui existent à Rome entre les divers membres d'une même famille empêchent parfois la fidéjussion de se former utilement, c'est ce qu'exprime très bien la loi 56, § 1, Digeste. *De fidej.* (XLVI, 1): *Item si filius a patre vel servus a domino stipulatur, nec fidejussor acceptus tenetur, quia non potest pro eodem et eidem esse obligatum.*

Sauf ces restrictions, la fidéjussion, appliquée à l'obligation naturelle, produit les mêmes effets que ceux qu'elle engendre à la suite d'une obligation civile ; le fidéjusseur se trouvera donc soumis à la *condictio* ou à l'action *ex stipulatu* de la part du créancier naturel, et il aura, de son côté, l'action *mandati* ou *negotiorum gestorum* pour se couvrir de ce qu'il aura ainsi payé, en qualité de garant du débiteur naturel.

On sait que sous Justinien les fidéjusseurs jouissaient de certains avantages établis pour les protéger et garantir leurs intérêts vis-à-vis du débiteur principal et vis-à-vis du créancier ; on pourrait se demander si le fidéjusseur, au cas qui nous occupe, pouvait invoquer en sa faveur le *beneficium excussionis* ou *ordinis*, ou le bénéfice *cedendarum actionum*, ou encore le bénéfice de division alors qu'il y aurait plusieurs fidéjusseurs. On peut bien reconnaître au fidéjusseur le dernier de ces privilèges ; mais, pour les deux autres, il est impossible de les lui attribuer, car ils ne trouvent pas ici leur application, l'action n'existant pas au profit du créancier et la fidéjussion ayant justement pour but d'amener l'exécution de l'obligation par le fidéjusseur, le débiteur naturel principal ne pouvant y être contraint en aucune façon.

Gage et hypothèque. — La loi 5 pr., au Digeste (XX, 1), d'accord en cela avec nombre d'autres textes, nous apprend que l'obligation naturelle est susceptible d'être garantie par un gage ou une hypothèque tout comme une obligation civile.

Res hypothecæ, nous dit cette loi, *dari posse sciendum est pro quâcumque obligatione et vel pro civili, vel honorariá, vel tantum naturali.*

La loi 14, au Digeste, *De pign. et hypoth.* (XX, 1), ajoute : *Ex quibus casibus naturalis obligatio consistit, pignus perdurare consistit.*

Cette faculté pour le créancier naturel, d'obtenir ainsi un gage ou une hypothèque, présente une grande importance pratique, puisqu'elle supplée l'action personnelle qui lui fait défaut, en lui donnant l'action hypothécaire qui lui permettra de poursuivre le gage et de le réaliser, pour obtenir le montant ou au moins une partie de sa créance naturelle.

Quelques auteurs cependant, et parmi eux, Holtius, Schulting, Weber, n'accordent au créancier naturel muni d'un gage ou d'une hypothèque qu'un droit incomplet, un droit de rétention simplement, sans vouloir lui attribuer le droit de poursuivre, lui donner une action; car pour eux le gage subsiste à l'instar de l'obligation principale, c'est-à-dire comme engagement imparfait qui autorise à retenir, mais pas à poursuivre.

Pour fonder une pareille doctrine, ils s'appuyent sur a loi 2 au Digeste, *Quæ res pignori* (XX, 111) et la loi 13 au Digeste, *Quibus modis pignus* (XX, 6); la première de ces lois nous laisse bien entendre que le gage intervenu pour garantir le prêt d'un fils de famille, contraire au sénatus-consulte Macédonien, est déclaré libre, mais nous ferons remarquer que ce texte est justement relatif à une exception ; le refus de l'action a pour but de rendre efficaces les dispositions du sénatusconsulte, et l'on ne peut rien conclure de cette hypothèse toute particulière.

Quant à la loi 13, elle nous dit que l'acquittement du débiteur par le juge, *quamvis per injuriam*, bien qu'injuste, libère le gage ; or, objecte-t-on, la sentence inique laisse subsister une obligation naturelle, ainsi que le prouve la loi 60 au Digeste, *De condict. indebiti*. Cet argument peut être combattu ; le gage avait été donné pour garantir la dette primitive et non pas l'obligation naturelle qui peut survivre à une injuste sentence.

On invoque encore, en ce sens, la loi 22 *De usuris*, au Code (IV, 32), ainsi conçue : *Pignoribus quidem intervenientibus, usuræ quæ stipulationi peti non poterant, pacto retineri possint.* Cette loi autorise, il est vrai, le droit de rétention, mais nous faisons remarquer qu'elle ne préjuge en rien le droit de poursuite et d'action.

Les arguments que l'on nous oppose ou s'appliquent à des hypothèses particulières ou sont étrangers à la question, ce qui nous autorise à maintenir que le gage et l'hypothèque admettent le droit de poursuite.

La loi 13 au Digeste, *De condict. indebiti*, en établissant l'analogie du gage avec la fidéjussion, semble confirmer notre théorie ; si on devait admettre que le gage, l'hypothèque et autres contrats accessoires participent de la nature de l'obligation principale, pourquoi les textes ne mentionnent-ils pas, pour les sûretés accessoires, une distinction semblable à celle des obligations principales en obligations civiles et naturelles ? pourquoi ne rencontre-t-on pas un gage civil et un gage naturel, une hypothèque civile et une autre naturelle ? Plusieurs textes, d'ailleurs, nous confirment dans cette doctrine : qu'une obligation naturelle peut avoir pour accessoire une obli-

— 47 —

gation civile. Théophile (§ 17, liv. III, t. 21) nous enseigne que les fidéjusseurs d'une obligation naturelle peuvent être tenus *civiliter et naturaliter;* et si on nous objecte que cette opinion n'a aucun caractère légal, qu'elle est un simple avis de prudent, nous citerons la loi 60 au Digeste (XLVI, 1), où Scœvola nous dit que la caution subsiste alors que l'ancienne obligation est réduite à l'état d'obligation naturelle.

La loi 2 au Code (VIII, 31) nous fait entendre que l'hypothèque subsiste, *vincula pignoris durare,* alors même que la prescription a éteint la dette principale, *etiam actione civili submotâ.*

On ne peut pas davantage opposer victorieusement l'impossibilité dans laquelle se trouve le créancier naturel de céder une action personnelle pour pouvoir obtenir la réalisation de son gage. Car, comme le dit Molitor, cette cession, demandée sous forme de l'exception *doli mali,* n'est accordée qu'au tiers possesseur de bonne foi ; la loi 19 au Digeste (XX, 4), en parlant du *jus nominis,* comme objet de la cession que doit consentir le créancier hypothécaire, nous indique que c'est plutôt la prestation du droit que celle de l'action qui lui est demandée ; d'ailleurs, rien ne s'oppose à la cession de l'obligation naturelle, *causa obligationum naturalium transit.*

D'ailleurs, la loi 59 pr., au Digeste, *Ad Senatusc. Macedonianum,* ne peut être plus explicite pour établir que ce n'est pas seulement le droit de rétention, mais bien aussi le droit de poursuite que le gage confère au créancier naturel : *Igitur non tantum retentio, sed etiam petitio pignoris nomine competit et solutum non repetitur, remanet ergo propter pignus naturalis obligatio.*

Après avoir établi de la sorte que le créancier naturel peut intenter l'action hypothécaire, quel sera le sort de celui qui aura subi une éviction par suite de cette action ?

Aura-t-il un recours contre le débiteur naturel ? pourra-t-il exercer contre lui l'action *mandati* ou *negotiorum gestorum* ? Oui, assurément, toutes les fois que les sûretés sont intervenues sur sa demande, non lorsqu'elles sont intervenues de leur plein gré.

Ainsi, par l'action hypothécaire, le débiteur naturel pourra se trouver indirectement soumis à une action et le *naturale debitum* pourra être ramené à exécution, même contre son gré.

Mais il ne faudrait pas dire que l'action hypothécaire transforme la nature de l'obligation primitive, qu'elle la transforme en obligation civile par suite de la garantie dont le débiteur veut bien la munir. L'action n'aura pas des limites plus étendues que la valeur du gage, et le créancier ne pourra pas intenter son action pour une valeur supérieure, mais seulement, comme disent les textes : *usque ad pignoris quantitatem*. Il ne faut donc pas voir dans la constitution du gage l'intention ni le fait d'une ratification complète de l'obligation naturelle.

§ V

L'OBLIGATION NATURELLE PEUT FAIRE L'OBJET
D'UN CONSTITUT ET ÊTRE RATIFIÉE

CONSTITUT. — On sait que le constitut est un pacte prétorien qui prit son origine dans la pratique journalière des argentarii ou banquiers romains, qui avaient coutume, à la demande de leurs clients, de promettre de payer à jour fixe les créanciers que ces derniers pouvaient avoir; c'était ce que l'on appelait *recipere*, et le droit civil consacrait ce simple contrat par une action dite *receptitia*.

Le préteur généralisa cette pratique d'abord restreinte

aux *argentarii* et indiqua, dans son édit, qu'il ferait exécuter toute convention par laquelle on voudrait prendre jour, *constituere*, pour le payement d'une dette préexistante et qu'il donnerait l'action *de constitutâ pecuniâ*.

Justinien confondit en une seule les actions *receptitia* et *de constitutâ pecuniâ*, en ne gardant que le nom de cette dernière.

L'effet du constitut n'est pas d'éteindre l'obligation pour laquelle on prend jour, mais bien de la fortifier en créant à côté de l'ancienne obligation une obligation nouvelle, qui l'une et l'autre seront éteintes par le payement ; les parties pouvaient ainsi modifier les conditions de la première obligation, et le créancier, quand l'obligation était civile, trouvait une nouvelle action dans le constitut. Mais le constitut présentait surtout son utilité alors que la première obligation était naturelle, par suite sans action, puisque ce contrat lui en fournissait une ; d'autre part, il avait l'avantage d'être facilement réalisable, se formant sans aucune solennité par simple consentement, même entre absents.

Le constitut, nous dit la loi 1, § 7, au Digeste, *De const. pec.* (XIII, 7), est possible à l'égard de toute obligation civile ou naturelle : *Debitum ex quâcumque causâ potest constitui... debitum vel naturâ sufficit.*

Le constitut, comme la fidéjussion, ne saurait avoir plus d'étendue que la dette au sujet de laquelle il intervient et être contracté sous des conditions plus onéreuses, mais il diffère de celle-ci, en ce qu'il peut être fait par le débiteur lui-même. Il faut dire que le surplus contenu dans le constitut ne fournirait pas même matière à une obligation naturelle, ce serait aller contre son essence que de décider autrement.

Le constitut présente donc un immense avantage pour le créancier naturel auquel il fournit une action plus avantageuse même qu'une action civile ordinaire, puisqu'il pourra, au moyen de l'action de *constitutâ pecuniâ*, obtenir, contre son débiteur qui ne paye pas au jour fixé, une condamnation supérieure de la moitié à ce qui lui est dû.

De plus, le constitut qui est venu se greffer sur une obligation pourra survivre à cette obligation ; il diffère encore en cela de la fidéjussion ; la loi 18, § 1, *De pecun. const.*, Digeste (XIII, 5), signale très clairement cette survivance du constitut.

Mais, pour que le constitut d'une obligation naturelle soit valable, il faut que celui qui le fait soit vraiment capable d'aliéner. Ainsi, un pupille non sorti de tutelle, un fils de famille en puissance paternelle, un esclave *in potestate domini* ne peuvent constituer leur dette, mais ils le pourront lorsqu'ils auront recouvré leur indépendance ou leur liberté.

RATIFICATION. — On doit admettre à côté du constitut tous les actes de ratification intervenant à propos d'une obligation naturelle, pourvu que celui qui ratifie ait sa pleine capacité.

On s'est demandé, à ce propos, si le payement partiel d'une obligation naturelle emportait ratification entière de l'obligation ; il faut répondre, à notre avis, par la négative et admettre en cette occasion le principe posé dans la matière de l'hypothèque et du gage, qui ne donnent action que *usque ad quantitatem pignoris ;* — ce qui est payé volontairement reste bien acquis au créancier naturel ; mais, le reste, il ne pourra l'obtenir par aucune action et devra l'attendre de la bonne volonté du débiteur.

Comme le fait observer Machelard, avec beaucoup de raison, il y aurait grande injustice à décider autrement, alors que le débiteur naturel n'est obligé à rien du tout ; s'il paye de plein gré une partie, sa reconnaissance ne porte que sur le montant de son payement.

§ VI

La novation est un mode d'extinction des obligations qui a pour effet de remplacer une obligation préexistante par une nouvelle obligation ; elle détruit donc un engagement pour en créer un nouveau.

L'effet de la novation est des plus larges ; toute obligation peut être novée, ainsi que l'indique Ulpien dans ses Fragments : *Omnes res transire in novationem possunt* (loi 2, Digeste, *De nov.* XLVI, 2), et ailleurs : *Quodcumque enim sive verbis contractum est, sive non verbis, novari potest et transire in verborum obligationem ex quâcumque obligatione et utrum verbis, an re, an consensu, qualiscumque igitur obligatio sit quœ prœcessit novari verbis potest.*

La novation qui a une énergie suffisante pour éteindre une obligation civile peut éteindre une obligation naturelle. Peu importe qu'elle soit honoraire, civile ou naturelle, nous dit Ulpien, *utrum naturalis an civilis, an honoraria.* Il suffit, pour qu'il y ait novation, qu'il y ait une obligation préexistante, quelle que soit sa nature : *Illud non interest qualis prœcessit obligatio.* (Loi 1, Digeste, *De nov.*)

La novation s'opère, comme nous l'indique le texte précité, par une stipulation qui crée une nouvelle obligation ; il faut que cette stipulation produise un véritable effet, qu'elle crée un lien nouveau, mais il suffit d'un lien naturel : *dummodo sequens obligatio aut civiliter teneat aut naturaliter. (Eod. loco).*

Ainsi une stipulation faite par un pupille sans l'*auctoritas tutoris* pourrait opérer novation, bien que le fait du pupille contractant dans de semblables conditions ne puisse produire qu'une obligation naturelle.

Nous voyons, au contraire, en étudiant l'obligation qui peut naître du fait de l'esclave, que l'engagement de l'esclave, bien que produisant un lien naturel, ne peut servir de fondement à une novation ; car il faut que l'obligation qui nove l'engagement ancien procède d'un contrat *verbis* et un esclave ne peut s'obliger de la sorte.

De même un simple pacte, bien qu'il puisse être la source d'une obligation naturelle, ne pourra jamais nover une obligation civile ou même naturelle, tandis qu'en sens contraire on pourra toujours éteindre par voie de stipulation l'obligation résultant d'un pacte.

Cependant, à première vue, le § 176 des Commentaires de Gaius (III) pourrait faire croire que la novation d'une dette civile par une simple obligation naturelle ne peut s'opérer ; le jurisconsulte s'exprime de la sorte :

Nam interventu novæ personæ nova nascitur obligatio et prima tollitur translata in posteriorem, adeo ut interdum, licet posterior stipulatio inutilis sit, tamen prima novationis jure tollatur ; veluti si quod mihi debes a pupillo sine auctore tutore stipulatus fuero ; quo casu rem amitto ; nam et prior debitor liberatur et posterior obligatio nulla est. Non idem juris est si a servo stipulatus fuero, nam tunc proindè obligatus teneťur, ac si posteà a nullo stipulatus fuissem.

La principale difficulté de ce texte porte sur les mots *nulla et inutilis obligatio*, qu'il faut entendre dans ce sens, si souvent employé par les Romains, d'obligation dépourvue d'action. Quant à la difficulté relative à l'esclave, nous l'avons expliquée plus haut, en indiquant que la stipulation, produit du droit civil pur, était permise au fils de famille et non à l'esclave, incapable de s'obliger autrement que par les modes du droit des gens, quand il s'oblige en son propre nom.

Pour pouvoir opérer la novation, il faut avoir la capacité d'aliéner, car celui qui nove aliène et fait sa condition plus mauvaise : cependant on admet le débiteur d'un incapable à nover l'obligation naturelle en une obligation civile, et aussi le pupille à transformer son obligation parfaite en un *debitum naturale*.

La novation peut substituer un nouveau débiteur au débiteur primitif ; en supposant que le premier paye la dette novée, faudra-t-il lui donner un recours contre le second, lui accorder l'action *mandati* ou *negotiorum gestorum* contre le débiteur naturel obligé en premier lieu ? Assurément non, car ce serait accorder au nouveau débiteur des droits plus étendus que ceux du créancier primitif.

§ VII

L'OBLIGATION NATURELLE PEUT ÊTRE COMPENSÉE

L'équité fit de bonne heure admettre, dans les relations des créanciers et des débiteurs, le principe de la compensation que le jurisconsulte Modestin définit en ces termes : *Compensatio est crediti et debiti inter se contributio ;* loi I, Digeste, *De Compens.* (XVI, 2) ; c'est la balance établie entre deux créances et deux dettes. Il serait, en effet, injuste de ne pas permettre à un débiteur actionné par son créancier d'opposer à ce dernier la prestation dont il se trouve lui-même tenu envers lui ; *ideo compensatio necessaria est quia interest nostra potius non solvere quam solutum repetere,* comme le dit très bien Pomponius.

Le formalisme des premiers Romains n'admet cependant la compensation qu'avec de grandes réserves ; admise d'abord dans la pratique des *argentarii* et au profit du *bonorum emptor,* elle fut acceptée dans les actions de bonne foi, lorsque les deux obligations soumises à son effet procédaient *ex eâdem causâ*. Sous Marc–Aurèle le débiteur tenu d'une action de droit strict put aussi invoquer la compensation au moyen de l'exception de dol.

Enfin, Justinien donna à la compensation une plus large application, en décidant qu'elle serait soumise désormais aux règles qui régissaient celle des *argentarii*, et en supprimant la nécessité d'insérer une exception de dol pour la faire valoir.

Holtius s'étonne qu'une nation, comme la nation romaine, éminemment douée de l'instinct pratique des affaires, admette une si large application de la compensation, qui présente de graves dangers et est déraisonnable surtout en matière d'obligations naturelles ; cependant il s'incline devant le texte formel de la loi 6 au Digeste, *De compensationibus* (16, 2) : *Etiam quod naturâ debetur venit in compensationem ;* tout en cherchant à établir que son usage dans les obligations naturelles est très restreint, borné à certaines circonstances particulières qui rendent son effet tout à fait insignifiant (p. 12, *Revue de Lég. et de Jurispr.* 1852, t. III.)

Paul, dans la loi 20, au Digeste, §2, *De statul.* (XL, 7), nous fait encore voir l'obligation naturelle admise à la compensation : *Quod si heredi dare jussus est decem, et eam summam heres debeat servo si velit servus eam pecuniam compensare, erit liber.*

Malgré la généralité des termes de la loi 6 *De compens.*, quelques auteurs veulent réduire l'effet de la compensation à se confondre avec le droit de rétention ; ils semblent effrayés des effets que peut produire la compensation, surtout si on admet qu'elle peut toujours opérer même *ex dispari causâ ;* car, en l'admettant avec ce caractère de généralité, on donne le moyen d'obtenir une condamnation, le droit d'agir, pour ainsi dire, malgré la mauvaise volonté du débiteur.

Massol veut aussi restreindre l'obligation naturelle à n'admettre la compensation qu'autant qu'elle se confond avec le droit de rétention, car, dit-il, on ne peut admettre que le droit romain, qui déclare les incapables non soumis aux effets de l'obligation civile, leur enlève d'une main ce qu'il leur donne de l'autre, en leur permettant de se ruiner par suite de leurs engagements naturels. Et, à l'appui de sa doctrine, il nous montre un pupille créancier pour une forte somme envers une personne dont il devient ensuite débiteur ; s'il obtient la restitution de son engagement, il demeurera encore tenu naturellement ; dès lors son débiteur pourrait lui opposer la compensation et éviter de payer ainsi ce qu'il lui doit civilement. (Page 66.)

A cela on peut répondre que l'incapable trouvera dans le juge un protecteur, car celui-ci ne prononcera jamais la compensation quand elle devra produire des effets contraires à l'équité ; la compensation n'est jamais imposée, elle est toujours en effet judiciaire et jamais légale.

Quant à la loi 6, *De compensationibus*, qui semble admettre l'application la plus large de la compensation, elle est empruntée, objecte-t-on, à Sabinus qui vivait à une époque où la compensation n'était admise qu'*ex eàdem causâ ;* Ulpien a inséré ce texte tel quel. Cet argument n'a d'autre valeur que celle d'une supposition que rien ne justifie.

On nous objecte encore que la compensation *ex dispari causà* est un produit du droit civil, un expédient de procédure imaginé pour hâter la solution des procès, et, par suite, elle est tout à fait étrangère à la matière de l'obligation naturelle.

On invoque aussi contre nous la loi 14, *De compens.* (XVI, 2) : *Quœcumque per exceptionem perimi possunt, in compensationem non veniunt.* Cette loi, interprétée d'une façon générale, aboutirait certainement à une contradiction avec la loi 16 ; mais Javolénus, dans ce texte, vise une hypothèse particulière où la loi refuse la compensation, parce que l'exception porte à la fois sur l'action et l'obligation, ne laissant plus qu'une existence imaginaire à la dette, comme il arrive au cas où un fils de famille a emprunté en contravention du sénatus-consulte Macédonien.

Il faut donc admettre que la compensation peut produire son plein et entier effet en matière d'obligations naturelles ; qu'elle opère même en général et sauf exception, alors que les deux dettes naissent *ex dispari causà*. Cet effet, quelque exhorbitant qu'il puisse paraître, est-il plus exhorbitant que le refus de répétition au cas de payement fait par erreur ? Pourquoi alors ne pas accorder, dans les mêmes limites, la compensation *ex dispari causá ?* Et en accordant au débiteur naturel la faculté de compenser, il faut lui concéder le droit de répéter, toutes les fois qu'il aurait négligé d'opposer la compensation à la demande de son créancier, alors qu'il était en droit de le faire légitimement. La loi 10, § 1, au Digeste (XVI, 2), *De comp.*, ne nous dit-elle pas : *Si quis igitur compensare potens, solverit, condicere poterit, quasi indebito soluto.*

On ne doit pas songer à admettre la compensation entre deux obligations naturelles, car la compensation suppose l'intervention du juge qui la prononce, après avoir été saisi par l'action du demandeur, et les obligations naturelles ne peuvent donner lieu à aucune poursuite.

A côté du droit de compenser, les textes nous laissent voir un droit analogue qui fait aussi partie du domaine des obligations naturelles, c'est le droit de rétention que l'équité a introduit dans la pratique.

La loi 7, § 1, au Digeste, *De rescind. vendit.* (IV, 44), nous dit que le vendeur, actionné par un pupille qui a acheté sans *l'auctoritas tutoris,* a le droit d'opposer à ce dernier le droit de rétention, bien qu'il ne puisse pas l'actionner.

Comme la compensation, le droit de rétention présente une grande utilité, au cas d'obligation naturelle, puisque le détenteur trouve en lui un moyen indirect de forcer le débiteur naturel à s'exécuter.

§ VIII

L'OBLIGATION NATURELLE COMPORTE LA DÉDUCTION

On sait que par suite des rapports créés par la *patria potestas* et la *dominica potestas* entre le chef de famille et les personnes placées sous sa puissance, fils de famille ou esclaves, il ne pouvait se former entre eux aucune obligation civile ; mais les textes sont formels pour reconnaître qu'il pouvait naître tout au moins un lien naturel entre ces personnes : lorsque le père consentait à donner un pécule soit à son fils, soit à son esclave, ces derniers pouvaient contracter une obligation dont le père était tenu *de peculio*, c'est-à-dire jusqu'à concurrence du pécule : il pouvait donc se produire un concours de créanciers, entre les tiers intentant l'action *peculio* et le père cherchant à réaliser sa créance envers les personnes en sa puissance.

C'est ici qu'apparaît l'utilité de la déduction, qui permettra au père ou au maître de prélever sur le pécule les sommes qui lui sont dues en vertu de l'obligation naturelle du fils ou de l'esclave, ce qui diminuera d'autant le montant du pécule sur lequel les créanciers exerceront l'action *de peculio*.

Il faut aussi admettre la déduction sous le rapport inverse, c'est-à-dire que la dette du paterfamilias envers

4

l'esclave ou le fils viendra en ligne de compte, pour établir le montant du pécule et augmenter d'autant le gage des créanciers agissant *depeculio*.

Cette déduction, on le voit, présente un caractère tout particulier et ne saurait s'appliquer à d'autres hypothèses que celles que nous venons d'indiquer ; c'était une sorte de payement tacite, au moyen d'un simple calcul et d'une imputation. (Savigny, chap. Ier, p. 56.)

CHAPITRE III

Divers cas dans lesquels existe l'obligation naturelle

Après avoir étudié les différents effets de l'obligation naturelle, nous allons rechercher les divers cas dans lesquels se rencontre une pareille obligation.

Avec la majorité des auteurs qui traitent cette matière, nous diviserons les obligations naturelles : en obligations qui naissent telles, et en obligations qui deviennent naturelles à la suite d'une transformation qui les fait descendre du rang d'obligations parfaites à ce degré inférieur d'obligations sans actions.

I

Obligations qui naissent naturelles

§ 1

OBLIGATIONS NATURELLES DÉRIVANT DU PACTE

Le formalisme du droit ancien n'admettait pas que les engagements non revêtus des formes sévères prescrites par la loi pussent créer un lien juridique. Primitivement, pour s'obliger, on dut recourir aux symboliques formalités de l'*œs* et de la *libra*, usitées pour créer la propriété quiritaire ; toute convention devait être pour ainsi dire jetée dans ce moule. Plus tard, on admit que les paroles et les écritures solennelles pourraient aussi engendrer de valables obligations ; mais ce n'était encore là que des expédients, réservés aux seuls Romains ; la stipulation dans sa forme primitive, *spondeo, spondes*, et l'usage du codex, particulier aux citoyens de Rome, n'étaient pas autorisés pour les étrangers, au moins dans le principe.

Mais, à mesure que les Romains entrèrent en rapport avec les autres peuples, ils admirent certaines conventions nées du droit des gens, les laissèrent entrer dans la pratique, débarrassées des entraves du pur droit civil ; c'est ainsi que la vente, le louage, la société et le mandat reçurent droit de cité à Rome et furent déclarés parfaits par le seul effet du consentement.

Grâce à l'influence du préteur et des jurisconsultes, on vit de simples pactes, des conventions autrefois sans effets, munies d'actions, soit par des lois, soit par des constitutions impériales, sous le nom de pactes légitimes, que Paul en la loi 6, Digeste, *De pactis*, définit : *Legitima conventio est quæ lege aliqua confirmatur et ideo interdum ex pacto actio nascitur*. C'est ainsi que Théodose et Valentinien munirent d'action la convention de dot ; que Justinien, généralisant ce que Antonin le Pieux avait fait pour les donations entre ascendants et descendants, munit d'action toutes les conventions de donation.

Le préteur, de son côté, ne resta pas inactif, ainsi que le prouve l'histoire de l'hypothèque et du constitut, et la théorie des pactes adjoints. On reconnaît à ces derniers les effets des obligations civiles dans des cas assez nombreux : 1° lorsqu'ils sont adjoints *in continenti* à un contrat de bonne foi, ou à une stipulation, quelle que soit leur portée ; 2° lorsqu'ils s'ajoutent *in continenti* à un *mutuum* dont ils restreignent la portée ; 3° lorsqu'ils sont faits après coup, joints *ex intervallo* à un contrat de droit strict ou à un contrat *re*, et diminuent la portée de l'action née du contrat ; 4° lorsqu'ajoutés *ex intervallo* à un contrat consensuel, ils portent *supra substantialia*, et cela quelle que soit leur portée, ou encore s'ils portent sur les *adminicula* en diminuant l'étendue de l'obligation ; 5° lorsqu'ils accompagnent la remise de la chose.

Mais, en dehors des exceptions que nous venons de mentionner, la vieille règle *Ex pacto actio non nascitur* reste entière ; la volonté des parties peut bien en ce cas former une convention, mais la loi ne la reconnaît pas et ne lui accorde pas la suprême sanction qui en fait une véritable obligation ; aussi les jurisconsultes qualifient-ils ces sortes de conventions par une expression très énergique : « *nudum pactum* », pour marquer leur précarité.

Ulpien, loi 7, § 4, II, XIV, nous dit en effet : *Nuda pactio obligationem non parit, sed parit exceptionem ;* et plus loin : *Ex pacto nudo inter cives romanos actio non nascitur.* Paul s'exprime d'une façon plus catégorique au l. II, t. XIV, § 1, à propos d'une simple convention d'intérêts, où il dit que le pacte : *nullius est momenti.* Ce dernier texte pourrait nous porter à croire que les Romains ne concédaient même pas au pacte le pouvoir de créer une obligation naturelle, mais il faut se rappeler que les Romains n'accordent le titre d'obligation qu'à la convention qu'ils ont munie d'action, et conclure simplement de cette phrase qu'il n'y a pas de place pour l'obligation parfaite, en ce cas-là, ce qui laisse entière la question du *naturale debitum*.

La loi 7, § 4 (11, 14) d'Ulpien, tout en refusant l'action à l'obligation née d'un pacte, lui accorde l'exception : *Nuda pactio obligationem non parit sed parit exceptionem ;* cette exception n'est-elle pas le propre de l'obligation naturelle qui, si elle ne permet pas au créancier d'attaquer, lui donne du moins le droit de se défendre.

D'ailleurs, quel est le fondement sur lequel repose la théorie des pactes? C'est assurément un sentiment d'équité qui leur a ouvert les portes du droit romain ; n'est-il donc pas naturel de leur laisser produire ces effets de l'obligation naturelle, fille de l'équité, qui se soutient par elle et trouve en elle sa force et sa raison d'être? Le préteur intervient et sanctionne indirectement les pactes parce qu'il veut venir au secours d'un créancier qui a suivi la foi de son débiteur et qu'il n'y a rien de si contraire à l'équité que de manquer à la foi promise ?

Nous trouvons encore un argument puissant pour admettre le pacte à la dignité d'obligation naturelle dans la loi 5, § 2, Digeste, *De solutionibus* (XLVI, 3). Cette loi nous montre le pacte relatif aux intérêts servant de base à une obligation naturelle; il suffit de se rappeler la défaveur dont la loi entourait ces sortes de conventions, pour conclure à fortiori à l'existence d'une obligation naturelle dans tous les autres pactes. M. Accarias (t. II, p. 562) montre avec beaucoup de raison quelle est la force de cette argument qui ne peut être regardé comme une décision spéciale. Malgré les textes que nous avons invoqués, plusieurs auteurs ne veulent pas que le pacte puisse produire même une obligation naturelle ; nous nous attacherons surtout à la doctrine d'Holtius qui a cherché à démolir un à un tous les arguments qui militent en notre faveur et qui a montré le plus d'énergie à combattre notre théorie :

« Le pacte, non seulement diffère de l'obligation par
« son nom, mais encore par la place que lui ont donnée les
« anciens dans leur système; impuissant dans les autres
« parties du droit civil, pourquoi lui accorder aucun effet
« obligatoire? Les simples conventions admises par le
« droit civil, telle que la vente, ne portent jamais le nom
« de pacte dans les textes, et, si quelques pactes ont reçu

« force obligatoire, les jurisconsultes nous signalent cette
« anomalie, comme au cas de la loi 30, *Digeste, De*
« *usuris*, exception qui dérive du droit public.» *(Revue de
lég.* pp. 10 et 11.) Quant aux expressions de *debere,
natura debitum*, usitées quelquefois, selon Holtius elles
ne sont employées que dans un sens vulgaire, étranger
au sens d'obligation, comme dans la loi 10, Digeste, *De
obseq. par : Pietatem liberi parentibus debent.*

Ce sont là des conceptions plus ou moins hypothétiques,
qu'Holtius a senti le besoin de fortifier par des arguments
de texte, que les adversaires de notre théorie avaient
invoqués avant lui et que l'on a réédités ensuite.

Le premier argument invoqué contre nous est tiré du
rapprochement de la loi 95, *De solut.* (XLVI, 3), et de la
loi 27, § 2, Digeste, *De pactis* (II, 14) ; la loi 95 nous
indique qu'un pacte contraire peut éteindre une obligation
naturelle : *Naturalis obligatio justo pacto ipso jure
tollitur ;* la loi 27 semble toute contraire à cette doctrine ;
si le pacte est vraiment une obligation naturelle, il doit en
subir la loi et s'éteindre *ipso jure* par l'effet d'un pacte ;
or, cette loi nous dit que cette extinction ne se produit
pas *ipso jure*, mais par voie de réplique : *replicatione
exceptio elidetur.*

Cet argument présente un caractère trop exceptionnel
pour être valable, et, considéré comme règle générale,
il est tiré d'ailleurs du pacte *de non petendo*, usité
pour éteindre et non pour créer une obligation.
Pourrait-on qualifier d'obligation l'engagement d'un
créancier qui a fait un pacte *de non petendo ?* Et quant à
expliquer comment le pacte *de non petendo* n'est éteint
que grâce à la ressource d'une réplique, il faut en chercher
la raison dans la marche de la procédure suivie à Rome et
dans les pouvoirs du juge limités à la question posée par le
magistrat ; lorsqu'on oppose un pacte *de non petendo,*
le juge ne peut en apprécier la valeur que si le demandeur

a pris soin de faire mettre dans la formule une *replicatio*.

On oppose encore la loi 1, § 2, *De verb. oblig.* (III, 16) au Digeste, qui vide une difficulté relative à l'existence de la stipulation, au cas où celui qui aurait été interrogé se serait borné à accéder par un signe de tête, et qui nie en ce cas l'existence de l'obligation naturelle même : *Contra si sine verbis adnuisset, non tantum civiliter sed nec naturaliter obligatur qui ità adnuit ;* or, dit-on, ce signe de tête, impuissant à créer une stipulation qui exige des formes solennelles, n'en comporte pas moins un consentement, une convention, qui présente le caractère du pacte, et cependant le texte repousse ici même l'obligation naturelle *(in idem placitum duorum consensus).*

La meilleure réponse à faire à cet argument est de dire, avec Machelard, qu'il est bien difficile de rencontrer dans un signe de tête l'intention de s'obliger ; et d'ailleurs, dans la stipulation, on ne peut s'engager que par des paroles concordantes à l'interrogation du stipulant, et les parties, en choisissant, pour s'obliger, telle forme déterminée par la loi civile, ne créent entre elles de liens qu'autant que les formes établies par la loi ont été suivies. On pourrait peut-être aussi dire, avec Savigny, que le créancier voulait, dans l'espèce, créer une obligation civile et non une obligation naturelle et que le consentement n'était pas réciproque sur la nature du contrat.

Qu'on n'objecte pas que le consentement peut se manifester par un simple signe, en invoquant ce qui est admis pour les fidéicommis ; nous répondrons que c'est là une exception établie par faveur pour les dernières dispositions.

Nos adversaires ont cherché encore à combattre l'argument que nous puisons dans la loi 5, §2, *De solut.*, XLVI, 3, Digeste, ainsi conçue et dont ils ont senti toute la force :

Imperator Antoninus cum divo patre suo rescripsit : cum distractis pignoribus creditor pecuniam redigit, si sint usuræ debitæ et aliæ indebitæ, quod solvitur in usuras, ad utramque causam usurarum, tam debitarum quam indebitarum, pertinere puta quædam earum ex stipulatione, quædam ex pacto naturaliter debebantur.

Aussi veulent-ils réduire ce texte à n'être que l'expression d'une hypothèse particulière, où l'existence de l'obligation naturelle serait pleinement justifiée par le profit que l'emprunteur retire de son prêt. Rien ne peut faire supposer ce caractère de particularité ; bien plus, le rescrit est formel pour rattacher l'obligation naturelle au pacte en général, et non à la convention particulière qui fait l'objet du texte.

Mais voici une nouvelle objection, celle-là plus sérieuse et certainement la plus fondée parmi celles que nous avons passées en revue. Elle est basée sur le peu de place que laissent pour la formation des obligations naturelles les règles du *jus pœnitendi* dans les contrats innomés et de la *condictio indebiti* dans les donations, par application de la loi Cincia, car presque toujours le pacte se ramènera à un contrat innomé ou à une donation, c'est un contrat synallagmatique ou une libéralité.

S'il y a contrat innomé, la partie qui, quoique non tenue, s'est exécutée volontairement trouvera, dans le secours de l'action *prescriptis verbis,* le moyen de contraindre son adversaire à remplir son engagement ou plutôt à payer en argent la valeur de sa prestation ; on lui accorde encore la *condictio ob causam datam* pour faire résilier le contrat. Les textes vont même plus loin et lui reconnaissent, sous le nom de *jus pœnitendi,* avec la *condictio ex mœrâ pœnitentiâ,* le droit de revenir sur son exécution, alors même que son adversaire serait prêt à accomplir son obligation. Voilà où nous attendent nos adversaires, ils font, avec Unterholzner, ce raisonnement : Celui qui exerce la *condictio ex mœrâ pœnitentiâ*, qui répète ainsi ce qu'il a payé, revient sur l'exécution d'un pacte ; or, si le pacte créait vraiment une obligation naturelle, cette dernière n'autoriserait pas la répétition, la *condictio indebiti*.

S'il y a donation, alors même que le donateur se serait exécuté, il peut exercer la *condictio indebiti* contre le donataire, qu'il ait fait une stipulation ou qu'il se soit contenté d'un simple pacte. Le donateur jouit d'une exception perpétuelle tirée de la loi Cincia, toutes les fois que la donation a été faite à une personne non exceptée ou qu'elle dépasse le taux autorisé par la loi Cincia ; il n'y a donc pas, dans la convention de donation, une obligation naturelle.

On peut réfuter cette partie de l'objection en invoquant la prohibition de la loi, qui empêche ici, comme en divers cas, l'obligation de se former : *totam obligationem lex improbat ;* et pour maintenir son observation exacte, elle ne laisse même pas une obligation naturelle se former ; mais, si la donation était faite dans les termes de la loi Cincia, on ne pourrait décider de même.

Quant au *jus pœnitendi* et à la *condictio ex mœrâ pœnitentiâ,* elle ne présente pas un caractère assez général pour que l'on puisse nous en faire un argument solide contre l'obligation naturelle dérivant du pacte. Le *jus pœnitendi* se justifie dans toutes les hypothèses où nous le rencontrons, soit par le sentiment de bienveillance qui a poussé à contracter et qui autorise à revenir sur l'exécution, soit sur l'impossibilité de faire exécuter le débiteur. Dans d'autres hypothèses on rencontre une sorte de mandat et, comme dans ce contrat, on accorde la faculté de revenir sur l'exécution moyennant indemnité ; ce n'était que suivre la pratique générale des jurisconsultes, qui assimilaient les contrats innomés aux contrats avec lesquels ils présentaient le plus d'analogie.

Il faut donc conclure, avec la majorité des auteurs, que le pacte est capable de produire une obligation naturelle toutes les fois que la loi, pour des raisons d'ordre public ou autres, n'a pas proscrit la possibilité de leur formation.

Maintenant, quels sont les effets que nous devons reconnaître aux obligations naturelles dérivant du pacte ?

Le pacte ne pourra jamais engendrer une action et le créancier en vertu d'une telle convention ne pourra rien obtenir directement, tant que le débiteur n'aura pas exécuté, et tant que la ressource de l'exception ne lui sera pas fournie.

La loi 7, § 5, au Digeste, *De pactis* (11, 14), établit très clairement que le pacte n'engendre aucune action, mais produit exception : *Utputa post divortium convenit ne tempore statuto dilationis dos reddatur, sed statim hoc non valebit, ne ex pacto actio nascatur... sed ex parte rei locum habebit pactum quia solent et ea pacta, quæ postea interponuntur, parere exceptiones.*

Une fois que le débiteur tenu en vertu d'un pacte se sera exécuté, il ne pourra répéter, il se verra refuser la *condictio indebiti*, alors même qu'il aurait payé par erreur, qu'il se serait cru par exemple tenu de par le droit civil ; le créancier pourra toujours garder la chose livrée, grâce à l'exception *pacti conventi*, qui lui permettra de repousser la prétention de son adversaire.

Si le débiteur naturel devenait par hasard créancier de son créancier, il est hors de doute qu'il pouvait compenser sa propre dette avec celle de ce dernier, grâce à l'exception *doli mali*, s'il s'agissait d'une action *stricti juris*, ou sans le secours de cette exception, s'il s'agissait d'une action de bonne foi.

La fidéjussion peut accéder à un pacte nu, on n'en peut douter en présence de ce texte déjà cité : *Fidejussor ac-*

cipi potest, quoties est aliqua obligatio civilis vel na-
turalis cui applicetur.....

La loi 6, § 2, *De fidejuss.* (XLVI, 1) et la loi 94, § 4, *De*
solut. (XLVI, 3) confirment cette application.

Le constitut, le gage et l'hypothèque peuvent aussi
venir fortifier le pacte de leur garantie, ainsi que le
témoignent les lois 1, § 7, *De const. pec.* (XIII, 7) et la
loi 14, § 1, *De pign.* (XX, 1).

L'obligation naturelle dérivant du pacte pourra être
ratifiée, et toutes les fois que celui qui recourt à ce procédé
est capable d'aliéner, la ratification sera valable.

Notre obligation peut-elle être novée, lorsquelle dérive
d'un pacte ? On sait que la novation, pour être valable, doit
revêtir la forme de la stipulation ; rien ne s'opposerait à
ce que la novation opère la transformation d'une obligation dérivant d'un pacte en une obligation civile : *omnes*
res in novationem transire possunt ; mais, en sens
inverse, le pacte ne pourra jamais servir à nover une obligation civile ou même une autre obligation naturelle. On
pourrait bien, en faisant un pacte, créer une obligation
naturelle, produire un constitut, mais on arriverait
jamais à faire une novation.

§ II

DES OBLIGATIONS NATURELLES

DÉRIVANT DE DIVERS ENGAGEMENTS DU FILS DE FAMILLE

Les lois de l'ancienne Rome avaient, dans un but politique, fait de la famille comme une petite cité au milieu
de la grande ville des Césars, avec son despotisme confié
au *paterfamilias* qui exerce l'autorité la plus sévère
avec la triple qualité de prêtre, de magistrat et de juge

que lui donne la loi. Le fils semble disparaître absolument, soumis qu'il est à l'entière disposition de son père, qui peut le battre, l'emprisonner et même le mettre à mort ; sa personnalité s'efface à tel point devant celle du *pater-familias*, que l'on pourrait être tenté de le mettre au même rang que l'esclave ; comme lui il peut être vendu et mis à mort, comme lui il ne possède rien en principe, ou, s'il possède, ce n'est qu'à titre très précaire, il n'acquiert que pour le chef de famille.

Le changement des mœurs amena, il est vrai, de grands adoucissements à cette rudesse presque barbare des mœurs antiques et à ces primitives rigueurs.

Cependant, si on étudie avec soin la situation faite à Rome au fils de famille, on doit constater des différences essentielles avec la situation de l'esclave.

Le fils n'a pas de biens, ou il n'a qu'un pécule qui peut lui être retiré ; mais, du vivant de son père, il est considéré comme copropriétaire de cette petite société, de cette *domus* dont le *paterfamilias* est aujourd'hui le chef, mais à la tête de laquelle il se trouvera peut-être demain par la mort de ce dernier : *Vivo patre quoddammodo dominus.*

Aussi admet-on, à Rome, que le fils de famille, même en puissance, peut contracter à l'égard des tiers de très valables obligations, des obligations civiles en un mot ; les textes sont formels pour lui reconnaître cette faculté : *Filiusfamilias ex omnibus causis tanquam paterfamilias obligatur.* (L. 39, Digeste, *De obl. et act.*, XLIV, 7.)

Le fils de famille peut s'obliger *ex omnibus causis,* par ses contrats, quasi-contrats, délits ou quasi-délits.

Et plus loin le texte dit : *et ob id agi cum eo tanquam cum patrefamilias.*

Le créancier du fils de famille a donc contre lui le pouvoir d'actionner : c'est là le signe de l'obligation civile. S'il y a un pécule, il pourra arriver à se faire payer en actionnant le père par l'action *de peculio*, et obtenir une condamnation qui pourra être ramenée à exécution jusqu'à concurrence de la valeur du pécule.

Mais, s'il n'y a pas de biens appartenant au fils, le créancier ne pourra actionner le père, car, en ce cas, les obligations ne rejaillissent point contre lui. On ne peut songer à admettre non plus la vente du débiteur, avec le terrible *partes secanto* des Douze Tables : ce serait attaquer dans son fondement le grand principe de la puissance paternelle, sacré entre tous pour les Romains.

Le créancier n'aura, en ce cas, d'autre ressource que de poursuivre le fils devant le magistrat et d'obtenir du juge une condamnation contre lui ; plus tard, alors que la puissance paternelle cesse, l'exercice de l'action *judicati* amènera le recouvrement de sa créance, pas toujours entière, car, la plupart du temps, le préteur, indulgent pour quelqu'un qui a pu s'obliger, mais non pas acquérir, ajoutera à sa condamnation la restriction de l'*in quod facere potest*.

Cette liberté de contracter laissée aux fils de famille présenta de graves dangers, à mesure que l'on s'éloignait des habitudes d'austère simplicité des anciens temps ; on vit alors des fils de famille emprunter de grosses sommes pour les dissiper dans les débauches et les orgies, et on trouva des créanciers complaisants, usuriers presque toujours, qui, escomptant ces coupables passions, consentaient, moyennant gros intérêts, à avancer de l'argent dont ils stipulaient le remboursement à la mort du père. Le législateur se préoccupa avec raison de cette nouvelle situation, étrangement dangereuse pour le père de famille dont l'existence était sans cesse menacée par le désir d'entrer plus vite en possession de l'héritage paternel ; les faits avaient peut-être déjà tristement confirmé ces prévisions quand apparut le sénatusconsulte Macédonien.

Ce sénatusconsulte, attribué à Vespasien par Suétone, à Claude par Tacite, fut établi surtout en haine des gens qui spéculaient sur les passions de la jeunesse et en vue de la protection et de la sûreté des pères de famille, bien plus que pour protéger les fils de famille.

Le sénatusconsulte Macédonien n'a pas pour but de prohiber toute obligation à la charge du fils de famille ; il ne porte pas une si grave atteinte à sa capacité, il se borne simplement à interdire les prêts d'argent, mais cela dans la plus large mesure, sous quelque forme que l'on cache l'opération défendue : prêt de denrées, vente, etc.

Le fils de famille actionné par son créancier pourra toujours repousser cette attaque par une exception tirée du sénatusconsulte et cette exception n'a pas seulement pour but de le protéger alors qu'il est sous la puissance de son père ; débarrassé de ce joug, devenu *sui juris*, émancipé, l'exception le garde encore contre les attaques du créancier ; bien plus, s'il vient à mourir, ses héritiers seront encore protégés par la même exception.(Loi 7, § 10, Digeste, *De Senatusc. Macéd.* (XIV, 6.)

Le père lui-même, tenu en principe par l'action *peculio*, échappera à cette contrainte (*Inst.*, l. IV, t. VII, § 7), et tout cela parce que l'exception est établie en haine des créanciers, qui sont donc sans ressource ; s'adressent-ils au magistrat, il refusera l'action ou, si la contravention au sénatusconsulte n'apparaît pas clairement, il délivrera l'action avec insertion d'une exception qui permettra au juge de débouter le demandeur.

Cependant la stricte équité apporte quelques restrictions à l'application du sénatusconsulte : si le fils a un pécule *castrense*, si le père autorise, ratifie ou tire un profit de l'emprunt, si le fils s'est fait passer pour *paterfamilias* aux yeux d'un prêteur de bonne foi, les textes nous disent que le sénatusconsulte est suspendu dans son effet : *cessabit senatusconsultum*, et c'est justice.

Quel est maintenant au juste l'effet du sénatusconsulte Macédonien ? Les textes sont formels pour dénier toute action, c'est dire qu'il n'y a pas d'obligation civile ; mais y a-t-il au moins place à une obligation naturelle ? On ne peut que répondre affirmativement. Les textes ne nient pas l'existence de l'obligation même, ils n'invoquent pas sa nullité, ils attestent, au contraire, la possibilité d'une obligation naturelle, en interdisant la répétition toutes les fois que le fils devenu *sui juris* aura payé sans invoquer l'exception tirée du sénatusconsulte : *Si filiusfamilias, paterfamilias factus, solverit partem debiti, cessabit senatusconsultum, nec solutum repetere potest.* (Loi 7, § 16, Digeste, *De senatusc. Maced.*, l. XIV, t. VI.)

La loi 9, Digeste, va plus loin, elle autorise le fils à fortifier par un gage sa dette naturelle : *Sed si paterfamilias rem pignori dederit ; dicendum erit senatusconsulti exceptionem denegandam ei usque ad pignoris quantitatem.* (Loi 9, Digeste, *De senatusc. Maced.*)

Le fils de famille qui peut ainsi donner un gage pourra aussi reconnaître sa dette, la ratifier par les divers moyens qu'autorisent les lois de Rome, mais tous ces actes ne pourront être pratiqués qu'alors qu'il sera devenu *sui juris*, car ils impliquent la capacité d'aliéner, qui ne lui vient qu'alors. Il faut faire remarquer ici que la fidéjussion, quoique possible, n'amènera que des résultats très précaires, car la loi 9 du sénatusconsulte Macédonien nous dit que le fidéjusseur pourra, lui aussi, invoquer l'exception tirée du sénatusconsulte, et cela pour éviter le recours du fidéjusseur contre le fils par l'action *mandati* ; il pourra l'invoquer toutes les fois qu'il n'aura pas agi *animo donandi*, car c'est une exception *rei cohœrens*. Si le fidéjusseur négligeait d'invoquer l'exception, il n'aurait l'action *mandati* contre le fils que s'il était de bonne foi.

A côté des garanties que nous avons examinées, faut-il admettre que le fils de famille qui a contrevenu au séna-

tusconsulte peut opérer une délégation de sa dette ? Paul
admet l'affirmative en établissant que le fils de famille,
capable en principe, peut faire une délégation valable,
car cette sorte de convention n'est pas prohibée par le
sénatusconsulte.

D'où il suit que le délégataire pourrait poursuivre le
fils de famille sans crainte d'être repoussé par l'exception
du sénatusconsulte, inapplicable à l'égard d'une convention valable ; c'est là un moyen bien simple de tourner
la défense du sénatusconsulte et enlever au mineur la
protection qu'on lui donne d'autre part. — Aussi, Ulpien
combat cette doctrine avec force, en faisant ressortir que
le délégataire n'est, après tout, qu'un successeur du prêteur originaire, et que, comme à tout successeur du prêteur qui a tourné les dispositions du sénatusconsulte l'exception peut être accordée.

Le fils de famille devenu *sui juris* pourra donc payer sa
dette et il opérera un payement valable alors même qu'il
payerait par erreur, car une erreur n'annule pas la validité d'une telle exécution ; de même le père peut payer
valablement et éteindre la dette.

Mais, tant que dure le *patria potestas*, il ne peut rien
faire de valable et le père pourra exercer la revendication
des écus payés par lui ; et si le prêteur avait déjà
consommé les écus, Julien lui accorde la *condictio ;*
Marcellus la lui refuse. Doneau explique cette contradiction, en supposant que le premier jurisconsulte vise un
prêteur qui consomme de mauvaise foi, tandis que Marcellus refuse la *condictio* contre un prêteur de bonne foi.

Bien plus, alors même que le fils de famille aurait été
condamné, alors même que le fidéjusseur serait poursuivi
par l'action *judicati*, l'exception du sénatus-consulte
viendra les protéger et les soustraire à l'execution de la
sentence encourue faute d'avoir invoqué l'exception *in
limine litis.*

On s'est demandé si le prêteur pourrait invoquer la compensation en devenant débiteur du fils de famille auquel il a fourni de l'argent contrairement au sénatus-consulte. Faut-il faire ici la distinction admise par plusieurs auteurs : qu'il y a raison de prohiber la compensation toutes les fois que le fils est *alieni juris*, afin de ne pas rendre inutile et illusoire le sénatus-consulte, mais qu'il n'y a plus de motif de faire cette prohibition alors qu'il est devenu paterfamilias et peut faire un payement valable. Je ne le crois pas et le motif qui a inspiré le sénatus-consulte, qui donne à l'emprunteur une exception perpétuelle, par haine du prêteur, ne semble pas justifier une pareille distinction. Massol invoque encore, en faveur de la non-compensation, la règle : *Quæ per exceptionem perimi possunt, in compensationem non veniunt ;* et avec lui nous refusons la compensation au prêteur qui a contrevenu aux dispositions du sénatus-consulte.

Considérons maintenant le filiusfamilias dans ses rapports de famille, soit avec son père ou l'ascendant en puissance duquel il se trouve, soit avec les personnes qui sont sous l'autorité du même paterfamilias.

On sait que dans cette petite société familiale, un seul commande, un seul a l'autorité, les autres ont une personnalité à peine effective, ce sont des instruments d'acquisition pour le chef, des instruments qui travaillent pour la prospérité commune de la *domus*, sans pouvoir acquérir et posséder pour eux-mêmes. Nous avons vu que le fils, à la différence de l'esclave, pouvait cependant s'obliger *in futurum*, pour le temps où il serait père de famille ; mais quel sera le sort des obligations qui pourraient naître entre le père et le filiusfamilias ?

Nous mettrons d'abord de côté le cas où le fils se trouve à la tête d'un pécule, soit *castrense*, soit *quasi-castrense.* Ici, les textes le font maître absolu dans l'administration de ce petit bien, il peut contracter à son occasion toutes

5

sortes d'obligations valables civilement, donnant lieu à des condamnations contre lui et ramenables à exécution par l'action *judicati ;* le père pourrait, dans ce cas-là, devenir valablement créancier de son fils, intenter contre lui des poursuites, car, à l'égard de ce pécule, on peut dire qu'il est paterfamilias.

Mais, en dehors de ce cas tout particulier, le fils de famille ne peut s'obliger civilement envers son père, à cause de l'unité de personne que la constitution de la famille à Rome crée entre eux, et à cause de l'unité du patrimoine.

Lis nulla nobis esse potest cum his quos in potestate habemus nisi ex castrensi peculio, nous dit la loi 4, Digeste, *De judic.* (V, 1).

Paul (loi 16, *De furt.*, Digeste.) en donne cette excellente raison: *Quod non magis cum his quos in potestate habemus quam nobiscum, ipsi agere possumus.* Mais ce rapport de famille qui empêche la formation d'un lien efficace, muni de sanction, n'empêche pas la formation d'une obligation naturelle, ainsi que le prouvent plusieurs textes, notamment la loi 38, § 2 (XII, 6, Digeste, *De condict. indeb.*) :

Quœsitum est si pater filio crediderit, isque emancipatus solvat, an repetere possit ? Respondit, non repetiturum, nam manere naturalem obligationem.

Il reste donc une obligation naturelle que le fils devenu *sui juris* pourra acquitter, mais il ne pourra l'acquitter qu'alors et en supposant bien entendu que le père n'ait pas prélevé sur le pécule le montant de sa créance, alors qu'il était attaqué *de peculio* par les créanciers civils de son fils.

On pourrait se demander maintenant comment peuvent naître ces relations de créancier et de débiteur naturels, que supposent les textes précités, entre le père et le fils, car, en admettant même un pécule concédé au fils, le père en reste toujours le maître, puisqu'à sa mort il rentre dans la masse héréditaire, et la confusion qui se produira toujours alors en sa personne, de la double qualité de créancier et de débiteur, semble s'opposer à la formation de toute obligation entre ces deux personnes.

Aussi peut-on dire que l'obligation naturelle du fils envers son père ne pourra naître que lorsque le premier sera émancipé et que le pécule lui aura été abandonné.

Devenu *sui juris*, le fils de famille pourra acquitter sa dette naturelle et même la munir de toutes les garanties dont est susceptible une telle obligation.

La loi 38, Digeste, *De condict. indeb.*, déjà citée, nous montre aussi qu'à l'inverse une obligation naturelle peut naître au profit du filiusfamilias à l'encontre de son père : *Pater quod filio debuisset eidemque emancipato, non repetet, nam hic quoque manere naturalem obligationem.* (Loi 38, § 2, au Digeste, *De condict. indeb.*, XII, 6.)

Examinons maintenant quel sera le sort d'une obligation, contractée entre deux personnes placées sous une même puissance ; il est évident que les rapports de famille s'opposent ici encore à la formation d'une obligation civile ; une dette et une créance viendront se fixer en même temps sur la tête du père de famille, et la confusion qui naîtra de ce fait ne pourra laisser se former d'obligation civile.

Naîtra-t-il cependant une obligation naturelle de cet engagement ? La loi 38, Digeste (XII, 6), *De cond. indeb.*, nous indique qu'il se formera un *naturale debitum*.

Cette loi suppose qu'un frère a emprunté une certaine somme à son frère, alors qu'ils sont tous les deux sous la puissance du même paterfamilias, et qu'il la rembourse à la mort de ce dernier. Il n'a pu naître, du fait de cet emprunt, aucune obligation civile à raison de la situation des deux frères placés *in eâdem potestate*, mais il a pu naître une créance naturelle, non au profit du frère prêteur, qui ne peut devenir créancier, mais au profit du père.

Or, à la mort du père, les deux pécules retournent à la masse héréditaire, et, par une sorte de confusion, le frère emprunteur deviendra héritier pour moitié de la créance née de son emprunt, créancier pour moitié de sa propre dette ; s'il paye le tout, il pourra en répéter la moitié.

Quant à l'autre moitié, la *condictio indebiti* sera refusée, parce qu'il demeure une obligation naturelle; mais, si le frère trouve dans le pécule de son frère une somme égale à cette moitié, il sera encore soumis à la *condictio indebiti* quant à cette partie de la dette, parce que l'obligation naturelle qui subsistait disparaît, disent les textes, par ce fait que dans le pécule de son débiteur le frère a trouvé ce qui lui était dû : *Naturalem enim obligationem, quæ fuisset hoc ipso sublatam videri quod peculii partem frater sit consecutus.*

C'est là une application de ce grand principe : que le créancier civil ou naturel qui agit contre un fils de famille ne peut agir que contre le pécule à l'occasion duquel il a contracté.

Mais ici, comme tantôt, l'obligation naturelle ne pourra avoir d'effet que lorsque le débiteur et le créancier seront sortis des liens de cette puissance qui forme un obstacle à sa réalisation ; un payement alors intervenu sera valable, à l'abri de la *condictio indebiti*, le débiteur naturel pourra munir sa dette de toutes les sûretés réelles et personnelles susceptibles d'y accéder.

§ III

DES OBLIGATIONS NATURELLES DÉRIVANT
DE DIVERS ENGAGEMENTS DU PUPILLE

La loi n'a pas songé à couvrir de sa protection les fils de famille qui trouvent un protecteur tout désigné dans le paterfamilias ; mais, obéissant en cela aux prescriptions de la nature, elle donne un protecteur aux impubères, *sui juris*, que leur âge et leur inexpérience rendent incapables d'administrer leurs biens et de gouverner leur personne. Tel est le principe qui a inspiré l'organisation de la tutelle.

Le tuteur est ainsi donné au pupille pour compléter sa personnalité que l'âge rend incomplète ; il lui donne son *auctoritas* et, par sa participation active aux actes du pupille, il rend parfaite, il complète sa personne et lui permet d'accomplir valablement les actes qu'il a besoin de faire.

C'est un principe généralement admis, que le pupille n'a pas besoin de cette *auctoritas* pour rendre sa condition meilleure ; il peut donc obtenir la libération de sa dette, obliger les tiers envers lui, mais il ne peut jamais, sans elle, rendre sa condition pire.

Quelques exceptions cependant furent introduites par l'équité à cette règle générale qui nécessitait l'*auctoritas* du tuteur pour engager le pupille. On admettait que le pupille *pubertati proximus*, arrivé à cet âge où l'on est *doli capax*, c'est-à-dire où l'on comprend la valeur et la moralité de ses actes, ou l'on se rend compte alors que l'on fait le mal, *se delinquere*, était parfaitement responsable et tenu d'une action civile.

La force même des choses faisait naître encore une obligation civile à l'encontre du pupille, même en dehors de l'*auctoritas*, toutes les fois que le contrat se formait *re*, *œquitate et necessitate juris*, indépendamment de l'intervention et même du consentement du débiteur, comme dans le cas de l'indivision.

On admit aussi, depuis un rescrit d'Antonin le Pieux, qui dut probablement consacrer un principe depuis longtemps introduit par l'équité : que le pupille serait civilement tenu, toutes les fois qu'il se serait enrichi en contractant et jusqu'à concurrence de cet enrichissement, *in id quod locupletior factus est ;* et c'est justice, car, s'il est du devoir du législateur de protéger le mineur contre les risques d'une perte, on ne peut légitimement lui assurer un profit injuste.

Mais, en dehors de ces cas, quel sera le sort des obligations contractées par un pupille en dehors de l'*auctoritas ?*

Cette question a de tous temps soulevé les plus vifs débats et l'accord n'est pas encore près de se faire à ce sujet. La plupart des textes mentionnent l'existence d'une obligation naturelle.

Gaius, l. III, § 119, nous dit qu'un pupille qui a promis *sine auctoritate*, quoique non obligé civilement, peut corroborer son engagement par une *sponsio*, ce qui suppose qu'il y a une obligation naturelle tout au moins ; s'il nous dit qu'il est *non obligatus*, il fait allusion à l'obligation civile, la seule qui mérite ce nom, nous indiquant seulement par cette expression qu'il ne peut pas être question ici d'obligation civile. Ulpien, l. I, § 1, *De novation.* (XLVI, 2), ajoute: *Qualiscumque obligatio, novari verbis potest dummodo sequens obligatio aut civiliter teneat, aut naturaliter ; utputa si pupillus sine tutoris auctoritate promiserit.*

La loi 127, *De verb. oblig.*, (Digeste XLV, 1), admet qu'une caution peut valablement être tenue d'une action si elle accède à l'obligation d'un pupille qui a promis un esclave par stipulation faite en dehors de l'*auctoritas*, bien que le pupille lui-même échappe à une action ; c'est encore une preuve qu'il y a tout au moins une obligation naturelle sur laquelle s'appuye le cautionnement.

D'autres textes admettent que l'obligation naturelle du pupille peut servir de fondement à l'hypothèque, au constitut, ce qui présuppose l'existence d'une obligation naturelle à la charge de ce dernier.

A côté de ce concert de textes qui établissent que l'engagement du pupille vaut obligation naturelle, nous trouvons

deux décisions, l'une de Neratius, l'autre de Rufinus, qui
émettent une doctrine toute contraire. Par la loi 41, Digeste, *De condicti indebit.* (XII, 6), Neratius nous dit :
*Quod pupillus sine tutoris auctoritate stipulanti pro-
miserit, solverit, repetitio est ; quia nec naturâ debet.*

Rufinus nous dit, de son côté : *Pupillus mutuam
pecuniam accipiendo ne quidem jure naturali obligatur.* (Loi 59, *De ab. et act.*, Digeste, XLIV, t. 7.)

Comment expliquer cette contradiction avec la doctrine
générale des autres jurisconsultes ?

Quelques auteurs, sans chercher une explication à cette
appréciation des deux jurisconsultes, n'y voient que l'effet
d'une divergence d'opinions entre les prudents, qui étaient
divisés sur la question. « C'est, dit Savigny, l'effet
d'une controverse entre les jurisconsultes romains qui
n'était pas encore éteinte de leur temps et qui a par erreur
trouvé place dans le Digeste. » (Savigny, p. 83.)

D'autre, plus radicaux, en présence de ces deux textes,
soutiennent qu'il ne peut être question d'une obligation
même naturelle, engageant le pupille. Cette explication a
contre elle tous les textes que nous avons cités plus haut
qui établissent nettement l'existence de l'obligation naturelle.

Accurse et les glossateurs résolvent la difficulté en soutenant que la diversité des opinions vient de ce que la
plupart des textes, admettant l'obligation naturelle, visent l'hypothèse d'un pupille arrivé à cet âge que les
Romains appelaient *pubertati proximus*, tandis que les
deux textes de Neratius et de Rufinus se rapportent à des
hypothèses où le pupille est encore *infantiœ proximus* et,
comme tel, incapable de toute obligation même naturelle.
Cette doctrine serait vraie s'il s'agissait de délits, car
cette distinction entre les deux âges du pupille se trouve
plusieurs fois relatée dans les textes à propos de délits,
mais on n'en trouve aucune trace en matière de conven-

tions. Et, d'ailleurs, peut-on raisonnablement supposer quelqu'un allant traiter avec un enfant *infantiæ proximus*, appartenant à un âge où la connaissance est encore douteuse même, et que la jurisprudence romaine plaçait au même rang que l'enfant, *infans ?*

M. Vidal, dans la *Revue étrangère* (1851, t. VIII, pp. 325-326), écrit que l'obligation du pupille est une simple obligation de conscience, ce qui expliquerait cette négation de l'obligation naturelle par quelques jurisconsultes. Les textes mentionnent certaines garanties accessibles à l'obligation des pupilles qui détruisent cette théorie. Molitor est d'avis qu'en dehors du cas d'enrichissement, le pupille n'est aucunement tenu, et que partout où le consentement donné par le pupille a produit une obligation naturelle, cette obligation n'a d'effet que par rapport aux tiers qui interviennent dans cette obligation, ou, du moins, n'a aucun effet préjudiciable par rapport au pupille. (Molitor, p. 40.) L'obligation naturelle du pupille produirait donc effet, excepté à l'égard de lui-même. Ainsi la caution sera liée, sans avoir l'action *mandati contraria* contre le pupille ; l'héritier du pupille sera tenu d'une obligation, alors même qu'il n'y avait pas d'obligation naturelle par rapport au pupille. Cette dernière conséquence ne se comprend guère ; avec une telle théorie, on ne voit pas bien le sujet sur lequel repose l'obligation naturelle, car il n'y a que des obligés accessoires et pas un obligé principal ; elle contredit en outre plusieurs textes qui admettent que le pupille peut faire un valable paiement, subir la compensation.

Enfin, quelques auteurs, suivant Cujas et Puchta, soutiennent que le pupille ne pouvait contracter une obligation naturelle que lorsqu'il retirait un profit de son engagement et qu'il n'était jamais tenu que *in id quod locupletior fit*. Ils invoquent la loi 4, § 4, Digeste (XLIV, t. 4), *De doli mali* et la loi 13, § 1, Digeste, *De condict. indebiti,* qui mentionnent bien en effet une obligation naturelle à la charge du pupille qui s'est enrichi, mais ne décident rien au cas de non-enrichissement, qui est prévu par plusieurs textes, qui signalent pour ce cas des effets possibles de l'obligation naturelle.

Massol admet qu'en dehors de l'aliénation le pupille agissant *sine auctoritate tutoris* contracte une obligation naturelle, sans qu'il soit question de son enrichissement.

Pour nous, mettant de côté le cas de l'enrichissement du pupille, où il nous semble qu'il y avait lieu de reconnaître une obligation naturelle, avant que la constitution d'Antonin le Pieux n'ait déclaré l'existence d'une obligation civile, nous résoudrons ainsi la question :

Quand le pupille ne s'enrichit pas, il naît une obligation naturelle, proclamée par les nombreux textes que nous avons déjà cités, susceptible, d'être garantie par un cautionnement (Digeste, loi 95, § 4, *De sal.*; loi 25, *De fidejuss.* et 127, *De verb. obl.*), de servir de base à une novation, constituant un véritable *debitum*. La loi de Nératius ne vise-t-elle pas simplement l'acquittement de l'obligation naturelle sans préjuger son existence, ainsi que semble l'exprimer le mot *solverit* qui implique une idée de payement ? Cette interprétation serait bien conforme à la doctrine générale en matière d'*auctoritas ;* ce secours est nécessaire au pupille toutes les fois qu'il s'agit pour lui d'aliéner. Quant à la loi de Rufinus, elle nous indique que le pupille qui a reçu un prêt n'est pas lié naturellement, s'il le reçoit sans l'assistance du tuteur. Pourquoi? parce qu'il serait tenu de rendre, et qu'il ne peut opérer une *solutio* valable sans l'*auctoritas tutoris*. Il faut donc voir encore dans cette deuxième loi une mesure de protection pour le pupille, mesure qui autorise en sa faveur la répétition, mais qui ne préjuge en rien l'inexistence de l'obligation naturelle.

Maintenant, en présence de cette obligation naturelle, restreinte dans ses effets ordinaires par mesure de protection pour le pupille, privée de son principal et caractéristique effet, la *soluti retentio*, laissant le créancier pour ainsi dire sans ressource, faut-il s'étonner que Neratius et Rufinus aient laissé entendre que le pupille n'était pas tenu ?

De la discussion qui précède il résulte donc que le pupille peut, sans l'*auctoritas tutoris*, s'obliger naturellement envers les tiers; mais que décider pour le cas où un pupille se serait engagé envers son tuteur? On ne peut songer ici à établir la nécessité d'une *auctoritas* que le tuteur donnerait pour son propre compte : *in rem suam auctor non fieri potest;* ou même, s'il y a plusieurs tuteurs, à faire autoriser le pupille par l'un d'eux, car tous doivent interposer leur *auctoritas ;* on voit donc qu'il sera très difficile ou presque impossible à un pupille de s'obliger civilement envers son tuteur.

Mais cette nécessité de l'*auctoritas*, invention du droit civil, empêche-t-elle même le pupille de contracter une obligation naturelle envers son tuteur? Nous ne le croyons pas et nous décidons que le pupille sera tenu non-seulement d'une telle obligation, mais d'une obligation civile toutes les fois qu'il aura retiré de son contrat avec le tuteur un bénéfice; c'est l'application à cette hypothèse de la règle générale introduite par le rescrit d'Antonin le Pieux : que le pupille est tenu *in quantum locupletior factus est*. La loi 5, Digeste, *De auctor. et consensu tutoris*, en est la preuve : *Enim solus sit tutor mutuam pecuniam pupillo dederit vel ab eo stipuletur, non erit obligatus tutori : naturaliter tamen obligabitur, in quantum locupletior factus est : nam in pupillum non tantum tutori, verum cuivis actionem, in quantum locupletior factus est dandam, divus Pius rescripsit.*

Quant à cette expression de *naturaliter obligabitur,*

elle doit s'interpréter avec ce sens que les textes donnent souvent au mot *naturaliter*, alors qu'ils veulent marquer qu'une obligation naît *ex æquo et bono*, et non dans le sens d'une obligation non munie d'action, puisque le rescrit accorde une action contre le pupille.

Quant à l'hypothèse où le pupille ne se sera pas enrichi, nous ne voyons aucune raison pour ne pas admettre qu'une obligation naturelle peut dériver du fait du pupille, car une telle obligation peut naître de son engagement.

Il faut cependant décider que le pupille ne serait même pas tenu naturellement au cas où le tuteur se serait rendu acquéreur d'une créance contre le pupille, contrairement à la décision de Justinien qui prohiba ces cessions et sanctionna sa décision par la libération du pupille, ainsi que le témoigne la novelle 72, cap. V, § 1. Le but de cette mesure serait manqué, si le pupille pouvait indirectement être forcé à un payement, et la sévérité de cette décision s'explique très bien par le motif qui a poussé le législateur à prendre cette mesure contre des trafics, la plupart du temps malhonnêtes ou peu délicats, de la part de personnes chargées de protéger le pupille.

Quels seront maintenant les effets de l'obligation naturelle contractée par le pupille?

Les mesures de protection destinées à couvrir le pupille nous obligent à restreindre singulièrement les effets ordinaires d'une telle obligation.

Incapable d'aliéner sans *l'auctoritas tutoris*, le pupille ne pourra faire sans cette protection tous les actes qui pourraient aggraver sa position ou présenteraient le caractère d'un acte d'aliénation ; ainsi on ne l'autorisera à ratifier sa dette, à la munir de garanties accessoires, ou à en faire la reconnaissance, que lorsqu'il sera devenu *sui iuris ;* jusque-là, constitut, expromission, gage hypothèque ne pourront accéder à son obligation qu'avec *l'auctoritas tutoris*.

Nous refuserons aussi la compensation qui ferait au pupille une situation déplorable, si on l'admettait surtout avec les effets si larges que lui donnent quelques auteurs ; ce serait tourner la règle qui défend au pupille de payer sans *auctoritas*, puisqu'il n'aurait qu'à s'obliger envers son débiteur, pour amener un pareil résultat. Comme le fait remarquer avec beaucoup de raison Machelard, la compensation n'est rien autre chose que l'application de l'exception de dol, et le pupille peut fort bien, sans aucun dol, ne pas remplir des engagements qui se réduiraient pour lui en une perte.

On devra encore refuser au créancier le droit de rétention, ce qui ne lui permettra pas de paralyser par une exception de dol la *condictio indebiti* ou la revendication des écus, que le tuteur pourrait intenter au nom du pupille, ou que ce dernier devenu *sui juris* pourrait exercer.

On voit donc, par ce court aperçu des effets de l'obligation naturelle du pupille, combien est exagérée la doctrine de certains auteurs qui trouvent qu'elle aboutit à paralyser la protection que la loi accorde en général aux incapables et en particulier au pupille.

Réduite ainsi que nous l'avons exposée, ne pouvant être ramenée à exécution que par la volonté et le fait même du débiteur, qui ne pourra même s'exécuter qu'avec l'autorisation de son tuteur, sans qu'on puisse lui opposer le droit de rétention et la compensation pas plus que l'exception, l'obligation naturelle ne présente que bien peu de dangers pour le pupille ; ses effets sont presque nuls.

Cette réduction des effets de l'obligation naturelle ne nous explique-t-elle pas maintenant la doctrine des quelques auteurs qui semblent nier la possibilité d'une telle obligation de la part du pupille? Ils veulent dire que, privé de toutes les ressources et moyens d'exécution qui y sont attachés, le créancier d'une telle obligation se trouve en présence d'un débiteur, si faiblement obligé, qu'il est difficile de reconnaître dans ce cas une obligation naturelle.

Mais si, pour protéger le pupille, on doit réduire ainsi les effets de l'obligation naturelle, toutes les fois qu'il s'agira d'agir contre des tiers qui sont venus fortifier par leur propre volonté cette obligation presque caduque, il ne sera plus nécessaire d'user de semblables adoucissements et l'obligation naturelle recouvrera toute sa valeur.

§ III

OBLIGATIONS NATURELLES DÉRIVANT DES ENGAGEMENTS
DES MINEURS DE VINGT–CINQ ANS

Primitivement, la loi romaine n'accorda aucune protection spéciale à ceux qui avaient atteint l'âge de puberté, auxquels elle donnait la plus large capacité, sans faire aucune distinction entre eux. Cependant, dans une législation qui fixe une si précoce majorité, on comprit bien vite combien il était imprudent de confier à des enfants de quatorze ans l'administration d'un patrimoine ; alors on vit apparaître une catégorie nouvelle d'incapables, ignorée du droit ancien, les mineurs de vingt-cinq ans.

Protégés d'abord par la loi Plætoria, dont la portée est peu connue et très discutée d'ailleurs, les mineurs de vingt-cinq ans trouvaient dans cette disposition législative le droit d'attaquer par un *judicium publicum* entraînant infamie toute personne qui avait abusé de leur inexpérience, et, comme conséquence, le droit d'opposer une exception tirée de la loi Plætoria, quand on exigeait l'accomplissement de leur engagement.

Vers la même époque vraisemblablement, l'édit du préteur vint couvrir les mineurs de vingt-cinq ans d'une

protection bien plus efficace, en créant pour eux le bénéfice de la *restitutio in integrum*, destinée d'abord à faire
rescinder les actes du pupille lui portant préjudice, et que
la pratique, alors que la loi admet la curatelle des mineurs
de ving-cinq ans, appliqua plus tard aux engagements du
pupille, contractés même avec le concours du curateur ;
mais cette *restitutio in integrum* n'est donnée que comme
un remède extrême, à défaut de tout autre moyen pour
le pupille de réparer une convention désavantageuse qui
lèse ses intérêts.

Marc–Aurèle décida que la minorité de vingt–cinq
ans, comme la folie et la prodigalité, serait un motif
d'établir une curatelle toutes les fois que le mineur le
demanderait : *minoribus annorum desiderantibus cura-
tores dari solent*, (Digeste, l. XXVI, t. 5, loi 13, § 3).
Cependant on n'exigeait pas ce consentement pour donner
un curateur au mineur, alors qu'il s'agissait pour lui de
recevoir un compte de tutelle, de recevoir un payement
ou de plaider.

On vit alors se dessiner la distinction des pubères
ayant un curateur, incapables comme les pupilles de faire
tout seuls leur condition pire, et des pubères sans
curateurs, gardant en principe toute leur capacité, mais
couverts par le bienfait de la *restitutio in integrum*.

Supposons d'abord le cas où le pupille est en curatelle.
Dans ce cas, le mineur ne peut faire sans le *consensus
curatoris* aucun acte d'aliénation et, d'une manière
générale, aucun acte qui rende sa condition *deteriorem*,
du moins dans le dernier état du droit (loi 3, *cod in int.
rest.*, II, 22), bien qu'il soit indiqué à la loi 101, Digeste,
De verb. oblig. (XLV, 1), qu'il est capable de s'obliger
civilement. Cette décision de Modestin se rapporte à une
époque où la curatelle des mineurs n'avait pas encore reçu
sa complète organisation ; vraie à son époque, elle ne l'est
plus alors que la pratique des mœurs avait établi une

complète assimilation entre le mineur de vingt-cinq ans en curatelle et le pupille en tutelle.

Quel sera le sort d'une obligation contractée sans le *consensus curatoris*, alors qu'une telle garantie était exigée pour sa validité ? Il est évident qu'il n'y a là aucune obligation civile, la protection accordée au mineur serait, autrement, une dérision ; mais doit-on admettre la formation d'une obligation naturelle ?

Une raison d'analogie entre la situation du pupille et celle du mineur en curatelle nous semble exiger que l'on admette ici encore la possibilité d'une obligation naturelle, que l'on admet alors que le pupille a traité *sine auctoritate tutoris*; nous appliquerons à cette obligation naturelle toutes les restrictions apportées à celle du pupille.

Le mineur qui aurait obtenu la *vœnia œtatis* recouvre sa capacité la plus entière, sauf la restriction relative aux aliénations des immeubles, édictée par Septime Sévère et il n'est plus question quant à lui d'obligation naturelle comme pour le mineur de vingt-cinq ans, qui n'a pas de curateur et auquel on doit reconnaître la plus entière capacité de s'obliger civilement ; mais tous deux ont toujours pour eux le secours de *l'in integrum restitutio*, dont l'utilité se présentera pour ce qui concerne les mineurs de vingt-cinq ans bien plus fréquemment que pour le pupille, car ils n'ont pas comme ce dernier un recours contre le curateur, recours qui rend souvent inutile pour le pupille *l'in integrum restitutio*, d'ailleurs *extremum remedium*.

Mais quel sera l'effet de l'engagement rescindé par *l'in integrum restitutio ?* Est-ce la nullité absolue, ou bien y a-t-il encore place pour une obligation naturelle ? Il serait difficile de ne pas admettre pour le mineur restitué une semblable obligation, alors qu'on y voit soumis un impubère traitant sans *l'auctoritas tutoris ;* mais nous admettrons, comme pour le pupille, une obligation naturelle dont les effets seront très mitigés.

Cependant, il se présente une difficulté assez sérieuse à propos de la fidéjussion qui serait venue corroborer une obligation rescindée par l'*in integrum restitutio* : tandis que plusieurs textes nous disent que les fidéjusseurs restent civilement tenus, alors que l'engagement du mineur est annulé, d'autres nous montrent au contraire que les débiteurs accessoires sont libérés. La loi 3, § 4, Digeste, *De minor.*, nous montre que parfois la *restitutio in integrum* profite au fidéjusseur, mais pas toujours : *interdum fidejussori ejus prodesse.* La loi 51, Digeste (III, 2) *De procur.*, semble admettre toujours le fidéjusseur à participer à la restitution. La loi 7, § 1, *De except. rei judic.* (XLIV, 7), décide au contraire que le fidéjusseur ne participe pas au bénéfice de la restitution ; la loi 1 au Code, *De fidejus. min.* (II, 24), est encore dans ce même sens.

Cette divergence de solutions, présentée par les textes, s'explique en supposant une distinction entre les fidéjusseurs, distinction qui est appuyée par la loi 13, pr. *De minor* (l. IV, 4). Le préteur, avant de délivrer la formule de la restitution et d'en apprécier les résultats d'après l'information préalable ou *causæ cognitio* qui est nécessaire, examinera en quelle qualité et avec quelle intention le fidéjusseur est intervenu ; le fidéjusseur est-il intervenu pour garantir précisément le créancier contre le risque que peut lui faire encourir la situation du mineur, il ne sera pas délié, et il faudra supposer cette intention toutes les fois que la minorité lui sera connue ; au contraire, quand le fidéjusseur aura ignoré cette situation, on devra l'admettre au bénéfice de la restitution.

Ce texte de Paul emprunté aux Sentences (l. I, t. IX, § 6) semble étayer notre distinction : *Qui sciens prudensque se pro minore obligavit, si id consulto consilio*

fecit, licet minori succurratur, ipsi tamen non succu-
retur. En dehors du cas d'erreur, il résulte du texte que le
fidéjusseur ne peut être restitué.

Puisque en principe la restitution du fidéjusseur, qui n'a
pas pour lui l'excuse d'une erreur, n'est jamais accordée,
c'est qu'elle accède valablement à une obligation même
restituée, ce qui ne peut s'expliquer qu'autant qu'il demeure au moins une obligation naturelle, capable de servir de fondement à une pareille garantie accessoire.

En admettant que de l'obligation restituée il demeure
un *naturale debitum* susceptible de produire effet quant
à la fidéjussion, il faut en conclure que ce lien, quoique im·
parfait, pourra se trouver muni d'un constitut ou d'autre
garantie accessoire, mais qu'il ne pourra jamais venir
en compensation autrement que *ex eâdem causâ.*

Quant il ne sera plus mineur de vingt-cinq ans,
le débiteur naturel pourra alors, comme le pupille
échappé à la tutelle, faire des actes plus larges de reconnaissance et pourra se trouver soumis à la compensation
de la manière la plus étendue ; comme le pupille encore,
devenu capable d'aliéner, il pourra alors faire un paiement
valable, non sujet à la *condictio indebiti* ou à la revendication.

Mais ces adoucissements énoncés ci-dessus ne seront
pas apportés à l'engagement des fidéjusseurs qui ont
garanti l'obligation du mineur de vingt-cinq ans ; contre
eux l'obligation naturelle pourra avoir toute son énergie.

§ IV

OBLIGATIONS NATURELLES DE L'ESCLAVE

A Rome, l'esclave n'est pas considéré comme ayant une
personnalité juridique, il n'a pas de *caput ;* il est considéré plutôt comme une chose que comme une personne :

Quod attinet ad jus civile, servi pro nullis habentur ; servitutem mortalitati fere comparamus. (Digeste, liv. L, t. 7, loi 32 et 209, Frag. Ulp.)

Aussi les textes sont-ils bien formels pour indiquer qu'il n'y a pas d'obligations civiles possibles de la part des esclaves ; car, pour former des obligations, il faut que les deux sujets actif et passif, qui concourent à sa formation, aient une capacité juridique.

Si parfois on voit accordée à l'esclave la faculté de jouer un rôle quelconque, c'est que la loi lui prête la capacité de son maître, pour lequel il devient un instrument d'acquisition.

L'esclave peut agir au nom de son maître, *ex parte domini*, avec une capacité d'emprunt qui lui permettra de rendre meilleur le sort de son maître, mais jamais de le rendre *deteriorem ;* ainsi on accorde à l'esclave la *factio testamenti*, parce que l'institution profite à son maître. Les textes sont d'ailleurs des plus formels pour dénier la possibilité d'une obligation sur la tête d'un esclave ; c'est ainsi que la loi 22, au Digeste, *De reg. juris*, nous dit : *In personam servilem nulla cadit obligatio.*

L'esclave ne s'oblige donc pas, sauf par ses délits ; cette obligation rejaillit contre le maître qui pourra se libérer en abandonnant son esclave à la personne lésée ; l'esclave demeure tenu, alors même qu'il est affranchi (loi 14, Digeste, XLIV, 7, *De oblig. et act.*), et pour pouvoir donner une action contre une personne qui n'a pas de *caput*, les Romains assimilèrent l'esclave aux bêtes sans raison, dont on rendait les maîtres responsables. Quant au délit que l'esclave aura commis contre le maître, ce sera affaire à régler par lui, que la loi constitue juge des personnes de sa *domus*.

Mais l'esclave ne peut pas grever son maître d'une dette, il ne peut faire naître contre lui aucune action, car il ne le représente pas pour faire naître une obligation à sa charge et il n'a pas par lui-même la capacité de fixer sur sa tête une obligation munie d'action, mais la loi 14 Digeste, *De oblig. et act.* (XLIV, 7), nous indique qu'il peut naître à la charge de l'esclave une obligation naturelle : *Ex contractibus autem, civiliter quidem non obligantur, sed naturaliter et obligantur et obligant.*

L'obligation naturelle née du fait de l'esclave subsistera même après son affranchissement, et, bien qu'il n'y ait pas possibilité de l'actionner alors, s'il vient à payer, il ne pourra en aucune façon répéter, ainsi que nous l'apprend Paul dans ses Sentences (l. II, t. XIII, § 9) : *Servus si mutuam pecuniam, servitutis tempore, acceperit, ex ea obligatione, post manumissionem conveniri non potest.*

La loi 13, Digeste, *De cond. indeb.*, et la loi 19, § 4, Digeste, *De donat.*, prouvent encore l'existence possible de l'obligation naturelle à la charge de l'esclave, en refusant la *condictio indebiti*, en autorisant la fidéjussion et le gage, et en nous montrant que l'acquittement d'une pareille obligation est bien le payement d'une dette et ne constitue pas une donation.

L'obligation naturelle peut exister dans les rapports des tiers avec l'esclave, comme dans les rapports de ce dernier avec son maître ; la situation particulière faite à l'esclave l'empêche de s'obliger civilement envers son maître, mais une dette naturelle peut très bien naître par son fait et le constituer débiteur de celui sous la puissance duquel il se trouve ; c'est ainsi que les Institutes, § 1, *De fidejus.*, admettent l'esclave à fournir une fidéjussion pour corroborer une dette dont le maître est créancier, et que d'autres textes l'admettent à faire un payement valable.

Cependant les usages de la vie romaine avaient fait une situation particulière à certains esclaves ; on sait que les patriciens, amateurs de la vie oisive, abandonnaient à leurs esclaves le soin de leurs affaires, leur donnaient parfois quelques biens pour exercer en leur nom et pour leur plus grand profit certaines industries très lucratives, dont ils percevaient les bénéfices.

Le maître qui abandonnait ainsi un pécule à son esclave semblait lui témoigner une confiance particulière, qui engagerait peut-être les tiers à traiter avec lui ; aussi, de bonne heure, le préteur autorisa-t-il les créanciers de l'esclave à agir contre le maître par l'action *de peculio*, comme s'il y avait eu de sa part une sorte de mandat tacite.

Dans cette situation, la dette que contractait l'esclave présentait un caractère complexe : elle entraînait contre le maître une action *de peculio*, qui forçait ce dernier à abandonner au créancier de l'esclave le montant du pécule pour le couvrir de sa créance, mais le maître avait le droit de prélever le montant des dettes même naturelles de son esclave à son endroit, avant de l'abandonner à ses créanciers. (Loi 9, § 2, Digeste, *De pecul.*)

Mais l'engagement de l'esclave relatif aux affaires du pécule, tout en rejaillissant contre le maître, ne laissait pas que d'atteindre l'esclave et de faire naître contre lui une dette naturelle distincte de la dette du maître, venant se former à côté d'elle, mais bien nettement séparée, à tel point que les textes nous montrent que la *litis contestatio*, intervenue après que les créanciers ont poursuivi le maître, laisse subsister la dette naturelle de l'esclave ; de même on voit dans la loi 35, *De fidej.*, que les fidéjusseurs qui auraient confirmé la dette de l'esclave ne seraient pas libérés par cette poursuite contre le maître, car la dette éteinte n'est pas celle qu'ils ont garantie.

Maintenant, quels seront les effets de l'obligation naturelle née à l'encontre de l'esclave ? Tant qu'il restera sous la puissance de son maître, cette obligation pourra avec peine être ramenée à exécution ; s'il a un pécule constitué avec *libera administratio*, il pourra valablement la payer et sans espoir de répétition, ou donner un objet de son pécule en gage pour procurer une action hypothé-

caire à son créancier ; mais, en dehors de cette hypothèse, il ne pourra ni payer, ni nover, ni garantir sa dette
en aucune façon par son propre fait, mais les tiers le
pourront pour lui.

Une fois affranchi, au contraire, recouvrant ou plutôt
acquérant la personnalité civile, il pourra valablement
payer sa dette, la reconnaître et la munir de toutes les
garanties possibles.

Malgré l'avis de Savigny, on ne peut admettre la compensation résultant de l'obligation naturelle de l'esclave
que dans ses rapports avec son maître ; mais, quand il
est affranchi, bien que des considérations d'équité aient
pu décider plusieurs auteurs à se prononcer pour l'affirmative, la loi 19, § 1, (III, 5), *De neg. gest.*, semble indiquer que la compensation n'est pas possible, car l'esclave
n'a rien pu gagner étant esclave, et ne peut être soumis
aux conséquences des obligations contractées *in servitute.*

La loi 14, Digeste, *De obl. et act.* (XLIV, 7) nous dit :
Servi naturaliter obligantur et obligant. On ne peut
exprimer plus clairement qu'il peut naître au profit de
l'esclave une créance naturelle, comme une dette de cette
nature peut le grever. Cependant une créance naissant
au profit d'un esclave peut paraître étrange, pour qui
connaît cette règle : que l'esclave ne peut acquérir que
pour son maître.

Faut-il supposer, avec Savigny, que le texte d'Ulpien
se rapporterait à une créance née au profit de l'esclave à
l'encontre de son maître ? car il est possible, dans cette
hypothèse seulement, de séparer la personnalité du maître
de celle de l'esclave.

Faut-il chercher l'obligation naturelle au cas où un
esclave, investi de la *libera administratio peculii*, aurait
consenti un prêt à un tiers ? Assurément non, car, en ce
cas, l'esclave n'est autre chose qu'un mandataire, agissant
pour le maître et recevant valablement, tant que les tiers

ne connaissent pas la révocation du mandat produite par l'affranchissement.

La généralité des termes de la loi 14 nous font rejeter ces deux interprétations, comme restreignant une règle qu'Ulpien ne limite pas à des hypothèses particulières, et l'on doit admettre, avec Cujas, que l'esclave peut acquérir une créance avec quelque personne qu'il contracte, un tiers ou son maître, comme le prouve la loi 41, *De peculio* ; mais, toutes les fois qu'il acquiert une créance, elle est civile par rapport à son maître, et si la loi précitée parle d'une obligation naturelle, il faut l'entendre dans ce sens que l'esclave est naturellement créancier, c'est-à-dire que sa situation de mandataire, par suite de la concession d'un pécule, lui donne un titre tout naturel pour recevoir payement d'une dette dont le maître est le vrai créancier.

La loi 7, § 18, *De pactis*, nous montre que l'esclave peut bien contracter une obligation naturelle même envers des tiers, et il faudra admettre que l'esclave aura cette qualité de créancier naturel toutes les fois que lui tout seul peut en profiter ; autrement il naîtrait une obligation civile pour le maître ; ainsi, l'esclave qui reçoit avec une institution d'héritier un affranchissement conditionnel, et qui prend un arrangement avec les créanciers du testateur, avant la réalisation de la condition, pourra opposer cet accord, conclu cependant alors qu'il était encore esclave, Savigny combat l'exactitude de l'application de cette hypothèse et ne voit la subsistance d'un lien obligatoire pour l'esclave qu'à cause du dol qu'il y aurait à ne pas tenir son engagement ; mais il suppose par là qu'il demeure une obligation, sans laquelle le dol ne se concevrait pas ; si l'obligation était radicalement nulle, pourrait-on parler de dol ?

Mais l'hypothèse la plus ordinaire où il est possible à l'esclave d'acquérir une créance naturelle est celle où il traite avec son maître ; ici, on ne peut songer à la formation d'une obligation civile, que la puissance dominicale et les relations de maître à esclave rendent impossible ; mais l'on doit reconnaître la possibilité d'une obligation naturelle.

La loi 64, Digeste *De condictione indebiti*, atteste ce fait de la façon la plus catégorique : *Si quod dominus servo debuit, manumisso solvit quamvis existimans ei se aliqua teneri actione, tamen repetere non poterit, quia naturale debitum agnovit.* — Ce texte nous signale le caractère le plus certain de l'obligation naturelle, le défaut de répétition chez le *dominus*, alors même qu'il aurait cru acquitter une dette vraiment obligatoire pour lui, c'est-à-dire munie d'action.

La dette naturelle existe donc, mais très imparfaite, tant que dure l'esclavage ; c'est ainsi qu'elle ne pourra être corroborée par un fidéjusseur, tant que l'affranchissement n'est pas venu faire cesser cette confusion des qualités de créancier et de débiteur, que crée la *dominica potestas*. La loi 56, § 1, Digeste, *De fidej.*, est formelle : *Nec fidejussor acceptus tenebitur, quia non potest pro eodem et eidem esse obligatus.* Par une raison toute semblable, nous refuserons l'accession à la créance de l'esclave des garanties accessoires, telles que constitut, hypothèque, expromission.

Le seul effet qu'elle est appelée à produire en de pareilles circonstances, c'est d'entrer en ligne de compte dans les règlements qui pourront survenir au sujet du pécule avec les créanciers de l'esclave, intentant l'action *de peculio ;* le montant de la créance contre le maître viendra augmenter leur gage.

Devenu débiteur naturel de son esclave, le maître ne pourra pas davantage, après l'affranchissement de celui-ci, être actionné ; mais il sera tenu d'une obligation naturelle, en supposant, bien entendu, qu'il ait laissé le pécule à l'esclave ; cette obligation pourra alors devenir utile à l'esclave, puisqu'elle pourra faire l'objet d'un constitut, être garantie par un gage, une hypothèque, une fidéjussion. Et ce dernier pourra demander au préteur la *bonorum separatio* pour le cas où il est héritier nécessaire, afin d'empêcher les effets de la confusion.

Thryphoninus et Ulpien admettent même que l'esclave peut faire venir en compensation la créance qu'il possède vis-à-vis de son maître, ainsi que le prouvent la loi 64, *De cond. indeb.*, et la loi 32, Digeste, *De reg. juris.*

La concession, faite à l'esclave affranchi par testament, sous condition de payer quelque chose à l'héritier, de pouvoir opposer à celui-ci la créance qu'il pourrait avoir contre le pécule, alors même que le pécule lui aurait été retiré, prouve encore la possibilité de la compensation même avec les héritiers du maître débiteur ; c'était là, il est vrai, encore une des nombreuses faveurs accordées à la liberté, et un cas de compensation peut-être inexact, car l'on ne peut supposer, ainsi qu'il faudrait le faire, qu'un débat s'engage entre l'héritier et un esclave, qui ne peut être soumis à une action ; mais c'est ici un effet de cette équité, qui inspire la compensation, qui fait admettre un pareil résultat.

§ IV

OBLIGATIONS NATURELLES DÉRIVANT DES ENGAGEMENTS
DE LA FEMME

Gaius nous dit que les vieux Romains voulurent que les femmes, quel que soit leur âge, fussent en tutelle à cause de la légèreté de leur esprit ; je ne sais si le jurisconsulte donne le vrai motif de cette tutelle perpétuelle des femmes, qui semble plutôt avoir trouvé sa source dans la constitution politique de la famille romaine, pour conserver intacte la succession des agnates, ou, comme le dit Ulpien : *propter forensium rerum ignorantiam.*

Dès qu'une femme était *sui juris*, elle entrait en tutelle, mais de bonne heure les institutions romaines se modifièrent, si bien que Cicéron put écrire à son époque, les jurisconsultes inventèrent des tuteurs qui se trouvèrent au pouvoir des femmes ; la loi Papia Poppea dispensa de la tutelle la femme ingénue ayant trois enfants et plus tard la loi Claudia ne laissa plus subsister que la tutelle des ascendants et des patrons.

Quelle était la capacité des femmes placées en tutelle ? Rien ne fait supposer que les Romains aient institué pour elles une tutelle différente de celle du pupille ; la femme en tutelle ne pouvait, comme le pupille, s'obliger d'aucune façon, sans *l'auctoritas tutoris*, ainsi que l'indique Ulpien, Reg. titre XI, § 27. Pouvait-elle du moins contracter une obligation naturelle ? Rien ne prouve cette impossibilité ; de plus les textes relatifs au sénatusconsulte Macédonien nous apprennent que la *filiafamilias* trouvait en lui une protection comme le fils de famille, et que ses dispositions lui étaient applicables ; il pouvait donc résulter de ce chef une obligation naturelle pour la *filiafamilias*.

A mesure que la femme recouvrait sa capacité, on sentit la nécessité de la protéger contre ses propres engagements et contre son inexpérience des affaires. L'*intercessio*, ou le fait d'intervenir pour garantir l'engagement d'un tiers, présentait pour elle un très grave danger, car la femme, au moment où elle intervenait, pouvait difficilement apprécier l'étendue du préjudice qu'elle pourrait souffrir, d'autant que l'exigibilité de son obligation était souvent encore très éloignée.

Le sénatusconsulte Velleien vint prohiber toute intercession de la femme ; l'engagement de la femme contracté au mépris du sénatusconsulte n'était pas cependant nul *ipso jure*, comme l'attestent plusieurs textes qui nous

montrent que la femme devait user de l'exception tirée du sénatusconsulte Velleien, pour repousser la poursuite de celui au bénéfice duquel elle avait intercédé.

Cette exception échouait parfois, alors que la femme avait intercédé *animo donandi*, en trompant ou usant de dol, ou lorsque, intercédant pour un incapable, la nullité de son intercession aurait laissé ce dernier sans recours.

En dehors de ces cas tout exceptionnels, on pourrait se demander si l'intercession de la femme pouvait être regardée comme laissant subsister tout au moins une obligation naturelle.

La loi 16, § 1, Digeste. *Ad se. vel.*, établit d'une façon certaine qu'on ne peut trouver ici une pareille obligation : *quia totam obligationem senatusconsultum improbat.*

Cette loi nous montre le fidéjusseur autorisé à invoquer comme la femme elle-même l'exception tirée du sénatusconsulte, alors même qu'il aurait accédé pour garantir cette incapacité relative de la femme, et que la femme se trouverait libérée de tout recours de sa part : *Julianus autem recte putat fidejussori exceptionem dandam, etiam si mandati actionem adversus mulierem non habet.*

La femme qui avait payé, sans user de l'exception, pouvait donc répéter sans crainte d'être repoussée par aucune exception ou réplique, à moins qu'elle ait payé, *se sciens munitam beneficio senatusconsulti ;* mais alors il y aurait donation, mais pas acquittement d'une dette naturelle.

Certains jurisconsultes cependant voulaient admettre, comme quand il s'agit d'un pupille, que le fidéjusseur pût être tenu, quand ce maintien de la fidéjussion pouvait exister sans danger pour la femme. De plus, Justinien autorisa la femme à confirmer après sa majorité et dans un délai de deux ans son intercession, ce qui prouve bien que l'on reconnaissait cependant dans cette *intercessio* un engagement plus ou moins effectif, mais pouvant être ratifié.

De tout ceci il semble résulter que les Romains ont admis en cette matière une solution quelque peu contraire à l'équité. Que la femme qui a été trompée, qui a été victime du dol, soit secourue, que son obligation soit annulée, rien de plus juste ; mais pourquoi ne pas maintenir, au cas où elle est intervenue librement, une obligation naturelle alors qu'on admet qu'il subsiste une pareille obligation à la charge d'un mineur de vingt-cinq ans qui s'est fait restituer ?

II

Obligations qui deviennent naturelles

---

§ I

OBLIGATION CIVILE TRANSFORMÉE PAR LA LITIS CONTESTATIO

Sous l'empire des *legis actiones*, l'organisation et la préparation de l'instance, ne donnant lieu à aucune constatation écrite de la part du magistrat, les plaideurs recouraient à une sorte d'appel aux témoins, pour établir par leur témoignage que la procédure était engagée et le litige constaté, la formule consacrée, rapportée par Festus selon Aulu-Gelle, était : *Testes estote ;* le fait de recourir à cet appel, était désigné par l'expression : *litis contestari,* d'où dérive l'expression : *litis contestatio.* Plus tard, sous le système formulaire, la constation du litige fut établie par écrit, au moyen de la formule qui contenait un résumé des prétentions du demandeur, mais le nom resta, quoique l'institution fût modifiée et que plus rien ne justifiât une semblable appellation.

La *litis contestatio* produit le double effet de lier l'instance à tel point que le défaut des parties n'en entraînera pas moins la continuation du procès et d'opérer une sorte de novation involontaire, substituant au droit primitif un droit nouveau qui se résoudra forcément en une obligation pécuniaire.

Mais le droit qui disparaît ainsi, l'obligation civile qui s'évanouit de façon à ne plus permettre au demandeur de renouveler sa prétention, sans la voir échouer *ipso jure* ou grâce à l'exception *rei in judicium deductæ* ou *judicatæ*, laisse toutefois subsister un *debitum naturale*.

Tous les auteurs admettent qu'il survit une obligation naturelle à la *litis contestatio*, mais faut-il aller encore plus loin et admettre, avec Machelard, que tant que la condamnation n'est pas intervenue, et qu'on est encore dans les délais utiles pour l'obtenir, l'obligation est plus qu'un *debitum naturale*, puisqu'elle peut aboutir à une condamnation de la part du juge. Cette opinion est très soutenable.

La survivance de l'obligation naturelle est formellement attestée par la loi 8, § 3, Digeste, *De fidejuss.*, où Ulpien nous apprend qu'une fidéjussion accède très valablement à une obligation *in judicium deductæ* et fonde cette possibilité sur la permanence du lien à la fois civil et naturel qui subsiste après la *litis contestatio*.

La loi 35, § 22, Digeste, *De usuris*, invoquée souvent en cette matière, ne prouve pas la survivance de l'obligation naturelle; il serait très injuste que le créancier diligent, qui a pris l'initiative d'une poursuite, se vît dépouillé du droit d'exiger des intérêts, alors que celui qui néglige ses droits les conserverait.

La fidéjussion peut venir fortifier une obligation qui a fait l'objet d'une *deductio in judicium ;* mais la fidéjussion qui corroborait cette obligation s'éteint par la *litis contestatio*.

L'utilité de cette persistance de l'obligation naturelle

apparaîtra dans plusieurs cas, alors que le créancier ne trouve plus dans la loi le moyen d'actionner son débiteur.

C'est ainsi qu'au cas de péremption d'instance, le créancier, ayant perdu tout espoir d'obtenir une condamnation, aura encore la ressource d'obtenir un payement indirect. On sait qu'à Rome la formule délivrée par le préteur impliquait l'obligation de faire vider le litige et d'arriver à une condamnation dans un délai qui était de dix-huit mois ou égal à la durée des fonctions du magistrat, selon que le *judicium* était *legitimum* ou *imperio continens*.

Ici il subsiste une obligation naturelle, puisque l'action hypothécaire est encore possible, tant que le gage existe (Loi 14, § 1, Digeste, *De pign.*)

Le formalisme des Romains avait organisé à Rome une procédure savante et pleine d'écueils.

L'édit du préteur réglementait les personnes qui pouvaient se présenter en justice et plaider soit pour elles, soit pour autrui, c'est-à-dire jouer dans un procès le rôle de *cognitor* ou de *procurator;* si on contrevenait à ces prescriptions, celui qui a pris pour *cognitor* ou *procurator* une personne ne remplissant pas les conditions exigées se voyait repousser, alors qu'il plaidait, par une exception dite *cognitoria* ou *procuratoria*, qui avait pour effet d'éteindre le procès. La loi 59 p., Digeste, *Ad sen. Trebel.*, XXVI, 1, admet le maintien du gage, bien que l'exception réduise à néant l'action.

De même, au cas où il y a *plus petitio*, c'est-à-dire lorsque le demandeur a exagéré le montant de sa créance, lorsqu'il en poursuit le recouvrement avant le temps, ou en un lieu autre que celui fixé pour le payement ; les textes, en constatant qu'il y a *plus petitio*, établissent très nettement que le créancier non seulement ne pourra obtenir une condamnation, alors même que sa prétention serait équitable, mais que son droit est à jamais consommé ; cependant la loi 27, Digeste, *De pign.*, XX, t. 1, admet en ce cas que l'hypothèque et le gage peuvent encore subsister.

On comprend par ce rapide aperçu combien les difficultés de procédure étaient nombreuses à Rome, et combien il importe au créancier de garder au moins un lien naturel, lorsque la rigueur de la loi lui enlève son action.

Le créancier, bien qu'ayant perdu le droit d'actionner, pourra donc recevoir un valable payement, que le débiteur ne pourra répéter bien qu'il ait été victime d'une erreur; il pourra faire garantir son *debitum naturale* par un gage, une hypothèque, un constitut, puisque de telles garanties trouvent un appui suffisant dans un *debitum naturale*. Machelard (2ᵉ partie, § 3) va même plus loin et admet la compensation; les textes manquent pour établir une pareille opinion, mais il est évident que l'équité ne s'y opposerait pas.

§ II

OBLIGATION NATURELLE

SURVIVANT A UNE ABSOLUTION INJUSTE

En supposant que le créancier, dont les prétentions étaient d'ailleurs très fondées, soit repoussé de sa demande, victime d'une erreur de la part du juge, qui prononce une injuste absolution du défendeur, faut-il dire qu'il demeure au moins une obligation naturelle au profit du créancier débouté ?

Il faut d'abord écarter le cas où le dol du défendeur a amené cette injuste solution ; l'action *de dolo*, et plus souvent encore l'exception de dol sera alors accordée au créancier.

Savigny n'admet pas que le créancier perde tous ses droits, « L'absolution, dit-il, n'anéantit aucunement la

« dette, car le véritable débiteur reste soumis, même
« après son absolution, à une *naturalis obligatio*, qui
« suffit pleinement à exclure la *condictio* », ce qui est le
« signe le plus certain et l'effet le plus remarquable d'une
obligation naturelle. « D'ailleurs, la force inattaquable
« d'une décision erronée se fonde sur une règle toute posi-
« tive et étrangère au *jus gentium*. » (Pp. 91 et 93.)

Machelard (2e partie, § 3), au contraire, nous dit que
le respect dû à la présomption de la chose jugée ne permet
pas d'admettre la survivance d'une obligation naturelle
qui, pour produire ses effets, devrait se mettre en opposition avec ce principe tutélaire, et il invoque la loi 56,
Digeste, *De re judic.*: *Post rem judicatam, vel jurejurando decisam, vel confessionem in jure factam, nil
quæritur*.

Mais ce texte, pas plus que la règle *Res judicata pro
veritate habetur*, ne prouve l'inexistence d'une obligation
naturelle ; les exigences du droit, l'ordre public, peuvent
bien faire admettre qu'une fois jugée, une contestation
ne peut faire l'objet d'un nouveau procès, qu'elle est
l'expression de la vérité affirmée aux yeux de tous ; mais
l'équité est en dehors de ces exigences, et elle demande le
maintien d'une obligation naturelle. Le *nil quæritur*
invoqué n'a trait d'ailleurs qu'à l'action, mais ne préjuge
en rien l'existence de l'obligation naturelle.

Après nous avoir objecté le rapprochement que les
textes établissent entre le serment déféré et l'absolution,
on ajoute que, dans l'un et l'autre cas, le gage est libéré :
Tamen pignus liberatur, loi 13, Digeste, *Quib. mod.
pign.*, (XX, 6), ce qui prouve, dit-on, l'inexistence du
debitum naturale.

Savigny (pp. 101-102) explique cette difficulté par une
ingénieuse distinction. Si l'*actio hypothecaria* s'exerce
contre le débiteur, il la repoussera par l'exception de
la chose jugée, et on peut dire en ce sens: *pignus libera-*

tur ; contre un tiers possesseur, au contraire, l'action n'est pas soumise à cette restriction, alors toutefois que le possesseur n'est pas un ayant-droit du débiteur.

D'ailleurs, dans l'intention des parties, le gage n'avait été constitué que pour l'obligation principale éteinte par le jugement et sans prévision de l'obligation naturelle qui pourrait subsister.

D'après Molitor, il subsiste une obligation naturelle après la *litis contestatio,* tant que le jugement n'a pas été prononcé, ainsi que le prouve la loi 60, Digeste, *De cond. indeb.* (XII, 6), qui refuse la répétition du payement alors que le jugement n'est pas intervenu ; mais Molitor n'autorise plus cette répétition après le jugement absolutoire.

La loi 60 que nous venons de citer nous semble fournir un appui solide pour établir la survivance de l'obligation naturelle, contrairement à l'avis de l'auteur dont nous venons de rapporter l'opinion.

Son texte est ainsi conçu : *Julianus verum debitorem, post litem contestatam, manente iudicio negabat solventem repetere posse, quia nec absolutus, nec condemnatus repetere possit ; licet enim absolutus sit, naturâ tamen debitor permanet, similemque ei dicit, qui ita promisit, sive navis ex Asiâ venerit, sive non venerit, quia ex unâ causâ alterutrius solutionis origo proficiscitur.*

Les expressions *licet enim absolutus sit, naturâ tamen debitor permanet* indiquent très clairement qu'une obligation naturelle survit au jugement absolutoire; Massol ne veut voir, dans cette obligation dont la survivance est signalée par Julien, qu'une simple obligation morale, laissée à la conscience du plaideur injustement absous.

De Wangerow et quelques autres auteurs, pour détruire l'argument que nous puisons dans ce texte, ne veulent reconnaitre la validité du payement et le refus de la *con-*

dictio indebiti qu'autant que la sentence n'est pas encore intervenue, que l'on se trouve encore dans l'intervalle qui sépare la *litis contestatio* de la condamnation ; car, dans cet intervalle, quelle que soit l'issue du procès, il reste une obligation naturelle, comme l'indique très bien Julien qui vise cette seule hypothèse.

Machelard (2ᵉ partie p. 431), qui partage, sur la question qui nous occupe, la doctrine de Wangerow, combat cette interprétation qui fausse la pensée de Julien et en restreint la portée ; il explique cette loi en recherchant des hypothèses où le défendeur, bien que vrai débiteur, est absous par le juge, ainsi que cela arrive au cas de contravention aux prescriptions du sénatusconsulte Macédonien. Selon Machelard, cette loi serait une application particulière à quelques cas et non l'expression d'une théorie générale ; elle signifie seulement qu'une absolution n'est pas incompatible avec la qualité de *verus debitor*, « car Julien ne songe pas à celui qui légalement ne peut être qualifié *debitor*, parce que le juge aurait déclaré qu'il ne devait aucunement » (2ᵉ partie, p. 432).

Cette explication, quoique très savante, n'est qu'une supposition qui a, selon nous, le tort d'apporter de grosses restrictions à la pensée de Julien, dont l'expression semble générale.

La loi 28, au Digeste, *De condict. indebiti*, semble plus explicite encore dans notre sens et en notre faveur : *Judex*, dit-elle, *si male absolvit, et absolutus suâ sponte solverit, repetere non potest.*

Massol (2ᵉ partie, p. 109) veut encore trouver ici l'acquittement d'une obligation morale, ainsi que le prouve, selon lui, l'expression, *suâ sponte*, que Paul emploie pour nous faire entendre qu'il s'agit d'un payement volontaire, d'une véritable libéralité.

Cette expression *suâ sponte* ne peut-elle aussi signifier que le débiteur a payé simplement sans y être contraint

7

par le juge, en supposant même de sa part quelque erreur.
Car, pourquoi Paul aurait-il pris le soin d'indiquer un principe aussi élémentaire que celui-ci, à savoir : que, quand
on paye en connaissance de cause, on ne peut répéter ; le
debitum naturale s'oppose ici à ce que le débiteur puisse
invoquer son erreur avec succès.

Quant à la loi 13, Digeste, *Quib. mod. pign.* (XX, 6),
que l'on invoque contre la persistance de l'obligation naturelle, démontre-t-elle vraiment que l'engagement naturel
est éteint après une absolution injuste, en nous signalant
la libération du gage ? Nous ne le pensons pas, car nous
pouvons supposer que le gage disparaît ici parce qu'il a
été constitué pour garantir la dette civile, sans que celui
qui l'a fourni ait pensé à l'obligation naturelle qui pouvait
survivre.

§ III

DE L'OBLIGATION NATURELLE SURVIVANT A LA PRESCRIPTION
DE L'OBLIGATION CIVILE

La rigueur primitive de l'ancien droit avait admis la
règle *Ad tempus deberi non potest*, qui ne signifie pas
que le fait mis *in obligatione* ne pouvait être une prestation temporaire, mais qui signifie que la créance ne
pouvait être éteinte par aucun laps de temps. Les actions
étaient en principe perpétuelles.

La loi Furia avait cependant limité à deux ans l'action
contre les *fidepromissores* et les *sponsores* et la loi Julia,
De repetundarum, à un an l'action contre les héritiers
du magistrat concussionnaire.

De plus, les actions que le préteur avait introduites
furent presques toutes soumises à la courte prescription

d'une année, mais d'une année utile ; les actions *rei persecutoriæ* semblent devoir être soustraites à cette prescription précipitée.

Plus tard, les anciennes actions perpétuelles furent toutes soumises à la prescription trentenaire.

Si l'on n'a pas agi dans le délai imparti par la loi, il est certain que la ressource d'une action était impossible, mais demeurait-il au moins une obligation naturelle ?

Pothier, Weber, Unterholzner, Merlin, Dalloz, Delvincourt, Duranton, entre autres, admettent que l'obligation naturelle n'est pas éteinte par la prescription. Savigny partage cette opinion, en montrant que le fondement de la prescription n'est pas dans le *jus gentium*, à cause de sa nature toute arbitraire et positive.

Pfordtèn, Donellus, Dunod, Troplong et Cujas sont d'un avis contraire.

Il n'est pas exact, comme on l'a dit, que la prescription ait été introduite *in odium creditoris*, comme l'exception du sénatusconsulte Macédonien ; elle a été inspirée plutôt par le désir de punir la négligence du créancier, qui rend difficile la position du débiteur et dans un but de sécurité publique : le désir de couper court à des procès interminables, et devenus difficiles, alors que les preuves ont pu disparaître avec le temps.

Le créancier se voit retirer son droit d'action, parce qu'il a négligé d'agir, mais ce n'est que pour un motif d'ordre public, l'obligation en elle-même n'est pas éteinte et le débiteur reste tenu naturellement, ainsi que le prouvent plusieurs textes qui marquent que l'effet de la prescription est bien plus d'éteindre l'action que d'anéantir la relation juridique entre le créancier et le débiteur. On invoque contre cette doctrine la loi 6, Digeste, *De oblig. et act.: Obligatio certo tempore finitur ;* mais, ici, *obligatio* est pris dans le sens d'obligation, munie d'action, car elle seule mérite ce nom, si bien que, comme le dit Savigny, les mots *civilis obligatio* et droit d'action sont, en droit romain, pris comme synonymes.

Cette persistance du *debitum naturale* n'est-elle pas en parfaite conformité avec l'équité ? Que peut-on reprocher au créancier ? Sa bienveillance qui l'a porté à ménager son débiteur et à retarder contre lui les poursuites ? Mais est–ce donc là un tort qui aura pour effet de libérer complètement le débiteur, sous ce prétexte que le créancier aura rendu embarrassante sa situation, en l'exposant à un débat difficile ? Sans doute la loi 7 pr.,Code, *De præscr.* XXX vel. XL *annorum*, nous dit que la prescription a été introduite : *ne prope immortali timore teneantur debitores*. Mais la loi 3, *ejusd. tit.*, ne semble-t-elle pas indiquer que c'est seulement le droit d'action qui est perdu ?

Et d'ailleurs, par sa nature même, l'obligation naturelle échappe à la prescription ; elle n'est pas munie d'action, la sécurité publique n'exige pas qu'elle puisse s'éteindre par le temps ; de plus, comment assigner un point de départ à cette prescription d'une obligation qui n'est point exigible ? Si l'obligation naturelle n'est pas prescriptible, comprend-on que le créancier civil, ayant une action, alors que la prescription est venue lui enlever cette suprême et efficace ressource, se trouve dans une position plus mauvaise que celui qui n'a jamais eu d'action ?

Ne pourrait-on pas appliquer en matière d'obligations naturelles ce que le droit romain admettait pour le droit de propriété qu'il déclarait imprescriptible par trente ans, et décider que le droit prescrit subsistait au moins, après la prescription trentenaire, à titre de *debitum naturale* ? Les textes ne mentionnent pas, il est vrai, d'une façon aussi nette que celle dont ils mentionnent la revendication de la propriété, les effets de l'obligation naturelle, mais ils signalent la persistance de l'action hypothécaire, conservée à l'encontre du débiteur et même de ses héritiers alors que l'action personnelle ne peut les atteindre.

La loi 2, au Code, *De luit. pign.*, nous dit : *Intelligere debes vincula pignoris perdurare, personali actione submotâ.* N'y a-t-il pas là la preuve que l'obligation civile n'a pas disparu en entier, mais qu'elle laisse subsister une obligation naturelle sur laquelle s'appuye le gage. Pour écarter la force de cet argument, on objecte que rien ne prouve que les expressions *submotâ personali actione* se rapportent à l'action prescrite.

Cujas n'y voit qu'une application du principe de l'indivisibilité de l'hypothèque, pour le cas où un héritier du débiteur, acquittant sa part de dette, tout en étant libéré de l'action personnelle, reste soumis à l'action hypothécaire. D'autres y voient le cas d'une obligation contractée par un mineur, qui se fait restituer par le préteur, après avoir fait fournir un gage par un tiers, qui reste tenu, bien que l'obligation soit rescindée.

Nous citerons encore en faveur de la persistance de l'obligation naturelle la loi 7, § 1, au Code, *De præscript. triginta aut quadraginta annorum,* ainsi conçue :

Quamobrem rem jubemus hypothecariam persecutionem, quæ rerum movetur gratiâ, vel apud debitores consistentium, vel apud debitorum heredes, non ultra quadraginta annos, ex quo competere cœpit, prorogari, nisi conventio, aut ætas, sicut dictum est, intercesserit : ut diversitas utriusque rerum persecutionis, quæ in debitorem, aut heredes ejus, quæque movetur in extraneos, in solo sit annorum numero : verum in aliis omnibus ambæ similes sint : in actione scilicet personali his custodiendis, quæ prisca constitutionum sanxit justitia.

Dans ce texte, Justin décide que l'action hypothécaire survit pendant dix années à la prescription de l'action principale, ce qui suppose, comme la loi 2, *De luit. pign.* (VIII, 31), qu'une obligation naturelle subsiste encore après la prescription, pour étayer ce droit de gage.

On a essayé de ce texte les explications les plus diverses

pour établir qu'il ne prouve pas la survivance d'une obligation naturelle. Les uns voient dans cette durée plus longue de gage. l'effet d'une interruption de prescription de l'obligation principale ; mais, alors, pourquoi cette limite de la loi ? D'autres veulent que le gage subsiste tant que le créancier n'a pas été payé, bien que l'obligation principale soit éteinte par prescription. Tant que le créancier n'a pas reçu satisfaction, le gage est maintenu, parce que le législateur veut assurer le payement de la dette.

Cette explication a pour conséquence d'admettre qu'au cas de prescription, l'hypothèque voit subsister une obligation naturelle à laquelle elle doit se rattacher forcément.

Un autre auteur ne voit là qu'un souvenir de l'ancienne imprescriptibilité, sans que le législateur se soit préoccupé de l'existence de l'obligation naturelle. Mais aucune opinion n'explique d'une façon satisfaisante cette persistance du gage, qui doit être regardée, avec Savigny, comme un signe de persistance de l'obligation naturelle.

Une objection, qui tout d'abord semble très sérieuse, est faite à notre système, elle est tirée de la loi 37, XLVI, 1, *De fidejus.*, au Digeste : *Si quis postquam tempore transacto liberatus est, fidejussorem dederit, fidejussor non tenetur, quoniam erroris fidejussio nulla est.*

La nullité de la fidéjussion est, dit-on, une preuve de l'inexistence de l'obligation naturelle, mais il nous semble que Paul, par le soin qu'il prend à indiquer la cause de la nullité de la fidéjussion, veut marquer que c'est parce qu'il est tombé dans l'erreur, qu'il a ignoré la libération, que la fidéjussion n'est pas valable et n'engage pas le fidéjusseur, et non parce qu'il y a pas d'obligation naturelle, auquel cas les jurisconsultes emploient généralement des expressions tout autres.

D'ailleurs, la loi 71, § I, *De solut. et liber.* (XLVI, 3), nous montre que la *condictio indebiti* est refusée à un fidéjusseur, bien que l'obligation soit prescrite.

Si fidejussor procuratori creditoris soluit et creditor post tempus quo liberari fidejussor poterat ratum habuit, tamen quia fidejussor, cum adhuc ex causâ fidejussoris teneretur, soluit, nec repetere potest, nec minus agere adversus reum mandati potest, quam si tum præsenti dedisset.

Ces textes prouvent d'une façon très claire l'exactitude de l'opinion que nous avons adoptée au sujet de l'effet de la prescription, qui laisse subsister une obligation naturelle, alors que l'action est éteinte. Comment comprendre autrement que le fidéjusseur se vît refuser la répétition ?

Et, d'ailleurs, n'est-ce pas une règle équitable que d'admettre la persistance de l'obligation naturelle ?

§ IV

DE L'OBLIGATION AU CAS DE CAPITIS DEMINUTIO

La *capitis deminutio* consiste dans une transformation, *commutatio statûs*, ou, même, parfois, dans un anéantissement de la personnalité civile. Elle présente trois degrés divers :

Tantôt, elle est un anéantissement complet de la personnalité juridique ; elle a lieu lorsqu'on perd à la fois le droit de cité et la liberté.

Tantôt, elle consiste dans la simple perte de la cité, sans que la liberté soit atteinte.

Enfin, quelquefois, elle est encore moins radicale, c'est simplement un changement d'état : *civitas et libertas retinentur, sed status hominis commutatur.*

Quel est le sort de l'obligation qui était à la charge d'un *capite minutus ?* Au deux premiers cas, c'est-à-dire quand il y a *media* ou *maxima capitis deminutio*, on ne peut douter qu'il ne subsiste aucun lien ; c'est ce qu'indique très bien Julien, dont nous retrouvons l'opinion consignée à la loi 47, Digeste, *De fidejus.*: *Si debitori deportatio irrogata est, non posse pro eo fidejussorem accipi, scripsit Julianus, quasi tota obligatio contra eum exstincta sit.*

Il en est de même, à fortiori, au cas de *maxima capitis deminutio*, qui a pour effet d'obliger le maître ou le fisc qui recueille les biens du *capite minutus* à payer toutes les dettes. Scævola nous dit même que l'esclave restitué dans son état primitif par le bienfait du prince, n'est pas tenu des anciennes dettes, ce qu'il faut entendre du cas où ses biens ne lui sont pas rendus ; car, s'il les retrouve, on devrait appliquer l'avis de Paul en ses Sentences, loi IV, t, VIII § 21, qui nous montre l'affranchi soumis à ses anciennes obligations, ce qui semble contredire l'opinion de Scævola, et qui s'explique en faisant cette distinction.

Mais ces deux *capitis deminutiones*, tout en ayant un effet radical quant à la personne qui les subit, ne produisent pas la libération des coobligés, cautions et autres garants ; on peut appliquer en cette matière la règle *Eximit personam potius quam extinguit obligationem.*

Quant à la *capitis deminutio minima*, bien qu'elle éteigne aussi l'obligation civile et s'oppose à l'exercice de toute action contre le *capite minutus*, l'ancien débiteur devient par son effet une personne nouvelle, une personne transformée, mais sa personnalité ne disparaît pas en entier ; aussi l'équité laisse subsister, à titre d'obligation naturelle, l'obligation primitive : il ne serait pas juste, par exemple, de permettre des poursuites contre un fils de famille qui brise ses liens de famille, qui quitte sa *domus* sans emporter le moindre bien, mais il est équitable de laisser subsister un lien naturel à sa charge. Il est vrai que plus tard alors qu'on admit le fils à un pécule, cette raison n'existait plus ; le préteur accorda alors contre lui une action utile, et on admit même les créanciers à agir *de peculio* au cas d'adrogation.

Mais, en principe, le *capite minutus* ne reste soumis qu'à une obligation naturelle, ainsi que le prouve la loi 2, § 2, Digeste, *De capitis dem.* (IV, 5), et cela est conforme en tout à l'équité.

Hi qui capite minuuntur ex his causis quœ precesserunt, manent obligati naturaliter.

Ce texte s'applique certainement à la *capitis deminutio minima*, puisque nous avons vu plusieurs textes nier, indirectement il est vrai, la survivance d'une obligation naturelle au cas de *media capitis deminutio*.

La *minima capitis deminutio* s'opérait de trois façons diverses, par rapport au fils de famille : par l'émancipation, l'adoption ou l'adrogation. Lorsque le fils est émancipé, il ne peut être question d'autoriser contre lui aucune poursuite dans l'ancien droit ; son père ne peut davantage être soumis à une action, mais le préteur accorda aux créanciers le droit de poursuivre, dans la mesure de leurs biens, les fils émancipés, après avoir examiné l'utilité de la mesure. *Actionem, causâ cognitâ, dabo*, dit le préteur.

Mais il restait à leur charge des obligations naturelles pour les dettes qui n'étaient pas payées.

Quand il y avait adrogation, par suite de cette idée que le fils de famille ne peut être créancier, les créances lui appartenant passaient sur la tête du nouveau chef, comme s'il avait été toujours paterfamilias par rapport à l'adrogé ; mais les dettes ne passaient pas à l'adrogeant, par suite de ce principe non moins certain que le fils de famille peut acquérir pour le chef de sa *domus*, mais non rendre sa condition pire. Cependant les créanciers du *capite minutus* conservaient contre lui la ressource d'un *debitum naturale* qui pouvait leur procurer un payement indirect.

Le préteur, trouvant cette ressource inefficace, imagina d'introduire dans la formule une fiction qui permettait de poursuivre le fils de famille ou la femme tombée *in manu mariti*, au moyen d'une action utile et fictice, *perende quasi id factum non sit*, comme si les débiteurs n'avaient subi aucun changement d'état, et cette action était perpétuelle, transmissible aux héritiers des créanciers. Pour assurer le complet effet de cette poursuite, il autorise l'envoi en possession des biens de l'adrogé, quand l'adrogeant ne veut pas défendre à l'action intentée par les débiteurs.

Au cas d'adoption, il faut appliquer les mêmes principes et on pourra autoriser contre l'adopté les mêmes mesures et accorder les mêmes faveurs aux créanciers de l'adrogé.

Maintenant, le fils de famille adopté ou adrogé reprendra la capacité générale que nous lui avons attribuée déjà; il sera capable de contracter toutes sortes d'obligations civiles à l'égard des tiers, sauf celle résultant de l'emprunt défendu par le sénatus-consulte Macédonien. Il pourra contracter des obligations naturelles envers les personnes placées sous une même puissance et envers le paterfamilias.

§ V

DE L'OBLIGATION NATURELLE AU CAS DE CONFUSION

La confusion consiste dans la réunion sur une même tête de la double qualité de créancier et de débiteur ; mais, comme le font remarquer plusieurs auteurs, l'obligation cesse subjectivement et non objectivement ; *Confusio potius eximit personam quam exstinguit obligationem*. Il en est de la confusion comme du pacte *de non petendo in personam*, lequel affranchit le débiteur tout en conservant la dette. Si donc il y a plusieurs *correi* tenus d'une même dette, la confusion qui atteint l'un d'eux laisse les autres encore tenus ; la confusion, de l'avis de tous, est bien plus un obstacle à la réalisation de l'obligation qu'une cause de son extinction.

Tant que la qualité de créancier et de débiteur repose sur la même tête, il est de toute évidence que l'on ne peut songer à maintenir la moindre obligation, personne ne pouvant être son propre débiteur ; mais supposons que la cause qui a produit la confusion vienne à cesser, faut-il dire que, l'obstacle qui s'opposait à l'exécution de l'obligation venant à être écarté, il subsistera encore une obligation naturelle ?

Il y a parfois, dans le droit romain, des cas où l'équité semble s'opposer à la disparition de tout lien et exiger au moins le maintien d'un *debitum naturale ;* c'est ce qui a porté la plupart des auteurs qui ont écrit sur cette question à maintenir une obligation naturelle quand les effets de la confusion ont cessé.

On objecte bien que les textes du droit romain, lorsqu'ils traitent de la confusion, n'indiquent nulle part que sa cessation laisse revivre aucun lien, mais on peut aussi remarquer que la confusion n'est nullement assimilée au payement, et que les jurisconsultes romains mentionnent la persistance de toutes les garanties accessoires qui ne sont pas éteintes par la confusion et qu'ils admettent, en pareil cas, des effets qui s'expliquent difficilement quand on n'admet pas la survivance du *debitum naturale.*

La loi 59 pr., *Ad senatusc. Treb.*, 36, 1, dit en effet : *Debitor sub pignore creditorem heredem instituit, eumque rogavit restituere hereditatem filiæ suæ, id est testatoris : cum nollet adire ut suspectam, coactus jussu prætoris adiit et restituit : cum emptorem pignoris non inveniret, desiderabat permitti sibi jure dominii id possidere. Respondi : Aditione quidem hereditatis confusa obligatio est ; videamus autem, ne et*

pignus liberatum sit, sublata naturali obligatione.
Atquin sive possidet creditor idemque heres rem, sive
non possidet; videamus de effectu rei. Et si possidet,
nullâ actione a fideicommissario conveniri potest,
neque pigneratitia, quoniam hereditaria actio est,
neque fideicommissum quasi minus restituerit, rectè
petetur, quod eveniret si nullum pignus intercessisset;
possidet enim eam rem quasi creditor. Sed etsi fidei-
commissarius rem teneat, et hic serviana actio tene-
bit : verum est enim, non esse solutam pecuniam :
quemadmodum dicimus cum amissa est actio propter
exceptionem. Igitur non tantum retentio, sed etiam
petitio pignoris nomine competit, et solutum non repe-
tetur. Remanet ergo propter pignus naturalis obligatio.

Paul ne déclare pas, dans ce texte, que la confusion
éteint même l'obligation naturelle, comme on l'a écrit, en
se fondant sur ce membre de phrase : *sublatâ naturali*
obligatione, et en le séparant du reste de la phrase, ce qui
dénature absolument le texte. Le jurisconsulte exprime
seulement un doute, qu'il formule de cette façon : *Videa-*
mus ne et pignus liberatum sit, sublâtâ naturali obliga-
tione. (Voyons si le gage est libéré, parce qu'il n'y aurait
pas même une obligation naturelle.) Examinant ensuite les
diverses positions du fiduciaire quant à la possession du
gage, nous voyons qu'on lui accorde la ressource du droit
de rétention et même la ressource de l'action, s'il a une
hypothèque; bien plus, en nous disant que la répétition
du payement accomplie par le fidéicommissaire est interdite, il nous donne à entendre que l'obligation qui subsiste, subsiste indépendamment du gage. Ce refus de la
condictio indebiti n'est-il pas un des effets les plus sail-
lants de l'obligation naturelle, et ne vient-il pas appuyer
la conclusion du texte : *Remanet ergo propter pignus*
naturalis obligatio ?

Cette fin du texte, interprétée littéralement, aboutirait

à un contresens, car l'obligation naturelle ne subsiste pas à cause du gage, c'est le contraire ; le jurisconsulte veut faire remarquer seulement l'efficacité que donne à l'obligation naturelle la constitution d'un gage, sans lequel elle serait bien précaire.

Quelques auteurs, pour atténuer la valeur des derniers mots de ce texte, en donnent cette interprétation : que le créancier, bien que toute obligation même naturelle disparaisse, arrive, à l'aide du gage, à obtenir une satisfaction, tout comme s'il subsistait une obligation naturelle ; c'est en ce sens que Paul a pu dire : *Propter pignus remanet obligatio naturalis*. Les expressions employées par Paul se prêtent difficilement à cette interprétation ; le mot *remanet* ne semble-t-il pas bien indiquer, au contraire, la persistance de l'obligation naturelle survivant à la disparition de l'obligation civile ?

La loi 44, pr., Digeste, *Ad senatuscons. Trebellianum* (XXXVI, 1), autorise encore le fiduciaire à exercer le droit de rétention contre le fidéicommissaire le poursuivant au moyen de la *fideicommissi petitio*, et fournit une application du droit de compensation au profit du fiduciaire, à l'encontre du fidéicommissaire. Ainsi, si le fiduciaire était par hasard créancier du défunt, *veluti si pecuniam ei debuerit defunctus quem retinere maluit quam petere*, il est, quoique débiteur envers le fidéicommissaire de tout ce qu'il doit restituer, autorisé à compenser et à diminuer sa restitution du montant de ce qui lui était dû par le défunt.

La confusion peut encore exister et produire la perte d'une partie des droits du créancier, lorsque la double qualité de caution et de débiteur principal vient se réunir sur une même tête ; l'obligation la plus puissante a l'énergie d'attirer à elle et de détruire l'obligation accessoire. Mais la loi 21, *De fidejuss.*, § 2, au Digeste, nous apprend que lorsqu'un fidéjusseur est venu cautionner une dette principale naturelle, la fidéjussion subsiste dans la personne du débiteur, héritier de la caution :

Quod si hic servus manumissus, fidejussori suo heres existat, durare causam fidejussionis putavit; et tamen nihilominus naturalem obligationem mansuram ; ut si obligatio civilis pereat, solutum repetere non possit. Nec his contrarium esse quod cum reus fidejussori heres existat, fidejussoria obligatio tollatur ; quia duplex obligatio civilis cum eodem esse non potest. Retro quoque si fidejussor...

Mais que l'obligation principale soit civile ou naturelle, la fidéjussion s'évanouira lorsque le débiteur principal succédera à son créancier, car le fidéjusseur est toujours libéré en même temps que le débiteur principal.

Ici le préteur vint d'ailleurs corriger en partie les effets désastreux que la confusion pouvait produire, en permettant au créancier de demander la *bonorum separatio* qui fait en quelque sorte revivre l'obligation du fidéjusseur et permet au créancier, dont l'obligation était cautionnée, d'atteindre les biens de celui-ci, avant les autres créanciers de l'héritier.

§ VI

OBLIGATION NATURELLE NAISSANT DE L'APPLICATION DU JUS INIQUUM

Lorsqu'un magistrat introduisait un principe arbitraire de droit il devait en supporter lui même l'application dans ses propres transactions, toutes les fois que son adversaire le demandait. C'était une sorte de peine du talion appliquée au magistrat, qui le portait à être observateur exact de la loi et de l'équité.

Quand le magistrat, par suite de cette application du *jus*

iniquum, se voyait repousser dans une demande cependant très équitable, ne restait-il pas en sa faveur une
obligation naturelle ? On serait tenté de nier la survivance
d'une obligation naturelle, à cause du caractère pénal que
présente la condamnation.

Savigny, en faisant remarquer que cette peine est étrangère au *jus gentium,* admet que le débiteur ainsi acquitté
à la faveur du *jus iniquum,* reste tenu naturellement, et
ne peut répéter s'il vient à payer.

Il reconnaît, d'ailleurs, que c'est là le seul effet possible
de cette obligation naturelle ; la fidéjussion, le gage,
l'hypothèque et la faculté de compenser ne peuvent avoir
d'application ici.

CHAPITRE IV

Des divers cas où il n'y a pas d'obligations naturelles

§ I

DES DONATIONS NON SOUMISES AUX FORMALITÉS REQUISES
PAR LA LOI

Les Romains ne considéraient pas la simple convention
de donner comme un contrat valable, muni d'action, mais
bien comme la manifestation sans effet possible d'une
intention de libéralité. Le bénéfice de la donation ne pouvait parvenir au donataire qu'autant qu'il se trouvait dans
la possibilité d'invoquer une action pour en réclamer
l'exécution, ou une exception pour la conserver ; ainsi par
une stipulation, par une remise de dette, un pacte *de non
petendo,* une acceptilation, on arrivait à ce résultat.

Plus tard, la loi Cincia vint limiter le pouvoir de faire des libéralités à un certain taux et déterminer, avec la qualification de *personæ exceptæ*, les personnes à l'égard desquelles le taux pouvait être dépassé. Elle eut pour effet de rendre nulles toutes les dispositions faites en dehors du *modus* et adressées à des personnes *non exceptæ*, lorsqu'elles n'étaient pas suivies du plus entier dessaisissement du donateur. Quant aux autres donations qu'elle tolère, on leur applique l'ancienne législation.

L'exception qui naissait de la loi Cincia était perpétuelle, les Proculéiens la voulaient même *popularis*; par suite, on autorisait à répéter le donateur qui s'était exécuté, alors qu'il était en pouvoir de ne pas le faire, grâce à l'exception *Legis Cinciæ* qui le protégeait contre les réclamations du donataire. La *condictio indebiti* lui est accordée, ainsi que l'indique le § 266 des *Fragmenta Vaticana*.

Il n'est donc pas douteux que la loi romaine ne reconnaît pas, en ce cas, la formation d'un lien naturel; l'équité ne s'oppose pas à ce que le donateur réclame après l'exécution de sa promesse, car la loi a établi en sa faveur une mesure de protection, pour le mettre en garde contre les entraînements d'une générosité irréfléchie, et peut-être même préjudiciable à sa famille.

Les autres garanties qui peuvent généralement accéder à une obligation naturelle ne peuvent corroborer une promesse de donation contraire à la loi. La loi 24, au Digeste, *De donat.*, nous indique que la fidéjussion est impossible en ce cas.

Sous le Bas-Empire, avec Constance Chlore, se dessine nettement dans le droit romain l'insinuation des donations, obligatoire pour toutes les donations sous cet empereur, puis seulement pour celles supérieures à 200 solides. Après diverses fluctuations, Justinien imposa l'obligation d'insinuer toute donation supérieure à 500 solides; il rendit de plus obligatoire, avec une *condictio ex lege*, toute convention de donation.

L'omission de l'insinuation n'emportait pas la nullité de la donation entière, mais simplement de ce qui dépassait 500 solides ; le donateur avait une *condictio ex injustâ causâ* pour réclamer le surplus, sans qu'on pût songer à maintenir à son encontre un lien naturel, qui ne peut exister, le droit civil, en plusieurs endroits prononçant la nullité de cette donation prohibée.

§ II

DES TESTAMENTS IRRÉGULIERS

Il est certain que le droit de tester, qui n'est en quelque sorte qu'un prolongement du droit de propriété, appartient bien plus au droit naturel qu'au droit civil, qui ne peut que le réglementer dans un but d'ordre public, soit pour protéger le patrimoine de la famille, soit pour protéger le testateur lui-même contre les entraînements aveugles de la passion et empêcher des libéralités contraires aux lois de l'équité.

Les Romains avaient-ils envisagé le droit de tester comme un produit du droit des gens ou n'y avaient-ils vu qu'une institution de pur droit civil ? On pourrait hésiter à répondre, en voyant le formalisme vraiment étrange, presque ridicule, dont ils ont entouré cette matière. Cependant on admettait le pérégrin à tester suivant les lois de sa cité, ce qui permet de croire que les Romains, au moins à une certaine époque, ont reconnu dans la liberté testamentaire une institution du *jus gentium*.

L'institution d'héritier, à Rome, la confection du testament, surtout dans le droit primitif, heureusement corrigé

8

par l'intervention du préteur, étaient soumises à des formalités sans nombre ; l'omission des prescriptions de la loi entraînait la nullité des dispositions testamentaires.

Mais restait-il au moins une obligation naturelle au profit du légataire ou de l'héritier ainsi dépouillé par la rigueur du droit civil ? On pourrait en douter, en voyant certains textes refuser parfois la *condictio indebiti* au cas où on a exécuté des dispositions nulles selon la loi. Ainsi la loi 2, au Code, *De fideicommissis* (t. XLII, l. 6), s'exprime en ces termes :

Etsi inutiliter fideicommissum relictum sit : tamen si heredes compertâ voluntate defuncti, prædia ex causâ fideicommissi avo tuo præstiterunt, frustra ab heredibus ejus de eâ re quæstio tibi movetur : cum non ex eâ solâ scripturâ, sed ex conscientiâ relicti fideicommissi defuncti voluntati satisfactum esse videatur.

Cette loi, en nous montrant que l'exécution d'un fidéicommis, nul selon le droit civil, peut être accomplie, nous fait voir bien clairement que ce n'est point à cause de l'obligation naturelle que les héritiers ne pourront attaquer cette exécution, mais bien parce qu'elle est une satisfaction imposée par la conscience à la volonté du défunt.

L'obligation se réduit donc en cette matière en une obligation morale ; l'obligation naturelle ne saurait subsister contrairement aux prescriptions de la loi civile et du droit prétorien, qui, vu leur nature, sont des prescriptions d'intérêt public.

§ III

DES ENGAGEMENTS DES PRODIGUES

La loi des Douze Tables avait organisé dans des limites assez restreintes la curatelle des prodigues, et les préteurs, généralisant ce que cette loi n'appliquait qu'à ceux qui dissipaient les biens paternels, à eux advenus par succession ab intestat, nommèrent eux-mêmes des curateurs à tous les dissipateurs de leur fortune.

Quel était le résultat de la formule solennelle d'interdiction prononcée par le magistrat ?

Par suite de l'assimillation que plusieurs textes établissent entre la situation du pupille et celle de l'interdit, on doit décider que ce dernier peut bien acquérir, mais qu'il ne peut ni s'obliger, ni aliéner, sans l'assistance de son curateur. La loi 9, § 7, au Digeste (XII, 1), *De rebus creditis*, dit : *Puto pupillo eum comparandum ;* la loi 6 pr., Digeste, (XLV, 1), *De verb. oblig.* ajoute : *Cui bonis interdictum est, stipulando sibi adquirit ; tradere vero non potest, vel promittendo obligari ;* — l'interdit sera cependant obligé civilement *ex re*, loi 46, Digeste, *De oblig. et act.* (XLIV, 7), et en ce cas son fidéjusseur sera tenu, (loi 70, § 4, Digeste, *De fidej.*, XLVI, t. III).

On doit aussi admettre que l'interdit, lorsqu'il s'est enrichi à la suite d'un contrat, verra échouer contre l'*exceptio doli* toute demande d'un nouveau payement : *Idem et in cœteris dicendum est quibus non recte solvitur, nam si facti sunt locupletiores exceptio locum habebit.*

Mais, poussant plus loin l'assimilation, faut-il décider que l'interdit qui traite sans son curateur, quoiqu'il ne s'oblige pas civilement, contracte néanmoins une obligation naturelle ?

Il est difficile d'admettre une pareille assimilation après l'examen de plusieurs textes, notamment de la loi 40, Digeste, *De div. reg. juris* (L, 17) et de la loi 6, *ibid.*, *De verb. oblig.* La première nous dit : *Ejus cui bonis interdictum est nulla voluntas est.* N'est-ce pas marquer clairement qu'une obligation même naturelle ne peut naître en pareil cas ? La loi 6 ajoute : *Et ideo nec fidejussor pro co, cui bonis interdictum est intervenire poterit, sicut nec pro furioso.* Je n'argumenterai pas de cette nullité de la fidéjussion, parce qu'un autre texte dit précisément le contraire ; mais, de cette assimilation avec le *furiosus*, n'est-ce pas dire que l'interdit ne peut s'obliger même naturellement ? Car celui qui est atteint de démence ne peut accomplir aucun acte qui l'oblige, et on peut dire, avec la loi 70, Digeste, *De fidej.*, en parlant d'un tel engagement : *Ne negotium quidem ullum gestum intelligitur.*

Cependant la loi 25, *De fidej.*, Digeste, en admettant que le fidéjusseur du prodigue demeure tenu, semble indiquer la possibilité d'une obligation naturelle et contredire la loi 6 que nous avons citée plus haut, qui ne maintient pas la fidéjussion, accédant à la dette d'un interdit.

Cette loi n'établit pas d'une façon positive que l'obligation de l'interdit se résolve en un *debitum naturale*, l'on peut expliquer tout autrement le maintien de la caution en cette hypothèse, et résoudre ainsi en même temps la difficulté résultant de la contradiction apparente que nous venons de signaler. La loi 25 fait ici exception à la règle de la nullité de la fidéjussion et la maintient parce qu'elle est intervenue justement pour garantir le créancier des risques que pourrait lui faire courir l'état du débiteur, et pour donner quelque force à un contrat non obligatoire par lui-même, bien plus que pour garantir la solvabilité du débiteur.

§ IV

DES ENGAGEMENTS DU FURIOSUS

Il faut distinguer le *furiosus* du *mente captus*, dont les facultés sont oblitérées d'une façon ininterrompue, et pour lequel toute obligation est incompréhensible. Le *furiosus* présente, au contraire, dans son état, des intermittences de raison qui peuvent rendre intéressante la question de savoir si, avec les éclairs de bon sens qui lui reviennent parfois, il est capable de contracter.

Comme le prodigue, le *furiosus* était en curatelle, mais déjà les jurisconsultes romains se demandaient si la curatelle cessait à chaque intervalle de raison, pour recommencer avec la reprise de l'insanité ; Justinien décida qu'elle durait toujours, mais que, pendant tous les intervalles lucides, le *furiosus* était capable de faire civilement tous les actes avantageux ou non que peut faire une personne capable.

Les textes ne manquent pas pour établir ces deux principes. Dans les intervalles non lucides, point d'obligation possible, même naturelle : *Furiosi vel ejus cui bonis interdictum est nulla voluntas est* (Loi 40, Digeste, *De div. reg. juris*, L, 17) ; *et ideo nec fidejussor pro eo intervenire poterit, sicut nec pro furioso* (Loi 6, Digeste, III, 16, *De verb. oblig.*)

La loi 70, Digeste, *De fid.*, apprécie ainsi l'engagement du *furiosus : Ne negotium quidem ullum gestum intelligitur ;* et ailleurs, la loi 5, *De div. reg. juris*, ajoute : *Nullum negotium contrahere potest.*

C'est donc un acte nul que celui fait par le *furiosus* dans un intervalle non lucide, un acte inexistant que ne pourrait sauver l'autorisation du curateur, car on ne peut confirmer le néant. Il pouvait cependant se trouver obligé *ex re* (indivision) ou *in quantum locupletior factus est* et soumis à l'exception *doli mali* s'il réclamait un deuxième payement.

Pour les actes passés en intervalle lucide, la loi 6, au Code, *De curatore furiosi*, établit que bien que la curatelle se continue en ce temps-là, le *furiosus* est capable de faire valablement toutes sortes de conventions, de devenir débiteur ou créancier, de s'appauvrir ou de s'enrichir : *facere omnia quœ sanis hominibus competunt.*

Quant à la loi 25, *De fidejus.*, qui établit la possibilité d'une obligation accessoire, venant s'appliquer au contrat d'un *furiosus*, elle ne pourrait se comprendre qu'autant que le *furiosus* se serait obligé *ex re*, ou qu'un tiers serait venu donner sa garantie au créancier pour le couvrir du risque que peut lui faire subir l'état du *furiosus*. Il faudrait supposer un fidéjusseur qui, en connaissance de cause, est intervenu, précisément, pour être garant de l'exécution de l'obligation contractée avec un *furiosus*, dont plus tard le contrat pourrait être annulé, si on démontrait qu'il a été fait dans un intervalle non lucide.

Nous décidons, en terminant, que le *furiosus* ne peut que s'obliger civilement, ou ne pas s'obliger du tout ; il ne reste nulle place pour l'obligation naturelle.

§ V

DE L'OFFICIUM PIETATIS

Les textes nous montrent de nombreuses hypothèses où la loi ne permet pas de revenir sur l'accomplissement de certaines prestations, par suite d'une raison de convenance ou de morale, et alors même que l'acquittement de ce devoir, imposé seulement par les mœurs et les usages nationaux, serait survenu à la suite d'une erreur de droit.

Ainsi, pour ne citer que quelques exemples, la loi 32, § 2, *De condict. indeb.,* supposant qu'une femme, se croyant obligée par le droit civil, a fourni une dot, alors qu'elle n'y était pas tenue, nous indique que la répétition ne sera pas accordée, pour ce motif donné par le texte : que, faisant abstraction de l'erreur, il demeure une raison de convenance, *pietatis causa,* qui s'oppose à la *condictio indebiti.*

Ailleurs, une autre texte suppose qu'un affranchi, sans y être obligé, fournit à son patron des *operæ officiales* (loi 26, § 12, Digeste, *ejusd. tit.*), et il refuse encore la *condictio,* en la fondant sur le devoir de reconnaissance, imposé par le bienfait de l'affranchissement : *naturâ enim debet operas.* Il ne faudrait pas prendre cette expression *naturâ debet* dans le sens d'obligation naturelle ; le jurisconsulte veut seulement dire qu'il est dans la nature, qu'il est naturel, qu'un affranchi soit reconnaissant.

Ces textes prouvent péremptoirement que le fondement de cette validité du payement repose non sur un *naturale debitum,* mais sur un devoir de morale et de convenance. Malgré cette évidence, Machelard, dans son *Traité des Obligations* (pp. 283-284), tout en reconnaissant que de telles obligations ne sont pas susceptibles de produire d'autres effets que la *soluti retentio,* y voit des obligations naturelles : « parce qu'elle produisent, dit-il, un effet qui ne peut s'expliquer qu'en disant qu'un payement était possible, et que dès lors il existait une dette ». Mais il est obligé de reconnaître que ce sont là des obligations naturelles très imparfaites et, comme nous l'avons fait remarquer au commencement de cette étude, il arrive à une distinction entre les obligations naturelles, ce qui revient, avec des noms différents, au même résultat, que celui que produit la distinction que nous adoptons entre les obligations morales et naturelles.

§ VI

DE LA DETTE DE JEU

La dette de jeu était-elle regardée, à Rome, comme une dette exigible ? Le préteur, gardien de l'équité et de la morale publique, persuadé que le jeu ne pouvait exercer qu'une funeste influence sur les mœurs romaines, n'avait pas prêté aux conventions de jeu cette force indirecte qu'il avait reconnue à d'autres engagements.

Loin de protéger la dette de jeu, que nos usages modernes considèrent comme une dette sacrée, les lois romaines s'étaient montrées à son égard d'une sévérité peut-être exagérée.

Celui qui était malheureux au jeu n'était soumis à aucune action de la part du gagnant ; s'il venait à payer sa dette, la loi *De aleat.*, l. l. III, t. 43 nous indique qu'il pouvait en répéter le montant, bien qu'en pareille circonstance il eût semblé juste d'appliquer le principe : que celui qui a payé en vertu d'une *turpis causa* ne peut répéter : *In turpi causâ melior est causa possidentis.* Cette loi est ainsi conçue : *Victum in aleœ lusu non posse conveniri et si solverit habere repetitionem, tam ipsum quam heredes ejus, adversus victorem et ejus heredes : idque perpetuo et etiam post triginta annos ; quod si vel ipse vel ejus heredes neglexerint repetere, liceat cuicunque voluerit.*

Il n'y avait donc même pas obligation morale dérivant de la dette de jeu, puisque on autorise la répétition que n'admet pas une telle obligation. Aux yeux des Romains, le jeu est quelque chose de répréhensible ; celui qui paye n'acquitte même pas une libéralité, car cette libéralité est entachée d'un vice originel.

Le préteur avait même étendu sa sévérité contre ceux qui tenaient des maisons de jeu ; et, si les joueurs qu'ils admettaient chez eux venaient à les voler, ou leur causer quelque dommage, ils n'étaient soumis à aucune réparation de ce côté-là.

Cette sévérité ne semble avoir atteint que les jeux de hasard, et non ces jeux tels que les courses de chars, exercices corporels, dont les Romains étaient si amateurs; le même motif de les prohiber n'existait plus, car ces exercices, loin de favoriser l'oisiveté comme les premiers, exerçaient une salutaire influence sur le développement physique.

La loi 1, au Code, l. III, t. 43, *De aleat. et alear. lusu,* nous indique clairement la théorie romaine sur cette matière ; elle mentionne les jeux permis, le montant très minime des paris que l'on pouvait établir : *Liceat ad singulos congressus aut vices unum assem seu numisma seu solidum deponere et ludere.* La loi rend de plus responsables les *præsides* qui avaient laissé violer la loi, en les punissant d'une amende *decem librarum.*

§ VII

DES INTÉRÊTS USURAIRES

Tacite, savant observateur des mœurs romaines, nous montre, dans son Histoire, quelle influence l'usure, *fœnebre malum*, avait exercée sur les soulèvements de la plèbe contre les patriciens qui la pressuraient ; le taux de l'intérêt était alors libre.

La loi des Douzes Tables avait limité l'intérêt permis à une *uncia ;* plus tard, un plébiscite le réduisit à une demi-once par an ; enfin, au temps de Cicéron, le maximum de l'intérêt était désigné par la *centesima usura ;* les érudits ont fixé le montant de l'once à un douzième, et pensent que la *centesima usura* était aussi l'intérêt du 12 0/0 calculé par centièmes, d'après le nombre des mois.

Justinien réduisit l'intérêt permis au 6 0/0 ou au 4 0/0, suivant qu'il s'agissait d'un créancier ordinaire ou d'une personne illustre.

Quel était le sort du créancier qui avait payé des intérêts au delà de la limite légale ? La loi 26, au Digeste, l. XII, t. VII, répond à cette question : Si l'on paye des intérêts exagérés, un rescrit de Sévère décide que l'on ne peut les répéter, mais que l'on doit les imputer sur le capital dû, de telle sorte que si plus tard on vient à payer le capital, on devra faire la défalcation des intérêts déjà comptés. Si, au contraire, le capital a été payé, les intérêts que l'on pourrait acquitter ensuite pourront être répétés. Si l'on acquitte en même temps capital et intérêts, il y a encore place à la répétition des intérêts.

Cette même loi interdit encore au prêteur la réclamation des intérêts, lorsqu'ils ont doublé le montant du capital, et défend la capitalisation des intérêts. Dans le cas où on aurait contrevenu à cette défense, le débiteur peut exercer la répétition, *condicere potest*, alors même qu'il aurait cru acquitter un capital.

Il ne demeure, dans tous ces cas, aucune obligation naturelle, ni aucune obligation morale ; aucune obligation naturelle, puisque on autorise la répétition, alors même que l'on aurait payé en connaissance de cause ; c'est une sorte de punition infligée à celui qui n'a pas craint de contracter une obligation réprouvée par la loi.

Il ne demeure aucune obligation morale même, car on ne peut soutenir que celui qui emprunte sous l'empire d'une pressante nécessité d'argent veuille faire une libéralité au créancier qui abuse de sa situation en exigeant un intérêt exagéré qu'il subit seulement.

On peut dire ici que *lex totam improbat obligationem,*

ainsi que le prouveraient, au besoin, la sévérité de la loi
envers les usuriers et l'infamie qui s'attachait au commerce
usuraire.

§ VIII

DES PROMESSES A TERME OU SOUS CONDITION

Quelques auteurs veulent voir, bien à tort, nous semble-
t-il, une obligation naturelle dans l'obligation à terme ;
et ils se fondent, pour admettre une pareille théorie, sur le
refus de la *condictio indebiti*, admis alors que l'on
aurait acquitté avant le terme et par suite d'une erreur.

Dans la loi 10, Digeste, *De cond. indeb.* (l. XII, t. 6),
Paul nous dit que la répétition est interdite : *ante diem
solutum repetere non possit ;* mais s'ensuit-il de là qu'il
y ait une obligation naturelle ?

Assurément non, l'obligation à terme est parfaite dès sa
formation ; c'est seulement son exécution qui est retardée ;
l'action n'est pas possible, dira-t-on ; elle n'est pas possible à l'heure actuelle, mais elle est en germe au moins
dans l'obligation à terme, et l'arrivée du terme la fera
apparaître. Trouve-t-on pareille chose dans une obligation naturelle ? Non, une telle obligation naît et meurt
imparfaite ; atteinte en naissant d'un vice originel, elle vit
sans même l'espérance d'une action.

Si l'obligation à terme ne souffre pas répétition, c'est que
le débiteur qui s'acquitte en pareille circonstance, même
avant le terme, est vraiment débiteur, comme le dit Paul
dans la loi que nous avons indiquée tantôt : *In diem
debitor, adeo debitor est.*

Nous pouvons dire, pour conclure, que l'obligation à
terme, non seulement n'est pas une obligation naturelle,
mais qu'elle est une obligation civile.

On doit décider que l'obligation conditionnelle est aussi une obligation civile, et non une obligation naturelle ; puisque l'on autorise la *condictio indebiti,* lorsque le payement a eu lieu avant l'accomplissement de la condition.

La loi 16, *De condict. indeb.* : *Sub conditione debitum, per errorem solutum, pendente quidem conditione, repetitur.*

L'avénement de la condition est une chose incertaine, elle peut arriver comme ne pas arriver ; c'est pour cela que l'on autorise la répétition ; elle diffère du terme, qui arrivera forcément et qui empêche l'exercice de la *condictio indebiti.* Mais l'obligation conditionnelle n'en existe pas moins civilement, créant un droit, faisant partie des biens du créancier.

§ IX

DU BÉNÉFICE DE COMPÉTENCE

Les interprètes appellent « bénéfice de compétence » la faveur dont jouissaient, à Rome, certaines personnes (1) de ne pouvoir être condamnées par le juge que dans la mesure de ce qu'elles peuvent payer, *in id quod facere possunt,* et d'éviter ainsi l'emprisonnement qui serait la conséquence de l'inexécution de la condamnation.

Ce bénéfice de compétence, jamais admis dans les actions *ex delicto,* s'exerçait au moyen de l'exception *quod facere potest,* que le défendeur invoquait, non pour nier la légi-

---

(1) Personnes jouissant du bénéfice de compétence : 1° le patron vis-à-vis de son affranchi ; 2° l'ascendant vis-à-vis du descendant ; 3° l'associé vis-à-vis de ses coassociés ; 4° le mari vis-à-vis de sa femme, et réciproquement ; 5° le donateur vis-à-vis du donataire ; 6° le débiteur qui a fait cession de biens ; 7° les militaires ; 8° le fils émancipé, exhérédé, pour les obligations contractées *in potestate.*

timité de la poursuite intentée contre lui, mais pour faire restreindre les effets de la condamnation d'après le montant des biens qu'il possédait.

Mais l'exception, tout en ayant pour effet de restreindre le montant de la condamnation, ne libère pas le débiteur des sommes qu'il devait auparavant, car ce qui est réduit par le juge c'est simplement la condamnation, l'obligation de payer le reste dans l'avenir subsiste tout entière.

Faut-il dire que la *litis contestatio* a eu pour effet de faire disparaître forcément l'obligation civile, pour ne laisser subsister qu'une obligation naturelle ? Non ; il faut aller plus loin et dire que l'obligation civile subsiste.

Le juge exigeait que le défendeur s'engageât par une promesse formelle à payer le reste de sa dette le jour où il reviendrait à une meilleure fortune ; cette promesse devenait pour ainsi dire la cause d'une nouvelle obligation ; et même, indépendamment de cette promesse, on doit admettre que le débiteur restait civilement obligé. Massol suppose que le juge, pour éviter toute difficulté, devait, en prononçant la sentence, réserver les droits du créancier.

D'ailleurs, sous Justinien, on exigeait toujours la promesse de la part du débiteur ; cet usage ne présentait plus la même utilité, puisque, par une décision de ce prince, la *litis contestatio*, et c'était justice, perdait cet effet extinctif que lui avait reconnu l'ancienne législation.

§ X

DE LA CESSION DE BIENS

La rigueur primitive de la loi des Douze Tables, qui prononçait le terrible *partes secanto* contre le débiteur qui ne payait pas sa dette, et qui autorisait son emprisonnement jusqu'à l'entier acquittement, fit place à une législation plus humaine, à mesure que les mœurs romaines s'adoucirent.

Une des *leges Juliæ judiciariæ*, applicable d'abord à l'Italie seule, étendue ensuite aux provinces par des constitutions impériales, autorisa le débiteur à conserver sa liberté en faisant à ses créanciers l'abandon de tous ses biens.

Quel sera l'effet de cet abandon? Cet abandon ne désaisit pas le débiteur de la propriété des biens cédés, il aboutit à une *bonorum venditio*, mais n'autorise pas les créanciers à garder ces biens en payement ; si donc la vente des biens cédés remplit les créanciers du montant de leurs créances, le surplus revient au débiteur.

Si, au contraire, la vente des biens ne produit pas une somme suffisante pour désintérésser les créanciers, le débiteur ne se trouve pas quitte envers eux par suite de l'abandon de tous ses biens ; on ne peut douter qu'il subsiste encore à la charge du débiteur une obligation civile et non naturelle, comme le prétendent certains auteurs. Le but de la cession de biens est de soustraire le débiteur à l'emprisonnement et à l'infamie qui en découle, mais non à l'acquittement de son obligation ; car l'on permet aux créanciers d'agir à nouveau lorsque le débiteur, revenant à meilleure fortune, acquiert de nouveaux biens ; c'est donc une obligation civile qui reste à la charge du débiteur.

CHAPITRE V

Extinction de l'Obligation naturelle

On ne peut appliquer à l'extinction des obligations natu-relle la double classification des modes d'extinction *ipso jure* et *exceptionis ope,* qui ne présente en cette matière aucune utilité.

L'obligation naturelle s'éteint par le payement, qui est le mode le plus normal et le plus ordinaire d'extinction de la dette, car l'obligation naturelle est vraiment une dette ; le payement pourra être fait en une ou plusieurs prestations, mais un payement partiel, ainsi que nous l'avons déjà dit, ne pourrait constituer une reconnaissance de la dette restante, et donner au créancier une action qu'il n'avait pas.

Quand un créancier a envers un même débiteur plu-sieurs créances dont les unes sont civiles et les autres naturelles, l'imputation devra se régler d'après les indi-cations et la volonté du débiteur ; s'il ne s'explique pas, le choix appartient au créancier ou, à son défaut, à la loi qui affecte le payement à la dette civile.

L'obligation naturelle peut s'éteindre aussi par la novation qui a pour objet de substituer une obliga-tion à un autre; la nouvelle obligation créée par ce pro-cédé peut être aussi bien naturelle que civile; le vice qui atteignait la première obligation ne rejaillit donc pas sur celle qui la remplace.

L'acceptilation produira de même l'extinction de l'obli-gation naturelle, le créancier déclarant avoir reçu ce qui lui est dû, libère par cela même son débiteur.

Le simple pacte qui peut créer le *debitum naturale* a assez d'énergie pour le faire disparaître : *Nihil tam naturale est quam eo genere quidquid dissolvere, quo colligatum est ;* il est naturel d'admettre en effet, que la cause qui sert à créer un lien serve aussi à le délier.

Naturalis obligatio, ut pecuniæ numeratione, ita justo pacto vel jurejurando ipso jure tollitur : quod vinculum æquitatis, quo solo sustinebatur conventio æquitate dissolvitur. (Loi 35, Digeste, *De reg. juris.*)

Ainsi le pacte *de non petendo* éteindra l'obligation même naturelle de plein droit, par rapport au débiteur naturel et par rapport aux fidéjusseurs, dont l'obligation se trouve sans cause, par suite de l'extinction du *debitum naturale.*

Nous admettons que le serment déféré, dans un procès, par l'une des parties à l'autre, a pour effet, s'il est prêté, de détruire l'obligation naturelle. Les textes nous disent qu'il a une une autorité plus grande que la chose jugée, et c'est justice ; la sentence du juge est subie, mais pas acceptée volontairement ; le serment est une sorte de transaction volontaire intervenant au sujet du litige pendant ; celui qui le défère s'engage à ne plus rien réclamer, si on le prête, et on ne peut laisser subsister alors aucune obligation, même morale.

La *maxima* et la *media capitis deminutio* produisent l'extinction la plus complète de l'obligation, sans laisser subsister même un lien naturel.

DE L'OBLIGATION NATURELLE

EN DROIT FRANÇAIS

CHAPITRE PREMIER

Droit ancien

L'invasion de l'Empire romain par les Barbares amena la ruine complète des institutions politiques et sociales de Rome. Le droit romain survécut à cet effondrement, mais son autorité ne demeura pas souveraine, les vainqueurs de Rome résistèrent longtemps à son influence.

Plusieurs documents de la législation impériale furent perdus; d'autres, enfouis dans un long oubli, ne revirent le jour qu'après des siècles et reparurent dénaturés, amoindris ou surchargés. La science des jurisconsultes, les recherches des érudits ne parvinrent à les rétablir dans leur intégrité, qu'au prix des plus longs et des plus patients travaux. Il est même permis de penser que ces travaux n'ont été récompensés que par un succès relatif.

On peut affirmer toutefois que si le droit romain fut longtemps délaissé, il ne cessa jamais d'être connu et étudié par quelques hommes d'élite. Le siège d'Amalfi et la découverte des Pandectes Florentines ne sont plus, aujourd'hui, considérés comme marquant le moment où le droit romain aurait fait une véritable résurrection et se serait imposé de nouveau à l'étude des jurisconsultes. L'existence et la prospérité des savantes écoles d'Italie établissent suffisamment que les lois romaines étaient étudiées avant le XIIe siècle.

Lorsque les provinces de l'Empire furent envahies par les tribus barbares d'origines diverses, qui vinrent les occuper, les unes par le droit de la guerre, les autres par suite des traités, elles n'apportèrent avec elles aucune législation bien déterminée, mais seulement des usages et des coutumes, en un mot des rudiments législatifs très informes.

Ces usages et ces coutumes, quelque imparfaits et rudimentaires qu'ils nous apparaissent, avaient pu suffire aux besoins peu nombreux de tribus vivant presque au jour le jour, à l'état barbare ; leur civilisation embryonnaire n'avait pas besoin de lois savantes et codifiées.

Mais, à mesure que ces peuplades, quittant leurs habitudes errantes et nomades, vinrent demander aux anciennes provinces romaines une demeure fixe, elles éprouvèrent le besoin de se donner une législation plus forte et des lois plus parfaites : c'est l'histoire de tous les peuples.

Montesquieu, dans le chapitre Ier du livre XXVII de l'*Esprit des lois*, fait un tableau très saisissant, en même temps que très exact, de la transformation opérée, par les soins même des rois barbares, à leur législation primitive. Il nous montre les Francs et les autres tribus barbares du nord maintenant dans leur intégrité et leur simplicité leurs lois d'origine, qu'ils font codifier par les sages de leur nation ; tandis que les barbares du Midi, les Wisigoths notamment, refondent les leurs et les modifient en appelant à leur aide, pour ce travail au-dessus de leurs forces et de leur science juridique, le clergé, principale-

ment les évêques, dont l'influence fut si grande et si
bienfaisante à cette époque de l'histoire.

Le Bréviaire d'Alaric, comme la loi romaine des Bur-
gondes, virent le jour à la même époque et prirent une
place importante à côté des lois barbares codifiées ; les
Romains soumis à la domination des Barbares conservè-
rent ainsi les lois sous lesquelles ils avaient vécu, quelque peu amendées ou défigurées par ces nouvelles rédac-
tions qui ne s'inspirèrent pas toujours exactement de l'esprit du droit ancien de Rome.

De cette dualité de législation naquit la personnalité
des lois; la force même des choses devait fatalement
amener un pareil résultat ; les barbares ne pouvaient
comprendre la subtilité et les délicatesses du droit
romain que la civilisation latine avait rendu si parfait ;
les Romains, de leur côté, ne pouvaient trouver dans les
lois barbares la satisfaction de leurs besoins plus nombreux et plus raffinés, ni la solution de leurs situations
juridiques très diverses et plus complexes.

Après la conquête des Gaules par les Barbares nous
assistons au travail lent, mais continu, qui doit aboutir
un jour à la formation de la nation française. L'unité de
notre patrie devait être faite et défaite bien des fois, durant de longs siècles ; son autonomie politique elle-même
devait s'affirmer avant qu'elle pût arriver à jouir du bienfait d'une législation unifiée. Pendant longtemps notre
pays devait demeurer divisé, au point de vue de ses lois, en
pays de droit écrit et en pays de coutume.

La période féodale apporta dans notre droit des éléments nouveaux ; le principe de la personnalité des lois
fit place au principe de la territorialité. L'unité de législation gagna peu à ce changement. Il est vrai que tous les
habitants d'un même lieu, en vertu de ce nouveau principe,
se trouvèrent soumis à la même loi et à la même coutume;

mais, d'autre part, il faut constater aussi que chaque lieu eut une loi ou une coutume différente.

Rechercher ce que devint, dans cette longue période de formation de notre droit national, la théorie des obligations naturelles paraît un travail ingrat et stérile ; les documents manquent absolument et on ne peut se soustraire à cette conviction : que l'obligation naturelle et son étude furent le moindre souci des hommes de loi et des juges des diverses époques de notre droit très ancien.

Tout au plus pourrait-on supposer que quelques vestiges de cette théorie restèrent vivants dans les pays de droit écrit. Comment pourrait-on admettre que la délicatesse de distinction qui est nécessaire dans la matière qui nous occupe ait jamais été saisie par ces juges barbares du *mallum*, présidés par un homme aussi rude qu'eux, ne pouvant apprécier que des situations simples ? Comment penser que des Barbares, qui matérialisaient le droit et la procédure par des symboles, qui ne saisissaient que ce qui frappait les sens, aient pu se rendre compte d'une théorie aussi délicate que celle de l'obligation naturelle ? Les contrats et la procédure *re* ou *ex fide factâ* ne laissaient assurément pas de place à l'obligation naturelle.

Plus tard, avec le développement que prend chaque jour le droit coutumier, on voit la législation se mettre peu à peu au niveau des besoins matériels des populations qui la font et la subissent ; mais ce droit ne nous apparaît point encore assez savant dans ses déductions pour qu'on puisse croire qu'il donne quelque place à notre théorie, qui semble encore au-dessus de ses conceptions.

Il n'a pu même formuler une distinction, qui cependant nous paraît aujourd'hui très simple, celle des biens en meubles et immeubles, sur laquelle on rencontre l'incertitude la plus grande et la variété la plus inextricable. La distinction des biens, à cette époque, présente des divergences nombreuses, presque aussi nombreuses que les coutumes elles-mêmes.

En arrivant au XVIe siècle, nous trouvons l'auteur de la coutume de Bretagne, qui nous donne, sous une forme pleine de verve, bien nette et bien exacte, l'opinion des jurisconsultes de son époque sur la matière qui nous occupe. Il ne peut comprendre, dit-il, l'utilité de cette création toute fantaisiste d'obligations, tout à la fois dépourvues d'action, mais sources d'exceptions, faisant naître des droits de rétention et de compensation et pouvant donner lieu à un cautionnement ; il serait désirable de voir ces subtilités disparaître de la pratique. Il termine son réquisitoire contre l'obligation naturelle, par une apostrophe qu'il adresse aux jurisconsultes en forme de conclusion assez plaisante et les prie de lui dire : *Si non sunt hæc meræ nugæ?* Ces choses-là ne sont-elles pas de véritables sornettes, des plaisanteries ? (D'Argentré, *Coutumes de Bretagne*, art. 273 et pp. 1287 et 1511.)

Si tel est le jugement de D'Argentré sur la matière, on ne peut que penser que les obligations naturelles ne furent pas goûtées davantage, ni mieux appréciées dans la généralité des pays de coutumes.

Loysel formule nettement le principe fondamental de la matière des contrats et des obligations dans ses *Institutes coutumières : « Autant vaut une promesse simple ou convenance que les stipulations de droit romain »*, et ailleurs : *« On lie les bœufs par les cornes et les hommes par les paroles. »*

Il y a loin de là au formalisme antique et au symbolisme des contrats, le lien ne se forme plus par des paroles solennelles, mais par le seul échange des volontés; la tradition elle-même n'est plus exigée pour le contrat de vente, si bien que Loysel écrit encore : « On n'a pas plus tôt vendu la chose, qu'on n'y a plus rien. » Avec de pareilles idées juridiques, il ne reste pas de place pour la distinction à établir entre les engagements contractés ; quiconque a promis devient débiteur ; quelle que soit la forme de son engagement, il se trouve lié d'une façon toujours semblable vis-à-vis de son créancier.

Pothier, dont nous exposerons plus loin la doctrine, reconnaît que la valeur juridique donnée en droit français au simple échange de consentement est la cause majeure de la diminution de l'importance des obligations naturelles dans notre droit, que plusieurs autres causes ont concouru à restreindre encore.

Le pacte nu des Romains est devenu un contrat faisant naître de véritables obligations ; l'esclavage a disparu de notre droit, au moins sur le sol de la mère patrie, depuis nombre d'années et, si la Révolution le trouve encore existant dans les colonies, sa durée y sera bien courte; il n'est donc plus question chez nous des obligations de ces malheureux déshérités, obligations qui tiennent une grande place à Rome.

La puissance paternelle, singulièrement amoindrie dans son étendue et son importance, laisse aux fils de famille une liberté bien plus grande, du moins dans la plupart des coutumes, car, dans quelques-unes, peu nombreuses d'ailleurs, le fils de famille ne peut jamais du vivant de son père contracter sans son autorisation, soit avec les tiers, soit avec ceux qui sont sous la même autorité que lui. Le fils est généralement reconnu habile à contracter lorsqu'il a atteint sa vingt-cinquième année, et dans quelques coutumes avant cet âge même, ou encore lorsque le mariage vient l'émanciper et le faire sortir de la puissance paternelle.

La femme mariée est soumise partout, quoique dans des mesures diverses, qui varient avec les différentes coutumes, à l'autorité de son mari; elle ne peut contracter civilement. Son obligation est, suivant les cas et selon les coutumes, frappée d'une nullité absolue et radicale, par respect pour l'autorité maritale ; elle est déclarée non susceptible de ratification ou d'exécution alors même que la femme se trouve affranchie de cette autorité

Dans quelques autres coutumes on tient davantage compte de l'intérêt de la femme et on le met au-dessus de l'autorité maritale ; la nullité n'existe que comme une mesure de protection pour la femme ; on l'autorise à exécuter ou à ratifier son obligation alors que sa liberté lui revient par le veuvage. Nous n'avons pas à rappeler ici la diversité de la législation coutumière en ce qui concerne le sénatus-consulte Velleien, à l'influence duquel est essentiellement liée la solution de la question des droits de la femme.

Les changements que nous venons de constater dans notre droit, l'unité de notre législation, devant laquelle tous les Français sont égaux, à la différence de ce qui se passait à Rome, où des droits divers existaient s'appliquant à des catégories diverses de personnes et de biens, tout cela a affaibli l'intérêt qui s'attachait à la théorie des obligations naturelles.

Cependant les jurisconsultes du XVIIᵉ et du XVIIIᵉ siècle s'en sont occupés. Nous réservant de donner une plus large place au développement des idées de Domat et de Pothier, nous résumerons d'abord rapidement les définitions et la doctrine de quelques-uns des écrivains qui ont fait autorité et qui sont encore estimés aujourd'hui.

GROTIUS, dans son traité du droit *De la guerre et de la paix* (traduction de Barbeyrac), au livre II, ch. XIV, intitulé : « Des promesses, des contrats et des serments », traite des obligations civiles et naturelles. La matière est envisagée par lui au point de vue spécial, des relations entre le souverain et ses sujets. — Il trouve que l'expression " engagement naturel " est bien obscure, il cherche à l'expliquer en invoquant l'autorité du droit romain et

des livres saints ; il expose les divers sens donnés aux mots
obligations naturelles :

« Les anciens auteurs, dit-il, prennent quelquefois les
« mots obligations naturelles dans un sens impropre,
« entendant par là des choses qu'il est naturellement beau
« et honnête de faire, quoiqu'elles ne soient pas véritable-
« ment dues…, mais quelquefois on entend par obligation
« naturelle, dans un sens plus propre et plus convenable,
« celle qui nous impose une véritable nécessité, soit que
« par là quelqu'un acquière envers nous un droit, comme
« dans les conventions ; soit qu'elle n'ait point donné de
« pareil droit à personne, comme dans une demi-promesse,
« accompagnée d'une pleine et ferme résolution. »

Il oppose ensuite l'obligation civile à l'obligation naturelle en ces termes :

« Quand on dit que quelqu'un est obligé civilement par
« ce qu'il a fait, cela peut encore signifier : ou que l'obli-
« gation n'est pas fondée sur le droit naturel tout seul,
« mais uniquement sur le droit civil ; ou bien sur le droit
« naturel et sur le droit civil tout ensemble ; quelquefois
« aussi on entend par là simplement un acte en vertu
« duquel les lois donnent action en justice. »

On voit bien, par ce court aperçu des principales idées
de Grotius sur la matière des obligations, qu'il n'y avait
rien de bien précis, dans l'esprit de ce jurisconsulte, sur le
sens qu'il fallait donner aux mots obligations naturelles ;
ce qui nous autorise à dire que si cet esprit supérieur avait
de telles incertitudes, les jurisconsultes et la pratique de
son temps devaient être peu fixés sur ce même point.

PUFENDORF, qui écrivait quelques années après Grotius
son *Droit de la nature et des gens,* qui a été traduit par
Barbeyrac, traite aussi la question de l'obligation naturelle
au livre III, chap. IV, § 5. Il reproduit la docrine de Grotius
et ajoute :

« D'autres font une division plus nette, en obligations
« purement naturelles, obligations purement civiles et
« et obligations mixtes; l'obligation purement naturelle est
« une obligation fondée uniquement sur l'équité naturelle
« et qui ne donne point action en justice ; l'obligation
« purement civile est un engagement uniquement fondé
« sur le droit civil et qui, à la rigueur, donne action en jus-
« tice, mais dont on peut être déchargé par le droit du
« préteur qui fournit là-dessus une exception perpétuelle
« et péremptoire ; l'obligation mixte, enfin, est un enga-
« gement également soutenu et par l'équité naturelle et
« par l'autorité du droit civil. »

Après avoir exposé ces diverses définitions, il nous
donne son opinion dans un long paragraphe 6, qui méri-
terait d'être reproduit en entier, mais que nous nous
bornerons à résumer de notre mieux en conservant autant
que possible les expressions mêmes de l'auteur.

« Pour moi, il me semble, dit-il, qu'il ne faut pas tant
« considérer ici l'origine et le fondement des obligations
« soit naturelles, soit civiles, que leur force et leur effet
« dans la vie pratique et commune ; par obligation natu-
« relle, j'entends donc celle qui est uniquement fondée sur
« la loi naturelle et, par obligation civile, celle qui est
« fondée sur la loi civile et sur l'autorité du souverain. »

Considérant la force de l'une et de l'autre en la personne
du créancier et du débiteur, il constate :

1º Que la force de l'obligation naturelle agit sur la
conscience du débiteur, qui, en ne pas l'accomplissant,
manque à son devoir et commet « une action contraire à
la volonté de Dieu » ; il en est de même pour celles des
obligations civiles qui sont basées sur le droit naturel et
sur la loi ; il remarque que la contrainte ne peut forcer à
l'accomplissement de l'obligation naturelle qui doit être
exécutée « volontairement » et par la « persuasion où l'on
est de la justice des devoirs qu'elle nous impose » ;

2° Que le créancier de l'une et de l'autre obligation civile et naturelle reçoit ce qui lui est dû lorsqu'elle est acquittée; mais, tandis qu'il pourra user de contrainte pour obtenir l'exécution de la première, il devra attendre l'accomplissement de la seconde de la libre volonté du débiteur, comme il convient « pour les devoirs de l'humanité et de la charité ».

Il faut remarquer ici que si, d'une part, Pufendorf met au nombre des obligations naturelles celles qui découlent des devoirs d'humanité et de charité, il établit, d'autre part, une catégorie spéciale d'obligations naturelles, pour lesquelles la force pourra être invoquée : « les obligations fondées sur un engagement volontaire ».

Pufendord semble ne reconnaître comme obligations naturelles dépourvues d'action en justice que celles que les jurisconsultes modernes rangent parmi les obligations morales ou simples devoirs de conscience, puisque, à ses yeux, « tout engagement volontaire paraît devoir justifier le droit d'action du créancier. »

Retenons toutefois ce qui, malgré l'obscurité de ses doctrines, se dégage nettement de ces considérations : que Pufendorf exige pour les obligations naturelles « un payement volontaire ». Barbeyrac, qui a traduit Pufendorf et Grotius, fait remarquer dans une note (p. 354), que Pufendorf a intercalé le mot « volontairement » que Grotius n'avait pas écrit : « Il faut bien remarquer ce mot *volontairement* que notre auteur ajoute, dit-il, pour développer la pensée de Grotius qui sans doute l'a sous-entendu. »

Ce dernier point nous a semblé mériter d'être signalé comme un élément utile pour l'interprétation que nous aurons à faire plus loin du mot *volontairement*, employé par notre législateur à l'article 1235 du Code civil.

CLAUDE DE FERRIÈRE, dans son dictionnaire, au mot *Obligation*, indique trois sortes d'obligations : l'obligation naturelle, l'obligation civile et l'obligation mixte, qui est naturelle et civile.

L'obligation naturelle est, dit-il, « un lien de l'équité « naturelle qui nous oblige à donner ou à faire quelque « chose, sans que nous y puissions être contraints en justi- « ce… en sorte qu'elle dépend uniquement de la probité de « celui qui est obligé », et il indique comme exemples d'obligations naturelles ceux que nous retrouvons dans Pothier : l'obligation envers le cabaretier et l'obligation contractée par la femme mariée.

Cette division des trois sortes d'obligations, admise par Ferrière comme par les auteurs que nous venons d'étudier, nous autorise à penser qu'il admettait les doctrines de ces derniers sur la matière qui nous occupe.

ARGOUT, de Lyon, qui, par le fait même de sa résidence, pays ouvert aux deux droits, peut nous donner les tradi- tions romaines et coutumières sur la matière qui nous occu- pe, admet encore la division tripartite des obligations, dans son *Institution du Droit français*, l. III, ch. 1er.

DUNOT, dans son *Traité de la prescription* (ch. 89), ne se borne pas à la simple division des obligations, il semble établir une distinction entre l'obligation morale, simple devoir de conscience, et l'obligation naturelle, quand il enseigne que la prescription éteint tout à la fois l'obliga- tion civile et l'obligation naturelle, pour ne laisser subsis- ter que l'obligation de conscience. Mais Dunot traite la question en romaniste et au point de vue du droit romain ; nous verrons aussi, en droit français, des auteurs qui admettront que la prescription éteint l'obligation naturelle et nous combattrons cette opinion.

DOMAT, dans son *Traité des lois civiles*, liv. I, tit. I, sect. 5, § 9, dit :

« Ceux que la nature ne rend pas incapables de contrac- « ter, et qui ne le sont que par la défense de quelque loi,

« ne laissent pas de s'engager par leurs conventions à une
« obligation naturelle » ; et ailleurs, liv. II, tit. VII, section
1, § 11 : « Les débiteurs qui acquittent volontairement les
« dettes qu'ils auraient pu faire annuler en justice, mais
« que l'équité naturelle rendait légitimes ne peuvent
« revenir contre cette approbation. » A l'appui de cette
doctrine il cite l'exemple de la femme mariée qui a contracté
une obligation, et celui du mineur, et il ajoute, en forme de
conclusion : « Dans ces cas, il y a une obligation naturelle
que « le débiteur a pu acquitter ».

Pour Domat aussi le fondement de l'obligation naturelle
est dans l'équité et le libre engagement d'un débiteur
même civilement incapable. Quant au payement, pour
échapper à toute répétition il doit être l'effet d'une exécution absolument volontaire et être exempt d'erreur.

Domat veut réellement un payement fait volontairement
par un débiteur qui connaît et veut effacer le vice de son
obligation, sachant bien qu'elle ne peut donner lieu à
aucune action contre lui. Hors de ce cas, la répétition est
toujours possible. Il admet la validité de la caution, du
gage, de l'hypothèque, de la novation et de la compensation.

« Le payement supposant la dette, dit Domat, celui qui
« se trouve avoir payé par erreur ce qui n'était pas dù,
« peut le recouvrer ; mais, s'il n'a payé que ce qui était dù
« légitimement, quand même la dette eût été telle qu'il
« n'eût pu être condamné en justice, il ne peut demander
« qu'on lui rende ce qu'il a payé, car, en payant, il a recon-
« nu et ratifié son obligation. » (Domat, liv. II, tit. VII,
sect. 1, § 11.)

De quelle erreur Domat veut-il parler ? — De l'erreur de
fait, disent quelques auteurs, mais non de l'erreur de droit,
non de l'erreur sur la nature de l'obligation, puisque, s'il a
payé légitimement même une obligation qui ne pouvait
motiver une condamnation, il ne pourra répéter. Donc

celui qui croit payer une obligation civile, alors qu'il acquitte une dette naturelle, ne peut répéter.

Nous ne pensons pas qu'il faille entendre ainsi le texte de Domat, puisqu'il dit : « En payant, le débiteur a reconnu et ratifié son obligation. » Pour qu'il ait ratifié, il faut qu'il ait voulu ratifier ; pour qu'il ait eu une pareille volonté, il faut qu'il ait connu le vice dont était atteinte l'obligation qu'il acquittait ; il faut, en un mot, qu'il ait su que l'obligation qu'il payait n'était qu'une dette naturelle.

POTHIER. — Nous avons réservé pour la fin de cette rapide revue des opinions des anciens jurisconsultes sur l'obligation naturelle, l'examen de la doctrine de Pothier, le maître de la science du droit français ancien, le véritable trait d'union entre ce droit et le droit moderne, le jurisconsulte qui a exercé sur l'esprit des auteurs du code Napoléon la plus grande et la plus salutaire influence.

Dans son *Traité des obligations,* il consacre le titre préliminaire à définir le terme d'obligation : « Dans une « signification étendue, *lato sensu,* il est synonyme au « terme de *devoir* et il comprend les obligations « imparfaites aussi bien que les obligations parfaites. »

Il définit ensuite les obligations imparfaites : « les devoirs « dont nous ne sommes comptables qu'à Dieu et qui ne « donnent aucun droit à personne pour contraindre à les « accomplir : tels sont les devoirs de charité et ceux de « reconnaissance.

« Les obligations parfaites, appelées aussi engagements « personnels, sont celles qui donnent à celui envers qui « nous les avons contractées le droit d'en exiger de nous « l'accomplissement. »

Dans la IIme partie, § 173, il définit l'obligation civile : « celle qui est un lien de droit, *vinculum juris* » et qui donne une action en justice au créancier ; et l'obligation naturelle : « celle qui, dans le for de l'honneur et de la cons-

« cience, oblige celui qui l'a contractée à l'accomplisse-
« ment de ce qui y est contenu »; il ajoute un peu plus
loin : « Ces obligations ne sont qu'improprement obliga-
« tions, car elles ne sont pas un *vinculum juris*, elles
« sont seulement *pudoris et œquitatis vinculum.* »

Dans le chapitre II, il traite des obligations civiles et
des obligations naturelles et il dit : « Les principes de
« notre droit sont à cet égard différents de ceux du droit
« romain (§ 192). Les obligations naturelles du droit
« romain sont, dans notre droit, de véritables obligations
« civiles ; celles que dans notre droit on peut appeler
« valablement obligations purement naturelles sont :

« 1° Celles pour lesquelles la loi dénie l'action par rap-
« port à la défaveur de la cause dont elles procèdent »...
et il cite comme exemple la dette envers les cabaretiers
et la dette de jeu ;

« 2° Celles qui naissent des contrats de personnes
« qui, ayant un discernement et un jugement suf-
« fisants, sont néanmoins, de par la loi civile, inhabiles à
« contracter. »

Au § 196, il admet une troisième catégorie d'obligations
naturelles : « Une obligation civile devient une obligation
« naturelle lorsque le débiteur a acquis contre l'action qui
« en résulte quelque fin de non-recevoir, et tant que la fin
« de non-recevoir subsiste et n'est pas couverte » ; parmi
les fins de non-recevoir qui transforment ainsi une obligation civile, il cite : le jugement, le serment décisoire et la
prescription.

Il fait remarquer, § 193, que ces obligations naturelles
n'auraient pas été rangées par le droit romain parmi
les obligations naturelles ; aussi ajoute-t-il : « C'est
« pourquoi je ne pense pas qu'elles doivent avoir, parmi
« nous, les effets que le droit romain reconnaissait à
« de pareilles obligations. »

Dans le paragraphe 195, il accentue encore cette diffé-

rence entre les deux droits en disant : « Le seul effet
« de nos obligations purement naturelles est que, lorsque
« le débiteur a payé *volontairement*, le payement est
« valable et n'est pas sujet à répétition, parce qu'il a eu
« un juste sujet de payer, celui de décharger sa conscience ;
« donc il n'est pas *sine causâ*. » Il faut conclure de ce
passage que le payement fait, même par une erreur de
droit, n'empêche pas la répétition, car alors il ne repose
pas sur la cause qui a déterminé le payement et il cesse
d'être volontaire.

Bien que Pothier semble confondre l'obligation naturelle avec le devoir de morale, il marque, avec une rare
perspicacité et un sens juridique parfait, la différence
qu'il met entre les deux. Dans le § 197, il dit : « On ne
« doit pas confondre les obligations naturelles... avec
« les obligations imparfaites ; celles-ci ne donnent aucun
« droit à personne contre nous-même dans le for de la
« conscience... Au contraire, les obligations naturelles
« donnent à la personne envers qui nous les avons contrac-
« tées un droit contre nous, non pas à la vérité dans le
« for extérieur, mais dans le for de la conscience. »

Dans les obligations imparfaites, Pothier ne trouve ni
vinculum juris, ni *vinculum æquitatis;* dans les obligations naturelles, au contraire, s'il n'y a pas de *vinculum
juris,* il y a tout au moins un *vinculum honestatis et
æquitatis* assez puissant pour valider un payement et
empêcher la répétition.

En un mot, pour Pothier il y a un simple devoir de
conscience lorsqu'on est obligé à faire quelque chose
dont nul ne peut réclamer l'exécution ou le bénéfice ; il y
a obligation naturelle lorsque celui qui doit a une véritable dette, lorsqu'il doit à une personne déterminée.

Résumant la doctrine de nos anciens au sujet de l'obligation naturelle, nous pouvons dire qu'ils reconnaissent une obligation naturelle :

1° Dans l'engagement pris par des personnes incapables civilement, mais naturellement capables ;

2° Dans l'engagement dépourvu d'effets civils, par un vice de forme dans l'acte qui le constate, ou par suite de la défaveur de la cause dont il procède, ou encore par absence de preuve ;

3° Dans l'engagement qui a perdu son caractère civil par suite d'une exception qui détruit l'action du créancier ;

4° Dans l'accomplissement d'un devoir d'équité, de justice ou d'humanité, et même de charité selon Domat : tout devoir de conscience en général donne naissance à une obligation naturelle, *pietatis causâ*.

L'obligation naturelle se forme, dans tous ces cas, à la condition qu'il en résulte un lien entre l'obligé et une personne déterminée, car, dans ce seul cas, il existe, comme le dit Pothier, le *vinculum æquitatis*, comme dans l'obligation civile il y a le *vinculum juris*.

Si le devoir de conscience n'existe que dans le for intérieur de l'obligé, sans qu'il existe une autre personne déterminée qui puisse se dire en droit d'exiger naturellement le payement, il n'y a pas de *vinculum æquitatis*, mais une simple obligation morale ou de conscience.

L'obligation naturelle ne donne pas droit d'action à celui au profit duquel elle existe, il ne peut saisir la justice.

Si le bénéficiaire que nous n'osons qualifier créancier reçoit son payement, il reçoit son dû, *debitum suum recipit*, et non pas une libéralité.

Ce payement échappe à la répétition, parce qu'il n'est pas sans cause. Sa cause réside dans la reconnaissance que le débiteur fait explicitement de sa dette, qu'il ratifie en quelque sorte, effaçant par là les vices de son engagement.

Le payement, pour être valable, doit être fait volontairement, et comme il constitue, selon Domat, une véritable ratification, il doit être fait par le débiteur, sans dol, sans violence, sans erreur de fait ni de droit, car celui qui payerait une obligation naturelle, croyant être tenu civilement, ne pourrait être considéré comme ayant ratifié, comme ayant voulu effacer un vice qui lui était inconnu.

Les obligations naturelles, d'après la plupart des anciens auteurs, sont susceptibles de servir de base à diverses garanties accessoires, telles que gage, cautionnement, hypothèque, elles peuvent être novées ou ratifiées; quelques auteurs même admettent qu'elles peuvent être compensées.

CHAPITRE II

De l'Obligation naturelle dans le droit moderne

Lors de la discussion du Code Napoléon, le tribun Jaubert, traitant de l'article 1235 C. C. au tribunat, s'exprima en ces termes sur la question des obligations naturelles :

« Les lois civiles ne sont faites que pour les obligations
« civiles : le domaine de la conscience ne peut être du
« ressort du législateur civil; il ne doit s'occuper que des
« obligations civiles et, par une conséquence nécessaire, il
« ne peut donner une action qu'à celui qui est muni
« d'une obligation civile ; mais, lorsqu'un payement a eu
« lieu, serait-il juste d'autoriser celui qui l'a fait à le répé-
« ter indistinctement dans tous les cas, par cela seul que
« celui qui l'a reçu n'aurait pu l'exiger par une action
« civile ? Ne faut-il pas remonter au motif qui a déter-
« miné le payement, pour savoir si c'est une erreur abso-

« lue qui l'a occasionné, ou si, placé entre la loi civile et
« sa conscience, le débiteur a refusé de se prévaloir
« du secours de la loi civile, pour obéir à une loi plus
« impérieuse, celle de sa conscience ? »

Le conseiller d'Etat Bigot de Préameneu, dans son
exposé des motifs devant le Corps législatif, traitant la
même question, expose ainsi les raisons qui doivent faire
admettre dans le Code Napoléon les obligations naturelles:

« Il ne s'agit point ici de ces obligations qui, dans la
« législation romaine, avaient été mises au nombre des
« obligations naturelles parce que, n'ayant ni la qualité de
« contrats, ni la forme des stipulations, elles étaient regar-
« dées comme de simples conventions, dont une action
« civile ne pouvait naître ; ces conventions sont, dans
« notre législation, au rang des obligations civiles et on
« ne regarde comme obligations purement naturelles que
« celles qui, par des motifs particuliers, sont considérées
« comme nulles par la loi civile. Telles sont les obliga-
« tions dont la cause est trop défavorable pour que l'action
« soit admise, et les obligations qui ont été formées par
« des personnes auxquelles la loi ne permet pas de
« contracter. Telles sont même les obligations civiles lors-
« que l'autorité de la chose jugée, le serment décisoire,
« la prescription ou tout autre exception péremptoire
« rendrait sans effet l'action du créancier. Le débiteur
« qui a la capacité requise pour faire un payement
« valable et qui, au lieu d'opposer ces divers moyens, se
« porte de lui-même et sans surprise à remplir son enga-
« gement, ne peut pas ensuite dire qu'il a fait un paye-
« ment sans cause. Ce payement est une renonciation
« de fait aux exceptions sans lesquelles l'action eût été
« admise, renonciation que la bonne foi seule et le cri de
« la conscience sont présumés avoir provoquée. »

Voilà l'opinion de Pothier, reproduite par les deux orateurs en termes précis ; rien n'autorise à admettre qu'ils

n'ont pas préparé notre Code civil avec la pensée de faire triompher la doctrine du grand jurisconsulte.

Et lorsqu'on sait que, sur l'exposé fait par les orateurs du gouvernement, le Corps législatif ne pouvait que voter ou repousser la loi, sans mot dire, et que, par suite, les raisons déterminantes du vote ne pouvaient être que celles exposées ainsi, on est bien en droit de dire que c'est dans cet exposé précédant le vote de la loi et fait par ses interprètes les plus autorisés, que l'on trouve la doctrine vraie de l'obligation naturelle dans notre droit français.

Le texte du Code ne contredit nullement d'ailleurs notre assertion, le paragraphe 2 de l'article 1235, le seul qui parle de l'obligation naturelle, nous dit seulement : « *La répétition n'est pas admise à l'égard des obligations naturelles, qui ont été volontairement acquittées.* »

L'article 1235 C. C. est le seul qui traite explicitement de l'obligation qui nous occupe, car le mot « naturel », que l'on peut lire dans l'article 349 C. C., y est employé dans un sens particulier et tout à fait étranger à la matière que nous traitons ; il y est pris dans le sens d'obligation découlant des rapports que la nature crée entre diverses personnes.

Dans la sobriété du texte de l'article 1235 C. C., les opinions les plus diverses ont trouvé un terrain bien préparé pour s'exercer à la controverse; nous ne pourrons pas passer en revue toutes les opinions et les doctrines émises à ce sujet : ce serait dépasser les bornes d'un travail aussi restreint que le nôtre ; nous examinerons seulement les principales, celles qui nous paraissent mériter le plus d'attention.

Delvincourt définit ainsi l'obligation naturelle : « L'obli « gation naturelle est celle qui oblige dans le for de la « conscience, mais pour l'exécution de laquelle la loi civile « ne donne pas d'action ou n'en donne qu'une inefficace.» (Tome II, page 112.)

TOULLIER (t. VI, n°s 377 et suiv.) n'est pas moins large, dans la part qu'il fait aux obligations naturelles ; il fonde son système sur cette idée que dans le principe, alors que les législations positives se sont formulées, il n'existait que des obligations naturelles ; le droit positif a sanctionné quelques-unes de ces obligations qui sont devenues civiles, et a laissé subsister les autres dans leur état primitif d'obligations naturelles.

DURANTON (t. 10, ch. 1er, sect. 3, § 34) est d'avis « que « l'obligation naturelle est celle qui doit être exécutée, si « l'obligé suit les lois de la conscience, mais à laquelle la « loi civile, par des considérations particulières, n'a pas « attaché d'action, tout en en approuvant tellement « l'accomplissement, qu'elle interdit la répétition de ce « qui a été payé volontairement, en conséquence d'une « telle obligation. »
Il ne cherche pas à établir les causes diverses d'obligations naturelles, il n'y en a qu'une pour lui : la conscience ; et il abandonne au juge et à sa sagesse le soin de discerner, à la lumière de l'équité, les cas dans lesquels il devra reconnaître l'existence d'une telle obligation (*eod. loco*, § 36).
La jurisprudence a répondu largement aux prévisions de Duranton et ses nombreuses décisions sur la matière semblent donner raison à la doctrine de notre ancien droit et des auteurs cités plus haut, car elle étend sans cesse le nombre et la variété des cas dans lesquels elle reconnaît qu'il n'y a pas lieu à répétition d'un payement volontairement fait.

RODIÈRE, dans le *Journal du Palais* (à l'occasion d'un arrêt du 19 décembre 1860), approuve cette liberté d'appréciation du juge et la justifie en ces termes : « Pour « parler exactement, écrit-il, l'obligation naturelle et

« l'obligation de conscience, c'est, à nos yeux, tout un... ;
« nous définissons donc, pour notre part, l'obligation
« naturelle : celle qui, sans être imposée par la loi, est
« imposée par une conscience éclairée, vis-à-vis d'une
« personne déterminée. » Cette manière d'envisager la
question est vraiment bien nette, elle est d'une grande
sincérité, car l'auteur ne cherche pas à envelopper son
idée dans des expressions plus ou moins nébuleuses ; il
faut aussi reconnaître qu'il distingue avec précision ce
qui pour Pothier est le signe de démarcation de l'obligation naturelle et du devoir de conscience ou obligation
imparfaite, le *vinculum æquitatis*. Il a soin d'insister sur
ce point déjà indiqué par la répétition suivante : « Toutes
« les fois donc que la conscience dit à une personne
« suffisamment éclairée qu'elle doit à une autre personne
« quelque chose pouvant faire l'objet précis d'une obliga-
« tion, il y a, selon nous, obligation naturelle de la
« première envers la seconde. »

Il est certain que l'auteur laisse au juge une latitude
très grande en cette matière ; les mots « conscience,
suffisamment éclairée » sont vraiment un peu trop
vagues, car il est difficile de rencontrer des cas où un fait
soumis à la justice ne se trouvera pas dans les conditions
prévues par Rodière, et sa doctrine pourrait presque
s'appliquer à tous les litiges.

VIDAL, dans la *Revue étrangère* de 1841, t. VIII, est
bien plus explicite et plus radical encore ; pour lui la distinction entre les obligations naturelles et les devoirs de
conscience est une chose absolument inutile.

MASSOL (p. 217, *De l'Obl. natur. et mor.)* admet bien
que l'équité est le fondement des obligations dans notre
droit, mais il apporte à cette idée une restriction : « L'é-
« quité que notre droit prend en considération, dit-il, est

« celle qui se rattache à l'ordre social », car toute autre
équité, tout acte de la conscience ne peut relever que de la
puissance divine. Il admet aussi que la notion de l'obligation naturelle, en droit français, est la même qu'en droit
romain. Pour lui elle ne peut être confondue avec l'obligation civile, par le fait même du refus d'action fait au
créancier, et elle se distingue encore de l'obligation
morale, en ce qu'elle fait partie des biens de ce dernier,
ce qui ne peut être admis pour les obligations morales ou
simples devoirs de conscience. Nous reviendrons plus
tard sur ce dernier point.

MARCADÉ (t. IV, p. 512), après avoir établi « que notre
« droit français, à la différence du droit romain,
« suit partout les règles de la raison, et que, pour lui,
« toute convention est obligatoire, du moment qu'elle est
« sérieuse et licite », se demande comment on peut
expliquer et définir l'obligation naturelle et il le fait ainsi :
« Nous dirons donc que l'obligation naturelle est celle
« que le législateur, après lui avoir refusé la capacité
« ordinaire, parce qu'elle se trouve sous le coup d'une
« présomption générale d'inexistence ou d'invalidité,
« arrive à sanctionner ensuite, parce qu'une exécution
« libre, une novation volontaire ou quelque autre acte
« d'où résulte l'aveu de la valeur réelle de la dette, vient
« prouver au législateur que sa présomption était en
« défaut pour ce cas particulier......
« Mais, si l'incapable, devenu capable, vient remplir
« librement son engagement, la loi en conclut que l'obli-
« gation avait au fond toute sa valeur.. et si l'obligé
« voulait revenir plus tard sur cette exécution, il serait
« repoussé. » L'auteur donne ensuite quelques exemples
pour confirmer son opinion. Cette définition, quoique
exacte, ne dit pas tout sur l'obligation naturelle, elle est
moins complète que celles de bien d'autres auteurs, nous

avons cependant tenu à la reproduire, à cause de la critique faite par Molitor des opinions de Marcadé au sujet du sens qu'il convient de donner au mot « volontairement » de l'article 1235 C. C.

DEMOLOMBE, en son *Traité des obligations*, t. IV, n° 34, approuve la réserve prudente du législateur du Code civil, qui s'est abstenu de donner une définition de l'obligation naturelle ; il avoue qu'il serait embarrassé de donner une définition bien précise et déclare s'en référer à la définition de Pothier. « L'obligation naturelle est celle qui, dans « le for de l'honneur et de la conscience, oblige celui qui « l'a contractée à l'accomplissement de ce qui y est con - « tenu » ; et il ajoute : « Oui, voilà l'obligation naturelle, « celle que la loi n'a pas munie d'une action, mais qui « oblige l'honnête homme dans le for intérieur, aussi « étroitement que si l'exécution pouvait en être exigée « contre lui dans le for extérieur. » Si le législateur n'a pas muni d'action de si respectables obligations, c'est, nous dit Demolombe, « qu'elles ont aussi ce caractère : « qu'il est très difficile, ou plutôt presque impossible de « les reconnaître, subordonnées qu'elles sont à des cir- « constances de fait qui dépendent d'une appréciation « toute personnelle de la part de celui qui peut en être « tenu. Les moyens de preuves admis dans les autres « matières seraient ici inapplicables et impraticables, et « c'est pourquoi le législateur n'a admis d'autre preuve, « que l'aveu de l'obligé lui-même, reconnaissant volon- « tairement qu'il est tenu. »

A cette large appréciation Demolombe apporte quelques restrictions, que Pothier nous avait déjà signalées ; il faut que le *vinculum æquitatis* se rencontre entre deux personnes déterminées, pour que l'obligation naturelle existe ; hors de là ce n'est qu'un devoir de conscience, une obligation naturelle imparfaite ; il tire de ces prémisses des conséquences sur lesquelles nous aurons à revenir quand nous étudierons les cas particuliers d'obligations naturelles.

LAROMBIÈRE, t. IV, p. 61, § 6, distingue « les devoirs « de justice et les devoirs de morale ; les premiers sont les « seuls auxquels la loi accorde sa sanction ; ils emportent « un lien juridique, ils produisent un droit véritable en « faveur du créancier » ; les seconds relèvent seulement de la morale ; il en est parmi eux que la loi réprouve dans des vues d'ordre public ; « il en est d'autres qui sont sim- « plement dépourvus de la consécration légale, ils consti- « tuent les obligations naturelles ; et comme la loi ne « définit pas l'obligation naturelle, elle s'en est rapportée « par cela même à l'appréciation du juge. »

« Il y a aussi certaines obligations civiles qui, par « suite de leur extinction, de leur rescision, ou de leur « nullité, dégénèrent en simples obligations naturelles, « pourvu qu'elles ne soient pas réprouvées, comme con- « traires à la morale elle-même. »

LAURENT (tome XVII, § 1), en l'absence de toute définition de l'obligation naturelle dans le Code civil, se demande : « Faut-il recourir à la tradition?... La tradi- « tion romaine doit être écartée, car elle ne pourrait que « nous égarer ; c'est ce qui est arrivé à M. Massol ; l'erreur « est évidente ; il suffit en effet, pour la réfuter, de « renvoyer au témoignage de Pothier, confirmé par l'ora- « teur du gouvernement. »

Il ne faut pas confondre, selon lui, l'obligation naturelle avec les simples devoirs de conscience, comme le font plusieurs auteurs ; c'est là une erreur qui semble remonter aux auteurs du Code civil ; il critique vivement les théories de Duranton, Larombière et Demolombe, leur reprochant de confondre l'obligation naturelle et l'obligation morale, de laisser ainsi envahir la doctrine par le vague et d'amener par suite l'arbitraire dans la pratique, deux choses absolument funestes qu'il faut bannir ou tout au moins restreindre le plus possible (*Ibid.*, § 2.)

Laurent fait observer que pour éviter la confusion entre les obligations naturelles et les simples devoirs de morale qui ont les uns et les autres leur fondement dans la conscience, il faut n'accorder la première qualification qu'aux obligations qui sont susceptibles d'une exécution forcée, tandis qu'une pareille exécution ne pourrait se concevoir pour les seconds. « Ainsi, la possibilité de l'exé- « cution forcée, tel est le caractère distinctif de l'obliga- « tion juridique » même naturelle ; cette exécution lui est refusée, mais on conçoit qu'un acte législatif pût la lui accorder, ce qu'on ne peut concevoir pour un simple devoir de conscience. C'est là un point de contact saisissa- ble entre l'obligation civile et l'obligation naturelle ; il en existe un deuxième, c'est que, pour l'obligation naturelle comme pour l'obligation civile, il faut un lien entre deux personnes. (*Ibid.*, § 6.)

« Dans notre opinion, les devoirs moraux ne pro- « duisent aucun effet en droit, dit Laurent, sinon que « la loi reconnaît la bienfaisance et la reconnaissance « comme une cause juridique de donation. » (*Ibid.*, § 7.)

Et de ce fait que le payement d'une obligation naturelle, pas plus que la donation ne donne lieu à une répétition, la jurisprudence a été trop souvent amenée à confondre les deux actes juridiques et à établir entre les deux espèces une regrettable confusion.

Aubry et Rau sur (Zachariæ, t. IV, p. 4), après avoir admis la classification des obligations en civiles, natu- relles et civiles, et simplement naturelles, distinguent ces dernières des simples devoirs de conscience et exigent, pour élever ces simples devoirs au rang d'obligations naturelles les conditions indiquées par Laurent : le devoir doit former un lien entre deux personnes , être susceptible de coercition, au gré du législateur qui pourrait l'élever au rang de l'obligation civile ; ils admettent au nombre de ces obligations celles qui à l'origine étaient civiles, mais auxquelles le législateur a, pour des raisons diverses, retiré le droit d'action qu'elles avaient dans le principe.

COLMET DE SANTERRE (t. V, p. 303), comme Laurent, pose en principe : « qu'il n'est pas possible d'aller chercher du secours dans la doctrine romaine » pour déterminer le caractère de l'obligation naturelle dans notre droit.

« Pour qu'il y ait obligation naturelle, il faut que la « nécessité à laquelle est soumise une personne ait pour « corrélatif un droit chez une autre personne. » Hors de là, d'après Colmet de Santerre, il y a un devoir de morale ou de conscience, mais pas d'obligation.

Nous citerons, à cause de son caractère original et de la doctrine singulière dont elle est l'expression, la théorie de M. DE VIENNE sur l'obligation naturelle en droit français, théorie qui est en contradiction avec l'opinion de la très grande majorité des auteurs et qui nous paraît inadmissible.

Ce docteur écrit, dans un ouvrage sur l'obligation naturelle : « Croyons fermement qu'une obligation pour être « naturelle, doit être élevée à ce rang par une décision « formelle de la loi . . . . . . ou qu'il doit résulter des paro- « les mêmes du texte que l'on peut conclure, dans le cas « donné, à l'existence de pareille obligation. »

Mieux encore vaut-il, d'après nous, laisser la jurisprudence étendre un peu trop peut-être le domaine de l'obligation naturelle, que de le voir ainsi resserré.

Nous croyons bien faire, en terminant cette revue des
diverses opinions émises par les auteurs les plus connus,
sur la question de l'obligation naturelle, de citer encore
celles qui sont présentées comme le résumé de la doctrine
par les auteurs qui ont écrit pour l'école et qui se sont
condamnés au travail si difficile, si éminemment utile,
de résumer pour les étudiants l'ensemble du droit civil.

M. BAUDRY LACANTINERIE (t. II, p. 696) rappelle la
définition de Pothier et les critiques qui en ont été faites ;
mais, en présence des divergences des auteurs, il pense
que la définition la plus large, dût-elle amener quelque
confusion entre l'obligation naturelle et le devoir de conscience, doit être acceptée ; il s'en rapporte aux décisions
judiciaires qui diront pour chaque cas litigieux, s'il faut ou
non reconnaître l'existence d'une pareille obligation.

MOURLON (édition Demangeat, t. II, p. 716) s'exprime
ainsi sur la question qui nous occupe : « Les obligations
« naturelles ne sont pas la même chose que les obliga-
« tions morales et les devoirs de conscience ; l'obligation
« dont il s'agit à l'article 1235 C. C. est mal à propos
« appelée obligation naturelle, c'est une véritable obliga-
« tion civile, mais qui ne donne point d'action, parce que
« son exécution exigerait des preuves qui seraient dan-
« gereuses pour l'ordre public ou qu'il serait impossible
« de faire » ; ce sont des engagements protégés par des
présomptions légales, que l'aveu seul du débiteur peut
vaincre ; mais cette obligation ne prend corps que par
l'aveu, bien qu'elle existe avant cet aveu et qu'elle soit
susceptible de reconnaissance et de garantie par tous
ceux qui la reconnaissent ; celle que la loi réprouve ne
pourra jamais avoir ce caractère.
Cette opinion est assez différente de celle de la doctrine en général pour être mentionnée ; mais, au fond,
elle n'apporte aucune perturbation dans la matière, et il

faut reconnaître que, malgré des expressions un peu étranges, elle ne manque pas de bon sens.

Mourlon reconnaît, d'ailleurs, que, dans certains cas où l'on obéit à une inspiration de la conscience, en exécutant une prestation, bien que la répétition soit interdite, il pourra y avoir autre chose qu'un payement, une vraie donation qui sera maintenue tout de même, en vertu d'autres raisons juridiques.

A la suite de ces nombreuses définitions et de ces appréciations si diverses de la nature et du caractère de l'obligation naturelle, qui n'ont, d'ailleurs, rien changé aux tendances de la jurisprudence, qui ajoute incessamment au domaine de l'obligation naturelle, en constatant sans cesse des cas nouveaux où un pareil lien est reconnu, nous croyons devoir rapporter, comme la plus apte à fixer nos idées sur la question, celle qui a été émise dans un cours de droit civil récemment publié par deux professeurs de la Faculté libre d'Angers.

MM. DE LA BIGNE DE VILLENEUVE et HENRY, aux pages 1006 et 1007 du tome II de leur ouvrage, sur l'article 1235 C.C, indiquent avec netteté le caractère de l'obligation naturelle. Les obligations naturelles sont, au fond, identiques avec les obligations ordinaires; elles n'en diffèrent que sous un rapport, c'est qu'elles ne sont pas munies d'action; elles ont leur fondement dans la conscience du débiteur, mais elles se distinguent du simple devoir ou de l'obligation morale en ce que leur nature ne ferait pas obstacle à ce que le législateur les sanctionnât; elles forment un lien entre deux personnes déterminées, dont l'une est tenue envers l'autre d'une prestation précise et bien déterminée; seulement, ce lien est imparfait, le législateur ne l'ayant pas pourvu d'action, pour des raisons qui varient suivant les cas; on ne pourra jamais reconnaître comme obligation naturelle un engagement contraire aux bonnes mœurs ou à l'ordre public.

Nous acceptons volontiers cette appréciation de l'obligation naturelle plus complète que celles des Anciens, elle
marque bien la distinction entre l'obligation naturelle
d'une part et l'obligation civile et le simple devoir de
conscience, d'autre part ; elle a en même temps l'avantage
de laisser au juge la faculté de la signaler dans le cas où
il croit la voir, et au législateur le soin de l'élever au rang
d'obligation civile, lorsqu'il reconnaîtra qu'il y a intérêt à
le faire.

Et si l'on s'étonne, maintenant, que nous ne deman-
dions pas à la jurisprudence la détermination des caractères que doit avoir l'engagement pour être classé parmi
les obligations naturelles, c'est que nous la reconnaissons
impuissante à éclairer notre étude. Comme sur la plupart
des autres points de droit, les jugements et arrêts relatifs
à notre matière sont surtout des décisions d'espèces ; ce
sera plutôt au cours de l'examen que nous aurons à faire
des cas et des circonstances, dans lesquels on doit ou on
ne doit pas reconnaître l'existence d'une obligation naturelle, que des emprunts pourront être faits aux recueils de
décisions judiciaires.

CHAPITRE III

Effets de l'Obligation naturelle

§ I

LE PAYEMENT DE L'OBLIGATION NATURELLE NE PEUT ÊTRE RÉPÉTÉ

« L'obligation naturelle, nous dit Bigot de Préameneu,
ne peut avoir d'autre effet que d'empêcher la répétition,
mais elle ne peut faire la matière d'une compensation, ni

avoir les autres effets que lui donnait la loi romaine. »
C'est la reproduction de la doctrine de Pothier.

Le § 2 de l'article 1235 dit : « *La répétition n'est pas admise à l'égard des obligations naturelles qui ont été volontairement acquittées.* »

Le législateur qui, par des raisons d'ordres divers, a refusé d'armer le créancier d'une obligation naturelle, d'une action, le protège ici efficacement et le garantit contre la répétition. Le payement constitue la reconnaissance la plus énergique de l'existence de cette obligation ; par suite de ce payement volontaire, les difficultés de faire la preuve, qui ont déterminé le législateur à ne pas permettre la poursuite de son exécution, disparaissent.

Le payement est encore la renonciation la plus formelle aux présomptions que la sagesse du législateur a admises, en faveur de certains débiteurs, aussi bien qu'aux moyens de droit purement civils, à l'aide desquels ces débiteurs pouvaient juridiquement se dispenser de payer.

Le débiteur qui paye dit : Je dois ; à ce moment l'obligation naturelle produit les effets d'une obligation civile, et l'exécution qui la manifeste est aussi valable que l'exécution d'une obligation civile ; son payement ne peut donner lieu à aucune répétition.

Mais ce payement ne peut produire cet effet, cette sorte de ratification tacite de l'engagement naturel, que s'il est fait, comme dit l'article 1235, *volontairement*, et s'il constitue, comme disait l'orateur du gouvernement : « une renonciation de fait aux exceptions que la bonne foi seule et le cri de la conscience sont présumés avoir provoqué ». (Fenet, t. XIII, p. 264.)

Mais que signifie ce mot « volontairement » qu'emploie le législateur ? C'est là une bien grosse question, cause de controverses très vives parmi les auteurs.

Pothier, les auteurs du Code, et le texte lui-même nous disent clairement que le payement d'une obligation naturelle doit être volontaire, pour empêcher la répétition. Le bon sens suffirait, au besoin, à interpréter ce mot *volontairement*, en nous montrant que celui qui paye une obligation naturelle, doit vouloir vraiment payer une obligation naturelle ; il doit payer sachant qu'il acquitte une dette, pour laquelle son créancier ne pouvait l'actionner. S'il paye croyant qu'il peut être contraint, dans la persuasion qu'il acquitte une obligation civile, il paye par erreur, il paye sur une fausse cause, puisque l'obligation civile qu'il croit et veut éteindre n'existe pas ; dans le cas qui nous occupe par conséquent, il pourrait répéter.

Le créancier ne pourrait pas, de son côté, pour repousser cette prétention alléguer l'obligation naturelle, qui pour lui est sans effet, qui ne lui donne aucune action, et le débiteur, d'ailleurs, n'a même pas eu l'intention de payer une obligation naturelle, puisqu'il a payé par erreur.

Il en serait de même si le débiteur avait payé sous l'empire de quelque manœuvre dolosive, ou sous l'empire de la violence ou de quelque erreur de fait, car la volonté ainsi atteinte et viciée n'est plus la volonté libre et entière qu'exige le texte.

L'article 1338 C. C. veut d'ailleurs que la ratification soit faite en connaissance exacte du vice qu'elle est destinée à couvrir; il porte en effet : « *L'acte n'est valable que lorsqu'on y trouve la substance de l'obligation à ratifier, la mention du motif de l'action en rescision et l'intention de réparer le vice sur lequel cette action est fondée...; à défaut d'acte de confirmation, il suffit que l'obligation soit exécutée volontairement.* »

Si le débiteur a employé l'un ou l'autre de ces moyens pour valider son engagement, il renonce à invoquer désormais en sa faveur le vice qui s'opposait à la validité de l'obligation.

Cet article nous semble donner au mot « volontaire-

ment » son véritable sens : il s'agit ici d'une volonté éclairée, qui suppose la connaissance du vice de l'obligation
et qui veut l'effacer.

Demolombe vient confirmer de son autorité l'exactitude du sens que nous donnons au mot *volontairement*.
Il indique, au § 47, les raisons qui ont poussé le législateur à refuser à l'obligation naturelle le rang d'obligation
parfaite, et ajoute :« Ces raisons ont dû le déterminer nécessairement aussi à accorder la répétition, dans le cas où le
payement a eu lieu par suite de la fausse opinion du *sol-
vens* que l'obligation était civile. »

Pour reconnaître l'obligation naturelle, le législateur
exige donc l'aveu du débiteur. Si le créancier naturel, payé
par erreur de droit, voulait repousser la répétition, il devrait
prouver qu'à défaut d'obligation civile il existait une obligation naturelle, qui justifiait le payement qu'il a reçu; c'est
justement devant cette difficulté que législateur a reculé.
Comment prouver, dans la plupart des cas, l'existence de
l'obligation naturelle ? Une pareille preuve serait bien délicate et bien difficile à faire.

Après avoir invoqué à l'appui de son opinion les articles
1338 et 2056 C.C. et discuté diverses objections que nous dé-
velopperons en leur temps, Demolombe résume ainsi dans
quelques mots très expressifs son sentiment : « Nous con-
« cluons donc que le mot *volontairement* de l'article 1235
« signifie : en connaissance de cause, avec l'intention d'ac-
« quitter une obligation naturelle. »

Laurent, § 26, exprime le même sentiment sur le mot
« volontairement ».

Larombière, §§ 8 et 9, donne un sens identique à cette
expression, mais il fait, au sujet du payement, une observation qui mérite d'être notée : « Le payement, tel quel
ne vaut que ce qu'il peut valoir », nous dit-il, et il
fait l'application de cette idée au payement opéré soit en
valeurs mobilières, soit en valeurs immobilières ; il ajou-

te que si le créancier est dépouillé des meubles à lui remis en payement, ou s'il est évincé de l'immeuble, il ne lui reste plus qu'une nouvelle action en payement ; or, la loi lui en dénie l'exercice direct ; comment pourrait-il l'exercer sous forme de garantie ? Il sera purement remis au même état qu'avant le payement, puisque la volonté seule du débiteur est la règle du payement en pareilles obligations ; agir autrement ce serait convertir en obligation civile une dette naturelle, ce qui n'a pu être dans la pensée de l'obligé.

La même solution doit être acceptée au cas où l'obligé ne fait qu'un payement partiel ; sa volonté n'étant pas allée au delà, le créancier n'aura pas d'action pour le solde.

Molitor (p.78), prenant à partie la définition de l'obligation naturelle donnée par Marcadé, combat très vivement l'opinion émise par lui sur le sens du mot « volontairement » qui nous occupe.

Ils soutient que l'article 1235 C. C. « attribue ce carac- « tère à l'obligation naturelle ; que le payement, quoique « fait par erreur, mais volontairement, c'est-à-dire sans « violence, ne donne pas lieu à répétition... et il ajoute : « Ainsi la doctrine et la jurisprudence n'hésitent pas à « admettre des obligations naturelles... par cela seul « qu'il existe un motif de piété et d'honneur, le payement « se fût-il fait par erreur, pourvu qu'il fût volontaire, c'est- « à-dire libre, non entaché de dol ni de violence. » Cette explication met ainsi en harmonie, selon lui, les articles 1377 et 1967 du Code civil avec l'article 1235.

Nous ne trouvons pas cette argumentation exacte et acceptable. Toutes les fois qu'un payement de l'indû a été opéré, l'erreur suffit pour en justifier la répétition ; mais, toutes les fois que ce payement est fait sciemment et que la loi en assure le maintien, ce n'est pas toujours pour la même raison. S'il y a obligation naturelle, elle le maintient comme juste payement, comme *debiti solutio* et son

11

caractère de payement de l'indû disparaît : de là les conséquences que nous analyserons tantôt. Toutes les fois, au
contraire, qu'il n'y a pas d'obligation naturelle et que la
loi refuse la répétition, ce payement de l'indû conserve
ce caractère ; il est maintenu, non à titre d'acquittement
d'une dette, mais seulement à titre de libéralité, comme
donation dispensée des formes ordinaires et solennelles ;
*Cujus per errorem dati repetitio est, ejus consulto dati
donatio est.*

Donc il n'y a ni contradiction, ni anomalie entre les
textes, et l'opinion de Molitor ne saurait être acceptée
sans violer les vrais principes du droit, qui considèrent
l'erreur comme un vice du consentement, quand surtout
elle porte, comme dans le cas présent, sur la nature de la
dette à éteindre, sur la vraie cause du payement. L'article 1967 C. C. règle une situation toute particulière que
nous examinerons en son lieu et place

Massol (p. 230) adopte une opinion très tranchée et contraire à celle que nous avons exposée et qui a notre préférence. Il pose en principe que celui qui, lié naturellement,
paye, croyant être tenu civilement, ne saurait alléguer qu'il
paye l'indû ; il paye ce qu'il doit et, s'il n'est pas amené à le
faire par suite de dol ou de violence, son erreur ne saurait
en aucune façon servir de base à une action en répétition ;
il n'a d'ailleurs qu'à s'imputer à lui-même son imprudence,
il lui était facile de se renseigner. Il cite à l'appui de sa
doctrine l'article 1967 C. C., duquel il conclut que tout
payement est volontaire lorsqu'il n'y a ni violence ni dol,
en matière d'obligations naturelles, parmi lesquelles il
n'hésite pas à placer celles qui ont le jeu pour cause ; et il
ajoute : Celui qui, après avoir perdu au jeu, compte l'argent, serait-il recevable à réclamer sous prétexte qu'il
croyait que le droit l'obligeait à payer ? Une pareille erreur
est peu admissible en ce cas, et Massol est amené lui-même
à remarquer que plusieurs auteurs pensent qu'il y a lieu

d'expliquer l'article 1967 C. C. par cette vieille maxime :
In pari turpi causâ melior est causa possidentis, attendu
que les deux parties sont l'une et l'autre dans un cas également défavorable aux yeux de la loi.

Massol va encore plus loin et exclut la répétition du
payement erroné, même lorsque l'obligation n'est que
morale ou de convenance. Il n'y a rien, dans cette longue
argumentation, qui soit de nature à modifier notre
conviction.

Enfin, Aubry et Rau sur Zachariæ (tome IV, § 442),
semblent admettre qu'en cas de répétition de l'indû, le
demandeur qui paye sans violence et sans dol ne pourra
invoquer son erreur de fait ou de droit et faire rescinder le
payement que si, admise et reconnue, l'erreur est de
nature à faire disparaître toute cause de payement, et que
si le payement effectué n'est pas susceptible de s'expliquer
par le désir d'acquitter une obligation naturelle ou une
dette d'équité, de charité ou d'honneur.

Aubry et Rau reconnaissent toutefois que c'est là une
appréciation délicate à faire et, contrairement à leur
sobriété ordinaire, on retrouve ici une certaine prolixité et
un peu d'hésitation qui semble trahir l'incertitude de leur
conviction.

Nous repoussons ce système mixte et maintenons notre
première interprétation. Nous ne sommes point surpris de
lire dans certains mémoires que la jurisprudence s'est ran-
gée à ce dernier système, parce qu'elle a souvent repoussé
des demandes en répétition fondées sur l'erreur. Seulement, mûrement appréciés, ces jugements et arrêts nous
paraissent avoir simplement refusé de s'associer à des
regrets tardifs, qui auraient voulu faire rescinder des
payements faits à priori sous l'inspiration d'un bon mou-
vement parfaitement volontaire.

§ II

L'OBLIGATION NATURELLE FAIT PARTIE DES BIENS DU CRÉANCIER

Nous avons déjà eu occasion de dire que le payement de l'indû est une libéralité, une donation, tandis que le payement d'une obligation naturelle est un vrai payement, c'est-à-dire une prestation à laquelle le créancier qui la reçoit avait droit. Ce droit il l'avait avant l'exécution, mais il était inerte en ses mains, faute d'action ; cependant il pouvait le transmettre à ses héritiers, le céder entre vifs à titre gratuit ou à titre onéreux ; en d'autres termes, il faisait partie de ses biens.

Le créancier, en recevant le payement d'une dette naturelle, n'a qu'à donner quittance ; aucune forme solennelle n'est imposée à son acceptation ; il peut recevoir ce qui lui est dû, en argent, en meubles ou en immeubles. Il n'y a pas à exiger de lui une capacité particulière ; il ne pourra exister aucune incapacité relative résultant de ses relations avec l'obligé, et pouvant faire obstacle à la valable réception du payement, qu'il soit médecin, ministre du culte, qu'il ait assisté l'obligé dans la maladie dont il est mort. L'article 909 du Code civil n'est pas applicable.

Si le créancier payé devient l'héritier de l'obligé, il ne sera soumis ni à réduction, ni à rapport, quelle que soit la situation successorale. Le créancier naturel qui devient héritier de son débiteur pourra prélever son dû avant tout règlement des légataires, dussent-ils être lésés d'une partie de leurs legs.

Il ne pourra être davantage question de la révocation

du payement de l'obligation naturelle pour survenance d'enfant.

Au point de vue de l'enregistrement, le droit de quittance, perçu dans les cas ordinaires, sera seul dû au fisc, qui, conformément à la jurisprudence qui s'est établie à l'encontre de ses prétentions, ne pourra pas exiger le droit de donation. Si des résistances fréquentes ont été tentées par l'administration, cela vient de la facilité avec laquelle les tribunaux ont étendu le cercle de l'obligation naturelle, le fisc se refusant à reconnaître, malgré les décisions de la justice, des obligations naturelles dans les espèces jugées, où il croyait, lui, ne devoir reconnaître que des obligations morales ou de conscience.

Abstraction faite de ces difficultés d'espèces, la doctrine n'est pas douteuse et Rigaud et Championnière, dans leur *Traité d'enregistrement* (t. III, nᵒˢ 2221 et 2633), reconnaissent : « que l'obligation naturelle suffit pour enlever à la disposition le caractère de gratuité essentiel à la donation entre-vifs ».

Les principes que nous venons d'exposer serviront encore à régler les droits des créanciers de l'obligé naturellement par rapport à sa libération. Ces derniers ne pourront pas invoquer l'article 1167 C. C. pour attaquer le payement, bien qu'il puisse diminuer leur garantie. Le débiteur naturel, en payant, a bien fait un acte qu'il pouvait différer ou ne pas faire, sans craindre d'y être contraint, mais il n'a payé, en définitive, que ce qu'il devait en vertu d'un engagement dont la loi reconnaît la valeur, et, par le fait de ce payement, il ne s'est pas légalement appauvri, car ses biens ne sont que ce qu'il possède, *deducto œre alieno*, et les sommes ou valeurs qu'il a payées étaient précisément dans les biens de son créancier et non dans les siens propres.

Il en serait tout autrement s'il avait payé ou aliéné une partie de ses biens en pure libéralité, on en acquit de simples devoirs d'équité, de charité, ou de conscience, sauf les cas dans lesquels, soit à cause de leur minimité, soit à cause de leur caractère particulier, la jurisprudence ne saurait admettre la répétition, comme dans certains cas de donations rémunératoires.

Les mêmes raisons font décider que les causes diverses de révocation de donations, ingratitude, survenance d'enfant et vices quelconques, ne seront d'aucune application au payement de l'obligation naturelle.

Le payement de l'obligation naturelle fait par un époux à son conjoint est valable et n'est pas rescindable, comme une libéralité faite en pareil cas, car il n'y a pas donation.

La dette naturelle faisant partie des biens du créancier, étant nettement déterminée, quant à son étendue et à sa valeur, peut faire l'objet d'une valable cession ; mais ce transfert ne modifiera en aucune manière la nature, ni le caractère imparfait de cette obligation cédée, qui, née naturelle, demeure telle après la cession.

A côté de la cession, nous devons mentionner comme parfaitement valable le legs de sa créance naturelle que ferait un créancier ; mais, comme la cession, le legs laissera l'obligation imparfaite.

§ III

DES SURETÉS QUI PEUVENT ACCÉDER

A L'OBLIGATION NATURELLE

Colmet de Santerre (t. 5, p. 304) dit que le second effet de l'obligation naturelle est de pouvoir faire l'objet d'un cautionnement. La plupart des auteurs admettent la possibilité d'une pareille garantie, car il suffit qu'il y ait une obligation primitive valable, pour qu'une deuxième obligation puisse venir s'y adjoindre comme accessoire et en garantir l'exécution.

Le cautionnement, dit Massol (p. 238), peut venir en aide au créancier dépourvu d'une action, ainsi que l'établit l'article 2012 C. C. qui admet le cautionnement d'une obligation annulable pour un fait personnel à l'obligé. M. De Vienne, dans un mémoire sur l'obligation naturelle, poussant jusqu'au bout les conséquences du principe posé par cet article, en conclut que l'obligation naturelle peut toujours être cautionnée et il ajoute : « Cette décision de la loi est d'autant plus curieuse, qu'elle est directement contraire à l'opinion de Pothier, résumée par M. Bigot de Préameneu qui ne lui reconnaît d'autre effet que celui d'empêcher la répétition de ce qui a été payé, et qui déclare qu'elle ne peut faire la matière d'une compensation, ni avoir les autres effets que lui donne la loi romaine. » Nous ne relèverons pas le manque de convenance avec lequel l'auteur raille l'opinion des auteurs qui, tels que Pothier, n'admettent pas la validité du cautionnement.

Ce qui nous parait plus fort encore, c'est que ce même mémoire indique cette faculté d'être cautionnée « comme la pierre de touche » de l'obligation naturelle. Après avoir cité plusieurs témoignages en sa faveur, M. De Vienne reproche à Aubry et Rau (p. 424, n° 5) de n'admettre la possibilité d'un cautionnement que pour les dettes civiles, devenues dettes purement naturelles par suite de l'annulation prononcée à raison de l'incapacité de l'obligé, et de repousser le cautionnement pour les dettes naturelles en général.

Nous sommes de l'avis de MM. Aubry et Rau, et nous pensons avec eux que certaines obligations naturelles peuvent être fortifiées par un cautionnement, mais qu'il en est aussi d'autres pour lesquelles on ne saurait admettre une pareille garantie ; nous pensons, par conséquent, que le cautionnement n'est pas la pierre de touche de l'obligation naturelle, le signe qui la distingue de l'obligation morale, qui ne peut être cautionnée bien certainement.

L'article 2012 C. C., § 2, dit : « *On peut néanmoins cautionner une obligation, encore qu'elle pût être annulée par une exception purement personnelle à l'obligé, par exemple dans le cas de minorité.* »

L'obligation civile qui a été annulée par une exception purement personnelle à l'obligé peut demeurer obligation naturelle, cela est de toute vérité ; mais ce n'est point alors qu'elle est ainsi déchue, que le cautionnement peut lui être donné. Le cautionnement vient s'adjoindre, dans le sens du texte, à l'obligation civile annulable, et demeure acquis à ce qui reste de cette obligation, après qu'elle est réduite à l'état d'obligation naturelle ; d'ailleurs, cette obligation civile annulable pouvait demeurer civile si l'obligé n'invoquait pas l'exception qui lui était personnelle ; il pouvait, arrivant au moment où sa capacité était entière, ne pas invoquer le vice qui l'avait rendue annulable ; c'était donc à une obligation vraiment civile que le cautionnement avait été réellement apporté comme garantie ; et le plus souvent ce cautionnement n'aura été donné que pour parer à l'éventualité de l'annulation, contre laquelle le créancier a voulu se donner une garantie.

La même situation peut être admise pour une obligation civile en principe, mais entachée d'un vice d'erreur, de dol ou de violence qui permettra au débiteur de faire rescinder son engagement, de même que pour l'obligation contractée par une femme mariée non autorisée.

Nous pensons toutefois que dans chaque cas particulier il y aura lieu de faire, des principes du cautionnement, une saine application. L'article 2015 C. C. nous apprend que le cautionnement ne se présume pas, qu'il doit être exprès et que l'on ne peut l'étendre au delà des limites pour lesquelles il a été fourni.

Lorsque l'obligation, primitivement civile, sera devenue, par suite de l'exception opposée victorieusement par l'obligé, une simple obligation naturelle, pour savoir si le cautionnement passe à cette obligation naturelle, le juge devra examiner si la caution a connu les vices de l'obligation qu'elle a garantie ; si elle a su, par exemple, que la femme était mariée ; si elle n'a pas pu être induite en erreur sur l'âge de l'obligé ; si, enfin, les mêmes moyens employés pour tromper, violenter l'obligé, n'ont pas aussi vicié le consentement de la caution : s'il en était ainsi, le cautionnement ne survivrait pas à l'obligation civile, et la caution pourrait faire juger qu'elle est dégagée.

Si, au contraire, c'est le vice même de l'obligation civile que la caution a entendu couvrir, ou si elle est en faute de ne pas s'être suffisamment éclairée, si le créancier a pu légalement et justement compter sur elle pour couvrir le vice de l'obligation principale, la caution devra être jugée survivant à l'obligation civile et fortifiant l'obligation qui ne subsiste plus qu'amoindrie.

Quelques auteurs soutiennent que pour le cas de l'obligation contractée par un mineur, la caution ne serait pas recevable à prétendre qu'elle ne connaissait pas la minorité, et à invoquer victorieusement son ignorance, parce que, disent-ils, si elle avait été prudente, elle se serait fait produire l'acte de naissance du mineur et aurait acquis par là une connaissance exacte de l'état de l'obligé ; par suite de cette négligence, on doit décider que son engagement est invinciblement acquis à l'obligation naturelle.

Cette opinion nous paraît trop absolue pour être adoptée : la caution pourra toujours, nous semble-t-il, faire la preuve de l'erreur dans laquelle elle est tombée; elle pourra établir qu'elle a été trompée et rien d'étonnant

qu'elle puisse l'être, puisque le créancier peut l'être lui-
même.

Enfin, ne faut-il pas admettre encore que dans la plupart des cas où la violence, le dol ou l'erreur auront vicié
l'obligation principale, l'annulation ne laissera rien subsister, pas même une obligation naturelle, et que, dès lors,
le cautionnement disparaîtra avec elle ? Nous disons : dans
la plupart des cas ; car on peut admettre certaines hypothèses où un créancier a pu employer le dol ou même la
violence, pour amener celui qui lui doit réellement à lui
souscrire une obligation. Si l'obligation est annulée pour
le vice dont elle est affectée, il n'en reste pas moins, comme auparavant, une dette qui constituera le débiteur l'o-
bligé naturel de son créancier ; dans ce cas, si un cautionnement a été consenti, on peut admettre qu'il a été exigé pour couvrir le vice de l'obligation civile et s'il a été obtenu sans violence ni dol, il pourra survivre à l'obligation
civile annulée et garantir l'obligation naturelle.

Nous n'examinerons pas ici les diverses situations qui
peuvent naître de ce fait : que le cautionnement a été offert
par la caution, en vue de venir en aide à une des parties,
ou demandé par l'obligé, ou encore exigé par le créancier ;
ce sera au juge à tirer, des circonstances de la cause, les
conséquences diverses que la connaissance des faits lui
suggérera.

En dehors des cas d'obligations naturelles découlant
d'obligations civiles annulées et qui ont été cautionnées en
tant qu'obligation civiles, comment admettre la possibilité
du cautionnement ? En d'autres termes, comment admettre qu'une pareille garantie soit donnée pour les obligations qui naissent naturelles à priori ou pour celles qui de
civiles sont devenues naturelles ?

L'article 2012 C. C. ne parle pas d'obligations annulées,
mais seulement d'obligations annulables ; donc, l'obligation civile devenue naturelle ne peut être cautionnée, car

elle n'est point une obligation annulable, mais bien une obligation que le droit civil ne connaît que lorsqu'elle se manifeste par le payement. Jusque-là elle est sans effets civils et ce serait lui en attribuer un, que d'admettre qu'elle peut être cautionnée. D'autre part, le payement fait et l'obligation naturelle reconnue, il ne reste pas de base pour le cautionnement.

Enfin, pourrait-on se demander, le créancier ne pourrait-il pas faire cautionner sa créance naturelle, en dehors du débiteur, par un acte particulier entre la caution et lui ? Non, dirons-nous, car l'obligation naturelle échappe à toute action du créancier ; elle n'est pas encore pour lui une chose certaine, juridique ; elle n'est surtout pas une obligation dans le sens de l'article 2012 C. C. ; par conséquent, un cautionnement survenu dans ces circonstances formerait un contrat entre le créancier et la caution, un contrat particulier.

Un contrat pareil peut bien lier le créancier à celui qui garantit ses espérances, mais il ne cautionnera que ces dernières et non l'obligation naturelle du débiteur.

Quel sera maintenant le sort de la caution qui viendrait à payer la dette naturelle de l'obligé ? Elle se trouvera naturellement subrogée au droit du créancier payé, vis-à-vis de l'obligé, dont elle a éteint la dette envers le créancier, mais elle n'aura pas des droits plus étendus que ceux du créancier naturel, et devra attendre du bon vouloir du débiteur son remboursement, sans pouvoir jamais prétendre à aucune action.

Nous n'avons rien à ajouter pour les autres sûretés, gage ou hypothèque, donnés par un tiers pour fortifier une obligation annulable et passant à l'obligation naturelle dans les mêmes conditions ; si ces sûretés étaient constituées par l'incapable lui-même, elles seraient annulées avec l'obligation civile.

Il nous semble impossible que l'obligé naturel puisse

donner une hypothèque ou un gage à sa dette naturelle, sans la dénaturer, sans la nover, car une dette ainsi garantie devient susceptible de contrainte et d'exécution par le créancier, et dès lors elle cesse d'être naturelle, puisque le caractère de cette obligation est d'être dépourvue d'action.

Au cas où deux ou plusieurs débiteurs se trouveraient engagés solidairement dans le lien d'une même obligation et où l'un d'eux viendrait à faire rescinder son engagement pour incapacité civile personnelle, il demeurera tenu naturellement, quoiqu'il ne puisse pas être actionné : la situation des codébiteurs n'éprouvera aucun changement par ce fait et le créancier pourra se faire payer par eux ; mais ces derniers n'auront aucune action contre le codébiteur, qui n'est tenu que naturellement.

Quant à la sûreté résultant chez les Romains du constitut, elle est inconnue en droit français et ne trouve pas sa place dans nos lois. Troplong (*Traité du cautionnement*, n° 34) voit un exemple de constitut dans l'acceptation, par le tiré, d'une lettre de change fausse ; ce cas est tout à fait particulier à la nature de la lettre de change et n'a rien à faire dans notre matière.

§ IV

L'OBLIGATION NATURELLE PEUT-ELLE ÊTRE RATIFIÉE ?

« En droit français, comme en droit romain, dit Massol (p. 241), l'obligation naturelle est susceptible de ratification... La ratification expose le débiteur à des poursuites, elle peut être compromettante pour lui, par conséquent elle nécessite la libre expression de sa volonté...» ... « L'obligation morale, ajoute-t-il plus loin, n'aurait pas assez de consistance pour supporter la ratification ; tout engagement qui viendrait se substituer à une obligation morale opérerait novation et non ratification. »

Pour appuyer une pareille doctrine, on invoque généralement la possibilité de la confirmation, dont sont susceptibles les obligations civiles annulables ; on invoque aussi la ratification tacite de ces obligations, résultant du fait de l'exécution, du silence décennal gardé par le débiteur.

Cependant il nous paraît qu'il y a au moins une grande témérité à affirmer aussi catégoriquement que l'obligation naturelle peut être ratifiée ; l'opinion contraire nous paraît préférable.

Les cas dans lesquels la ratification est déclarée possible par les auteurs et les arrêts qu'ils invoquent, ne sont pas des cas d'obligations naturelles, ce sont des cas d'obligations civiles, viciées par une des causes prévues par la loi ; ce sont des hypothèses dans lesquelles, la nullité une fois déclarée par justice, l'obligation civile s'évanouit, pour faire place à une obligation naturelle du mineur ou de la femme non autorisée, par exemple. Mais si, dans ces cas-là, une ratification intervient après la majorité du mineur ou après que la femme a recouvré sa capacité et sa liberté entière, cette ratification vient effacer le vice de l'obligation civile et l'obligation naturelle ne prend pas naissance ; ce n'est donc point cette obligation naturelle qui peut être ratifiée, puisqu'elle n'a jamais existé. Elle a d'ailleurs si peu existé, que le créancier a pu poursuivre le mineur ou la femme qui, payant ou ratifiant sur les poursuites, payent ou ratifient une véritable obligation civile.

On ne peut donc présenter, ainsi que le font plusieurs auteurs, la ratification possible comme le critérium le plus sûr, pour juger si une obligation est naturelle ou si elle constitue un simple devoir de conscience ; ce critérium est aussi faux que la pierre de touche de l'obligation naturelle, trouvée par un auteur, dans le cautionnement. Pas plus le devoir de conscience que l'obligation naturelle ne peuvent être ratifiés.

Quelques auteurs admettent que l'obligation naturelle ne peut être ratifiée que tacitement par l'exécution, par le payement; rien n'est plus vrai que le fait, mais l'expression manque certainement de justesse, car exécuter c'est éteindre une obligation et non la ratifier.

L'obligation naturelle peut donc valablement être éteinte par un payement volontaire, mais elle n'est pas susceptible de ratification ; elle l'est si peu, que les auteurs sont unanimes à reconnaître que l'exécution volontaire, mais partielle, de l'obligation naturelle ne constitue pas au créancier un titre pour demander le complément d'exécution ; l'obligation exécutée pour partie seulement reste au même état pour le surplus et le bon vouloir de l'obligé fixera seul le moment de l'exécution, qui pourra ne jamais arriver.

L'obligation naturelle, son nom l'indique, est en dehors des actes soumis à la loi civile ; elle n'est reconnue du législateur que lorsqu'elle se manifeste par le payement, qu'il déclare affranchi de répétition. On ne peut donc admettre que la ratification, fait juridique civil, puisse atteindre un engagement dont tout l'effet est dû, comme dit Pothier, au cri de la conscience, au besoin de satisfaire à un devoir de morale et d'équité.

Aubry et Rau (t. IV, § 297) disent à ce sujet : « Une obli-« gation naturelle ne se transforme pas en un engage-« ment civil par un simple acte de ratification, expresse « ou tacite, pas plus qu'elle ne peut faire l'objet d'un cau-« tionnement ou être opposée en compensation. »

Demante (p. 45, t. V) et Larombière (sur l'art. 1235, § 9) adoptent nettement la même opinion et professent que l'obligation naturelle n'est pas susceptible de ratification.

Remarquons, en finissant sur ce point, que la ratification n'a jamais eu pour effet que de faire disparaître un vice de l'obligation, sans toucher à sa nature, sans la modifier au fond. En supposant qu'une obligation naturelle pût être ratifiée, elle resterait tout de même obligation naturelle et le résultat serait nul ; le créancier n'obtenant pas par là une action et l'exécution seule donnant une consécration à cette obligation naturelle que, dans l'opinion que nous repoussons, on voudrait déclarer susceptible de ratification. Comme nous l'avons dit, il y a là une confusion et l'erreur nous paraît évidente ; pour modifier l'obligation naturelle, il faut avoir recours à un moyen plus énergique et plus juridique : à la novation.

§ V

L'OBLIGATION NATURELLE PEUT-ELLE SERVIR DE BASE

A UNE NOVATION ?

Cette question doit, pour être résolue clairement, être envisagée sous deux rapports inverses : 1° L'obligation naturelle peut-elle être novée ? 2° L'obligation naturelle peut-elle opérer novation ?

I. — L'obligation naturelle peut être valablement payée, la loi reconnaît son existence et lui donne une force juridique en déclarant que le payement n'est pas susceptible de répétition.

Le payement peut être fait en argent, en meubles ou en immeubles ; il pourrait même être fait en une lettre de change tirée par le débiteur naturel sur un tiers et par tous autres moyens ; pourquoi donc ne pourrait-il pas être fait par une novation, venant éteindre l'obligation naturelle et lui substituant une obligation civile ?

MM. De la Bigne de Villeneuve et Henry s'expriment ainsi sur la question : « On s'accorde à penser que les « obligations naturelles peuvent servir de base à une « novation ; bien que dépourvues d'action, ces obliga- « tions ont, en effet, une existence légale, et cela suffit « pour que leur extinction puisse servir de cause à la « naissance d'une obligation nouvelle. » (T. II, p. 1060, *Cours de droit civil.*)

Larombière fait observer que la nouvelle obligation, qui éteint l'obligation naturelle, ne saurait être considérée comme un acte de libéralité, ni en la forme, ni au fond, ni dans ses conséquences ; c'est un vrai payement, éteignant une dette. (T. IV, § 64.)

Aubry et Rau (t. IV, § 324) disent aussi : « Toute nova- « tion suppose une obligation antérieure, mais ce principe « ne s'oppose pas à ce qu'une obligation naturelle puisse « être convertie par voie de novation. »

Demolombe (t. XXVIII, n° 256) écrit, de son côté : « Qu'une obligation naturelle puisse servir de cause à « une obligation civile, par voie de novation, c'est ce qui « a été, de tout temps, admis. »

Il établit ensuite que ce qui manque à l'obligation natu- relle, pour lui donner toute la valeur de l'obligation civile, c'est l'aveu de l'obligé ; le consentement donné à la novation par le débiteur naturel apporte donc à son obligation ce qui lui manquait pour être complète.

L'auteur fait cependant une réserve pour la dette de jeu et le pari, non parce qu'il les considère comme illicites, ce n'est point son sentiment, mais parce que le législateur, qui refuse la répétition du payement effectué par le débiteur, ne considère pas de pareilles dettes comme obli- gations naturelles.

Il nous paraît superflu de continuer cette énumération

des auteurs qui admettent la novation de la dette naturelle, c'est la presque totalité ; la jurisprudence l'admet
aussi, nous en avons la preuve dans le passage suivant
emprunté à un jurisconsulte qui n'admet pas, pour sa part,
que la novation puisse valablement opérer dans notre cas.

Laurent (tome 17, n° 29) s'exprime ainsi : « La doctrine et la jurisprudence sont d'accord pour admettre
que l'obligation naturelle peut servir de cause à une obligation civile. « Où pourrait être la raison de douter ? dit
Toullier. C'est une cause non seulement honnête, mais
légitime ; si le débiteur peut reconnaître une obligation
naturelle en la payant, il doit aussi avoir le droit de la
reconnaître en la novant. »

« Cela est très vrai en théorie, mais le Code consacre-
t-il cette théorie ? Il n'admet d'autre reconnaissance
d'une obligation naturelle que le payement, peut-être
parce que c'est la seule qui ne laisse subsister aucun
doute sur la volonté de celui qui paye... La novation de
l'obligation naturelle ne se conçoit pas, si l'on s'en tient
à la rigueur des principes. L'obligation naturelle ne se
montre, ne commence à exister que lorsque le débiteur la
reconnaît en la payant ; elle ne peut donc plus être
novée, puisque la novation assimilée au payement l'étein-
drait. »

Cette doctrine ne soutient pas une sérieuse discussion,
elle se fonde sur des motifs mal déduits. « Si l'obligation
naturelle disparaît par le payement, elle ne peut servir de
cause à la novation », dit Laurent ; mais ce n'est point ce
qui a lieu en réalité ; dans l'espèce, l'obligation naturelle
ne disparaît, que parce que la nouvelle obligation qui
opère novation vient la payer ; elle est donc, en réalité,
une cause aussi efficace de novation qu'une obligation
civile, car celle-là aussi disparaît, s'évanouit, dès que la
novation a eu lieu, remplacée, payée qu'elle est, par la
nouvelle obligation ; donc identité de situations.

12

La novation, pas plus que le payement, ne laisse subsister de doute sur la volonté de l'obligé, puisqu'il donne la nouvelle obligation en payement de l'ancienne, qui par cette reconnaissance vaut une obligation civile au moment du payement.

Cette réfutation nous paraît précise et suffisante et nous n'examinerons pas, avec l'auteur, si, dans certaines conditions de formes données à la novation, on pourra valider la nouvelle obligation, comme libéralité, *pietatis causâ ;* la novation est valable comme dans tous autres cas ; elle paye la première obligation et l'éteint, à titre onéreux et non comme libéralité.

Nous admettons donc que l'obligation naturelle peut servir de cause à la novation, mais la novation se présente dans notre Code sous des aspects divers. Elle peut avoir lieu par changement d'objet, par changement de créancier ou de débiteur, ou par une combinaison de ces deux modes, qui peuvent se trouver réunis dans un même acte. Nous allons examiner les diverses hypothèses, sans rappeler les principes et les règles de la novation; ce serait un hors-d'œuvre dans cette étude.

1° L'obligation naturelle peut être novée par la substitution d'une dette nouvelle, le débiteur et le créancier ne changeant pas. L'obligé naturel offre à son créancier un engagement nouveau, moyennant lequel il sera déchargé de la dette que sa conscience lui prescrit de payer, mais à l'occasion de laquelle le créancier est sans action. Cet engagement nouveau, contracté par un individu capable, produira une obligation civile, dont la validité est entière, et l'exécution à la disposition du créancier, le terme arrivant. L'acceptation du créancier suffit à parfaire la novation, à éteindre l'obligation naturelle.

2° L'obligé naturel peut aussi offrir à l'acceptation du créancier un nouvel obligé, qui contractera envers lui une obligation civile, en vue d'éteindre l'engagement naturel préexistant. Celui qui éteindra une obligation naturelle par la substitution d'un engagement contracté par lui envers le créancier de l'obligé naturel, sera subrogé aux droits du créancier payé par la novation, et deviendra créancier naturel du débiteur naturel, dont il a nové la la dette, et cela qu'il ait fait la novation à sa demande ou à son insu ; il n'aura donc pas plus de droit que le créancier payé, il sera sans action contre l'obligé naturel.

3° Le débiteur naturel peut offrir à son créancier de contracter une obligation envers un tiers désigné par lui, à l'effet d'être libéré de l'obligation naturelle préexistante ; l'effet d'un pareil contrat sera encore d'éteindre la dette naturelle par suite de la novation qu'il produit.

4° On peut encore admettre que l'obligé naturel, étant créancier civil d'une personne envers laquelle son propre créancier est débiteur, propose à ce dernier de prendre l'engagement de payer sa dette à lui, à condition d'être libéré de sa dette naturelle. Par suite d'un pareil contrat, la dette naturelle sera éteinte et l'obligé, se retournant contre le créancier de son propre créancier, pourra lui opposer, en extinction de la dette dont il s'est chargé, une compensation avec sa propre créance, ce qui est de droit, si nous supposons l'exigibilité des deux créances en vue de l'extinction desquelles la novation a été faite. Les parties trouveront leur avantage dans cette combinaison, un peu compliquée en théorie, mais simple en pratique.

Nous pourrions multiplier encore les combinaisons, mais nous passons à la seconde hypothèse : novation par une obligation naturelle d'une dette antérieure, civile ou naturelle.

II. — L'obligation naturelle peut servir à nover une autre obligation. L'hypothèse d'une obligation naturelle servant de base à la novation est moins facile à saisir et se détache moins nettement ; il n'est pas dans notre pensée de supposer qu'un débiteur civil offre *de plano* à son créancier de substituer à l'obligation civile existante une obligation naturelle ; les obligations naturelles ne naissent point ainsi de la volonté des parties ; on peut même dire que si, entre les deux parties liées par une obligation, un changement était apporté à leur situation respective, alors même que ce changement revêtirait les caractères apparents de l'obligation naturelle, il demeurerait une obligation civile. Supposons, par exemple, Primus offrant à Secundus de remplacer l'obligation qu'il a contractée de lui payer une somme à échéance fixe, par un nouvel engagement de lui payer une somme plus forte, mais à sa volonté, sans date fixe, et à condition qu'il ne pourrait jamais être actionné en payement. Deux solutions pourraient se présenter, dans une pareille hypothèse ; ou il n'y a pas d'obligation dans ce cas et, par suite, pas de novation ; ou il est seulement dans l'intention des parties de laisser une grande marge au débiteur, qui devra fixer lui-même une date, lorsqu'il sera mis en demeure par le créancier ou par une solution judiciaire qui sera donnée à cette situation anormale. Pour nous, nous avons la persuasion qu'aucun engagement ne saurait se produire en cette hypothèse, et que, par suite, aucune novation n'est possible.

Il faut donc chercher dans d'autres combinaisons le cas de l'obligation naturelle servant de base à une novation, ou tout au moins empêchant que la novation soit rescindée pour défaut de cause.

Nous trouvons ce cas dans l'hypothèse d'une obligation contractée par une femme non autorisée ou par un mineur, l'un et l'autre capables naturellement, en vue de la novation de l'obligation civile liant un tiers envers le même créancier. Qu'on ne dise pas que l'hypothèse est irréalisable et qu'elle ne mérite pas d'être étudiée. On peut supposer un père, un mari obligé civilement, devenu insolvable, ou n'offrant que peu de sûreté à son créancier, qui hésite à entreprendre contre lui des poursuites onéreuses et fort incertaines comme résultat ; le fils ou la femme, intervenant alors, offrent au créancier de nover cette dette si précaire par un engagement de payer la somme dans des conditions déterminées. Le créancier pourra bien savoir, nous le supposons, que ce nouvel engagement pris par un incapable civilement, bien que capable naturellement, pourra être annulé, mais il espérera peut-être qu'il sera tenu, ou il comptera en tout cas sur la bonne foi du débiteur.

Evidemment, la novation sera produite, car cette dette annulable est une dette civile jusqu'à l'annulation ; puis interviendra l'annulation ; c'est alors que se pose utilement notre question : la novation sera-t-elle annulée par suite de l'annulation de l'obligation de la femme ou du mineur ; ou bien cette obligation civile annulée, demeurant à l'état d'obligation naturelle, justifiera-t-elle le maintien de la novation ?

Une pareille question est une question d'appréciation, semble-t-il, à déterminer d'après l'intention des contractants. Si le créancier n'a consenti la novation qu'à la condition que la dette contractée envers lui demeurerait civile et ne serait pas annulée, il est impossible de ne pas admettre que la cause de la novation fait défaut, s'il y a annulation, et qu'une telle novation doit être déclarée nulle. Mais, si cette pensée n'a pas dirigé les contractants, si le créancier, désespérant de réaliser sa créance civile primitive, a accepté l'éventualité que lui faisait courir l'obligation contractée envers lui par l'incapable, la novation devra être maintenue, comme ayant une cause suffisante dans l'obligation naturelle qui survit, de même que la novation maintenue formera, à son tour, la cause réelle de l'obligation naturelle de l'incapable.

Nous devons reconnaître cependant que les auteurs qui attribuent à l'aléa du contrat, fait avec l'incapable, le fondement qui sert de base à la novation, ne nous paraissent pas s'éloigner de la vérité, au moins pour bien des cas, mais pas toujours.

§ VI

L'OBLIGATION NATURELLE PEUT-ELLE ÊTRE COMPENSÉE, DONNER LIEU A RÉTENTION OU FAIRE L'OBJET D'UN COMPROMIS ?

L'article 1291 C. C. indique que la compensation ne peut être établie qu'entre deux dettes liquides et exigibles ; nous savons que l'obligation naturelle n'est jamais exigible ; elle ne peut donc en aucune façon donner matière à compensation, pas plus avec une autre dette naturelle qu'avec une dette civile, qui réunirait les deux caractères exigés par la loi, puisqu'il faut que les deux dettes aient l'une et l'autre ce double caractère d'exigibilité et de détermination.

On ne saurait pas davantage reconnaître le droit de rétention au créancier naturel ; l'obligation naturelle n'existant pas légalement, avant sa manifestation par l'aveu qu'en fait le débiteur, en la payant, et d'autre part le créancier étant dépourvu d'action, il est impossible de lui reconnaître le droit de forcer l'exécution par l'exercice du droit de rétention ; ce serait là une contrainte, une véritable action ; donc le créancier ne peut avoir ce droit et l'article 1948 C. C. ne saurait être invoqué, pas plus qu'aucun autre texte. L'équité, que Massol veut faire intervenir ici à l'appui de l'article 1948 C. C., n'a rien à faire non plus en notre matière, le débiteur naturel ne devant rien au créancier jusqu'au moment où il le paye.

La nature même de notre obligation exclut encore l'idée du compromis, au moins en raison et en pratique. Com-

ment admettre qu'un obligé naturel, qui n'a aucune action à redouter, consente à entrer en compromis avec son
prétendu créancier? Ce dernier n'ayant pas d'action contre
lui, il ne le craint pas, il n'a qu'à le repousser purement et
simplement.

Le compromis ne pourrait guère se comprendre que
dans le cas, où deux personnes hésitant sur un point de fait
ou de droit s'en rapporteraient à un tiers, pour savoir s'il
existe entre eux un lien quelconque par suite de tel événe-
ment ou de tel acte ; mais, dans ce cas, ce n'est point l'obligation naturelle qui serait la cause du compromis, ce serait
plutôt la question de savoir si elle existe.

§ VII

LES RÈGLES RELATIVES A L'IMPUTATION DE PAYEMENT SONT - ELLES APPLICABLES A L'OBLIGATION NATURELLE ?

Les articles 1253 et suivants du Code civil qui traitent
de l'imputation de payement posent diverses règles dont
l'application à l'obligation naturelle n'est pas générale,
les unes lui sont applicables et les autres ne le sont pas.

Le débiteur qui a plusieurs dettes envers le même créancier, que ces dettes soient toutes naturelles, ou qu'elles
soient les unes naturelles et les autres civiles, pourra, aux
termes de l'article 1253 C. C., lorsqu'il payera une partie de
ce qu'il doit, imputer son payement sur tout ou partie de
telle dette indiquée par lui, sans que ce payement l'engage
en aucun cas pour le surplus de la dette ou des dettes naturelles dont il aura acquitté une fraction. — S'il ne fait pas
d'imputation de payement et que, parmi ses dettes, il s'en
trouve de naturelles et de civiles, c'est sur ces dernières
que l'imputation sera faite, aux termes de l'article 1256 C. C.

si la quittance ne spécifie rien quant à ce, car il a plus d'intérêt à payer celles-là que les autres qui ne donnent lieu à aucune action contre lui. Si les dettes sont toutes naturelles et que rien ne soit mentionné sur la quittance, on ne pourra pas appliquer le § 2 de l'article 1256 C. C., car le débiteur seul peut savoir s'il a intérêt à payer la plus ancienne ou la plus récente de ses dettes et l'on pourra admettre une imputation proportionnelle sur chacune des dettes. Nous pouvons remarquer toutefois que c'est là une question sans véritable intérêt pour le débiteur, attendu que le payement partiel réparti sur plusieurs dettes ou l'imputation faite sur la plus ancienne, ne changeront rien à son droit ; il ne sera pas plus après qu'avant tenu de payer le surplus, dont l'acquittement continuera à dépendre de sa volonté.

En ce qui touche le cas prévu par l'article 1255 C. C., si, à défaut d'imputation du débiteur, le créancier fait lui-même l'imputation sur la quittance, le débiteur pourra exiger que cette imputation soit modifiée, même si elle est faite de bonne foi par le créancier, lui seul ayant le droit de dire quelle dette il entend payer.

Le débiteur naturel ne sera jamais soumis à la disposition de l'article 1254 C.C. par la raison que, tout payement étant un acte volontaire de sa part, il pourra imputer, sur le capital ou sur les intérêts à son choix, les sommes payées en acquit d'une dette naturelle, puisqu'il dépendrait de lui seul de ne payer ni capital, ni intérêts.

§ VIII

LA CONFUSION PEUT-ELLE ÉTEINDRE L'OBLIGATION NATURELLE ?

La confusion est, nous le savons, la réunion sur une même tête de deux qualités incompatibles entre elles qui se détruisent réciproquement. La disposition de l'article 1300 C. C. est applicable aux dettes naturelles, c'est incontestable. Si le créancier naturel hérite du débiteur ou réciproquement, la dette naturelle sera éteinte forcément et il en sera ainsi, quelle que soit la raison pour laquelle la confusion se produise, même si elle s'accomplissait sur la tête d'un tiers qui réunirait les deux qualités de débiteur et de créancier.

Si, en matière de dettes ordinaires, on admet quelquefois que, pour sauvegarder l'intérêt des tiers, la confusion n'opère pas son œuvre, on ne peut en dire autant de la dette naturelle, qui, ne donnant pas d'action contre le débiteur, ne lésera aucun intéressé pouvant en exiger le payement.

Le seul intérêt que présente la question de la confusion dans notre matière se rencontre dans le cas où, une dette naturelle étant confirmée par une caution civile, le débiteur principal vient à succéder à la caution ; dans ce cas, le débiteur naturel, qui ne pouvait être actionné, sera soumis à l'action que le débiteur pouvait avoir contre la caution, et en fait, par la confusion, sa dette deviendra, au point de vue de l'exigibilité, en tout semblable à une dette civile.

Il nous paraît inutile d'insister sur les hypothèses diverses qui pourraient être étudiées en la matière, nous observerons seulement : que la réunion sur la même tête de la qualité de créancier et de débiteur fait tomber le cautionnement, qui s'évanouit à cause de l'extinction de l'obligation principale.

La remise de la dette naturelle ferait également évanouir le cautionnement, mais il n'en serait pas de même de la remise du cautionnement, qui laisserait subsister la dette naturelle ; on comprend, en effet, l'obligation principale sans cautionnement, mais on ne comprendrait pas un cautionnement sans obligation dont il serait l'accessoire.

CHAPITRE IV

Des divers cas d'Obligations naturelles

§ I

ENGAGEMENTS DES INCAPABLES

Pothier, les auteurs du Code, dans leurs discours préparatoires et leurs discussions, les jurisconsultes et la jurisprudence sont tous d'accord pour attribuer le caractère d'obligation naturelle à l'obligation contractée par des incapables civilement non autorisés, mais qui ont agi avec un discernement certain, lorsque ces incapables, ayant invoqué la nullité civile de leur obligation, l'ont fait prononcer par les tribunaux.

Jusqu'à ce moment leur obligation demeure civile, et elle l'est si bien, que si, arrivés à la capacité civile, ils n'invoquent pas leur incapacité à l'époque où ils se sont engagés, leur obligation, conservant le caractère civil, peut donner lieu à une action que les tribunaux accueilleront, sans pouvoir invoquer d'office la défectuosité originaire.

Les parties peuvent encore couvrir explicitement par la ratification ou par l'exécution volontaire pure et simple ce vice originel ; la loi elle-même couvre parfois ce vice par la seule expiration du délai par elle imparti pour l'invoquer.

Dans tous ces cas, le payement ne sera pas régi par l'article 1235 C. C., mais il sera regardé comme effectué dans les conditions ordinaires, comme acquittement d'une dette civile.

La dette de l'incapable ne devient donc naturelle que lorsque, le vice constaté, l'obligation civile s'évanouit pour lui faire place. Laurent (§ 10, t. 17) conteste l'existence de la dette naturelle, au moins en ce qui concerne l'engagement de la femme mariée, dont il considère que l'obligation civile est annulée par une raison d'ordre public, le respect de l'autorité maritale méconnue, qui ne permet pas de reconnaître une obligation naturelle. Il admet cependant « qu'elle conserve une efficacité quelconque ». Cette argumentation ne nous paraît pas acceptable, en droit français : l'autorisation maritale est bien d'ordre public, mais cette autorisation est surtout exigée dans l'intérêt de la femme, qu'elle protège et qui, devenue libre, peut y renoncer.

Aubry et Rau (t. IV, p. 5), après avoir émis l'opinion que nous avons énoncée, ajoutent : « Tels sont, par exemple, les engagements contractés par un mineur parvenu à l'âge de discernement, par une femme mariée non autorisée, ou par un interdit, dans un intervalle lucide. »

Colmet de Santerre (p. 307, t. V) est plus radical encore sur ce point ; il admet que toute obligation annulable pour n'importe quelle cause constituerait une obligation naturelle, pourvu qu'elle fût susceptible de ratification. Il est sans intérêt de discuter ce point, car la confirmation dont parle cet auteur effacera le vice originel de l'obligation. Nous pensons cependant que des obligations civiles, entachées de dol, de violence ou d'erreur, ne donneront jamais naissance à une obligation naturelle, sauf dans le cas, fort rare d'ailleurs, que nous avons indiqué plus haut ; si des obligations de cette nature sont exécutées, elles le seront avec leur caractère originaire d'obligations civiles viciées, mais purgées de leur vice par la confirmation ou par le payement.

Le mineur lésé qui a fait rescinder son obligation ne sera pas tenu naturellement, car la rescision ne fait que le remettre en l'état primitif, et la lésion ne peut être une cause de dette même naturelle.

Les règles édictées par notre Droit dans l'intérêt du mineur, de l'interdit et de la femme sont toutes des mesures de protection, mais elle n'impliquent pas une nullité radicale, et les incapables ne bénéficient de la loi que s'ils en invoquent l'application ou si elle est invoquée à leur profit par ceux qui ont charge de leurs intérêts. La loi admet certaines gradations dans leur incapacité, puisque le mineur peut être émancipé et administrer ses biens à un âge où le mineur non émancipé est déclaré encore incapable même d'administrer ; puisque la femme est plus ou moins capable selon le régime sous lequel elle est mariée, puisque fille ou veuve elle a une entière capacité. Il en est de même de l'interdit pour des causes diverses, même pour imbécillité, car il peut avoir des intervalles lucides et la loi le constate.

Nous pensons qu'il n'y a pas lieu de distinguer entre les actes ordinaires et les actes pour lesquels la loi exige des formalités ou des garanties particulières dans l'intérêt des incapables ; la raison qui autorise l'incapable ou ses ayants-droit à demander la rescision ou la nullité des engagements est la même dans tous les cas : l'incapacité civile ; et, d'autre part, la raison qui nous fait admettre que l'obligation naturelle survit à l'obligation civile est aussi la même dans tous les cas, c'est la capacité naturelle, car, si cette capacité faisait défaut, il ne resterait rien.

L'art. 472 C. C. nous présente un cas particulier d'obligation annulable, c'est le cas où un majeur fait un acte avec son ex-tuteur, avant l'expiration des dix jours, depuis la reddition du compte de tutelle ; l'engagé est ici un majeur, capable civilement ; il peut, à ce moment, se lier valablement et sans annulation ou rescision possible ; ce n'est donc que par une protection spéciale et dans un cas exceptionnel que la loi lui permet de faire annuler son engagement envers son ex-tuteur ; quelques jours plus tard, cet engagement même vis-à-vis du tuteur eût été parfait.

Il est évident que, sauf le cas où le mineur aura été victime de manœuvre dolosive de la part de l'ex-tuteur, il sentira dans sa concience qu'il doit réaliser sa promesse, son engagement ; aussi n'hésitons-nous pas à voir dans ce cas particulier la survivance à l'annulation de l'obligation civile d'une obligation naturelle, dont l'exécution est d'ailleurs laissée au bon vouloir et à l'honnèteté de l'ex-pupille.

Quant au prodigue pourvu d'un conseil judiciaire, il nous paraît dans une situation moins favorable que le mineur et l'interdit ; sa capacité naturelle est incontestable et rien ne fait supposer son inintelligence de la gravité de ses actes. Il pourra ou on pourra faire annuler les actes qu'il aura faits sans le conseil dont l'intervention était prescrite, pour qu'ils'fussent réguliers; mais, l'engagement civil une fois détruit, il nous paraît certain qu'il demeurera naturellement obligé.

Il est bon d'observer ici que certains incapables ne peuvent contracter même naturellement, ce sont ceux qui, frappés de dégradation civique, ne peuvent, aux termes de la loi, ni s'obliger ni obliger les tiers envers eux, sauf dans les cas où la loi les relève d'une partie de l'incapacité prononcée contre eux.

§ II

ENGAGEMENTS RÉSOLUS PAR SUITE D'UNE
PRÉSOMPTION LÉGALE

PRESCRIPTION. — Pothier, 2ᵉ part., chap II, § 196, nous dit : « Une obligation civile, lorsque le débiteur a acquis contre l'action qui en résulte quelque fin de non-recevoir, *putà* par l'autorité de la chose jugée, ou du serment décisoire, ou par le laps de temps requis pour la prescription, peut aussi être regardée comme obligation purement naturelle, tant que la fin de non-recevoir subsiste et n'est pas couverte. »

Cette opinion de Pothier a été très exactement reproduite par Bigot de Préameneu dans l'exposé des motifs de la loi. Zachariæ l'accepte complètement, dans son tome IV, pag. 7, où il écrit : « Est obligation naturelle celle qui continue de peser sur le débiteur, en faveur duquel milite une présomption légale qui le met à l'abri des poursuites de la part du créancier, et spécialement la présomption attachée à l'autorité de la chose jugée ou à la prestation d'un serment litisdécisoire, quand en fait elle est contraire à la vérité. »

Colmet de Santerre (t. V, p. 306) développe et appuye cette même doctrine dans les termes suivants: « Les règles sur la chose jugée et sur la prescription sont tout à la fois des règles d'intérêt privé et d'intérêt public ; dans ce double intérêt il faut que les procès et les prétentions judiciaires ne s'éternisent point, qu'on ne puisse pas toujours débattre les mêmes différends, qu'on ne puisse pas alléguer l'existence d'un droit trop ancien et soulever par là des questions trop difficiles à juger ; voilà ce qui justifie le déni d'action dans les deux cas ; mais il n'est pas nécessaire, dans ce double intérêt, de dépouiller les obligations à l'égard desquelles le défendeur pourrait invoquer la chose jugée ou la prescription, des effets qu'elles peuvent produire, par la volonté libre des parties, si elles deviennent l'objet d'un payement, d'une novation ou d'un cautionnement. Dès qu'il ne s'agit plus que d'actes volontaires, de reconnaissance de la dette, il n'y a plus à signaler et à prévenir les dangers des procès, incessamment renouvelés et des prétentions trop vieilles dont les preuves deviennent impossibles. Nous pouvons en dire autant au cas du serment décisoire... il n'y a pas de raison pour refuser tout effet aux actes volontaires par lesquels le débiteur reconnaîtrait qu'il s'est trompé quand il a juré, et que la dette existe. »

Demolombe appuye sur les mêmes raisons l'existence de l'obligation naturelle, dans le cas que nous examinons et il ajoute : « qu'aller au delà serait dépasser la mesure, sans motif et sans excuse ». D'ailleurs, ne faut-il pas tenir compte de l'aveu du débiteur qui paie sa dette prescrite ; si on a pu dire avec raison que la prescription est *patrona generis humani*, il faut aussi ne pas oublier que les anciens l'ont appelée, *impium præsidium*, quand elle ne sert qu'à abriter la mauvaise foi.

Il est d'ailleurs loisible et facultatif au débiteur de ne pas opposer la prescription, ainsi que le prouve l'article 2.220 C. C.; il peut bien, obéissant à l'inspiration de sa conscience, payer la dette prescrite ; le juge ne peut invoquer d'office le bénéfice de la prescription. Il nous paraît résulter de ces deux faits que l'intérêt public est moins en jeu ici que l'intérêt privé, puisque c'est dans l'intérêt privé, dans l'intérêt seulement du débiteur, que la prescription peut être invoquée. Il nous paraît aussi que la renonciation à la prescription ne fait pas renaître l'obligation civile et qu'il n'est pas exact de dire, comme le fait Laurent : qu'elle était devenue inefficace par la prescription. Le laps de temps n'agit pas seul, il faut que le débiteur le fasse entrer en cause en l'invoquant ; donc, l'obligation civile, malgré les délais écoulés, restera civile indéfiniment et ne cessera de l'être qu'après la prescription constatée par le jugement.

Par conséquent nous ne voyons l'obligation naturelle se substituer à l'obligation civile, que lorsque le débiteur actionné use de l'exception que la loi met à sa disposition, mais ne lui impose pas. Le créancier est à ce moment-là désarmé par le jugement qui admet l'exception et la conscience du débiteur sera à ce moment-là la seule force impulsive à laquelle il cédera en payant sa dette ; il payera alors non une dette civile, comme le prétendent Laurent et Mourlon, mais une véritable dette naturelle. Il est impossible d'approuver la réflexion que fait ce dernier auteur lorsqu'il ajoute que, par suite, ce payement ne saurait être considéré comme une libéralité puisqu'il acquitte une dette civile ; ceci est très inexact, car nous savons tous que le payement d'une obligation même naturelle est une vraie *solutio*, aussi bien que l'acquittement d'une dette civile et n'implique aucune idée de libéralité.

Molitor pense que dans notre droit la prescription éteint l'obligation naturelle comme l'obligation civile et il fonde son argumentation sur les articles 2219 et 1234 du Code civil, dans lesquels la prescription est indiquée comme un moyen d'acquérir et de se libérer, et comme une des causes d'extinction de l'obligation ; rien, selon lui, ne justifie la prétention que l'on a de faire survivre l'obligation naturelle à l'obligation civile, aucun texte ne pouvant être invoqué à l'appui de cette doctrine. On peut répondre que si aucun texte, en dehors de l'article 1235, ne s'occupe de l'obligation naturelle, l'esprit du Code affirmé par ses auteurs, des raisons de bon sens, l'opinion de la majorité des jurisconsultes et l'autorité enfin de la jurisprudence valent bien les arguments, d'ailleurs fort équivoques, que l'on puise dans deux articles qui ne se rapportent qu'aux obligations civiles, les seules dont s'occupe le Code.

L'opinion de Molitor est conforme à celle émise par Troplong dans son *Traité de la prescription* (n° 29 et suiv.), sur la question de savoir si la prescription qui éteint l'obligation civile laisse subsister l'obligation naturelle. « Les auteurs, dit-il, ne sont pas d'accord à ce sujet ; Dunod, Cujas, d'Argentré estiment que la prescription éteint l'obligation naturelle ; Merlin soutient le contraire : que la prescription ne fait qu'opposer une barrière aux poursuites du créancier. » Delvincourt et Duranton partagent cet avis. Et il ajoute : « Je dirai cependant que je regarde ce système comme étant d'une fausseté palpable au moins sous le Code civil » ; il invoque les articles 1234 et 2219. Pour lui le silence du créancier qui ne poursuit pas dans le délai imparti par la loi vaut remise de la dette et l'éteint entièrement ; il cite à l'appui de cette idée le témoignage de d'Argentré qui, dans la *Coutume de Bretagne*, s'exprime de la sorte : « Il y a dans la prescription une sorte d'acquiescement, de consentement tacite qui, lorsque le débiteur veut en profiter, fait disparaître le fondement du contrat ; le lien de droit est donc dissous, il ne reste qu'un lien de conscience. » Il fait observer que le cautionnement d'une pareille obligation serait impossible. Il admet que le débiteur peut renoncer à la prescription et par suite que l'obligation civile continue à exister et n'est pas remplacée par une obligation naturelle.

Nous avons déjà dit qu'il va de soi que si l'exception n'est pas opposée par le débiteur, son obligation reste civile et qu'il demeure astreint à payer ; mais notre cas est celui où, la prescription ayant été victorieusement invoquée, le débiteur, à l'abri de toute action, acquitte sa dette que nous considérons alors seulement comme dette naturelle.

Troplong invoque encore de nombreux arguments philosophiques enveloppés dans une forme très solennelle. « La loi positive, écrit-il, force quelquefois le droit naturel à abdiquer ; c'est le plus souvent un sacrifice douloureux, mais ici il n'y a rien qui ne soit suffisamment excusé par la position respective des parties. » On dirait que notre auteur a cherché à déguiser sous une forme majestueuse la pauvreté de l'argumentation. Pourquoi serions-nous réduits à faire des sacrifices, qui n'ont d'ailleurs rien de douloureux, que rien ne nous commande d'accomplir ?

Lorsque le débiteur, après avoir éteint par l'exception de prescription l'action de son créancier, reconnaît qu'il doit encore, il ne fait pas revivre sa dette civile ; mais nul ne pourra empêcher que, s'il paye ce qu'il doit, le créancier reçoive aussi ce qui lui est dû ; donc, le payement éteindra bien une obligation qui, n'étant plus civile, devra être naturelle, car elle réunit les caractères reconnus comme constitutifs des dettes de cette nature. Troplong peut bien s'évertuer à établir que ce payement vaudra comme preuve de renonciation à la prescription, comme novation faisant revivre la dette civile primitive ; une dette ne renaît pas ; s'il y a novation, c'est qu'il y a une nouvelle obligation et, dans ce cas, cette nouvelle obligation civile que veut voir Troplong dans l'espèce ne pourra avoir pour base, pour cause, que l'obligation naturelle, qui a survécu à la prescription admise, car la prescription a bien éteint la première obligation civile.

Nous ne trouvons ni bien établie, ni bien soutenue, l'argumentation de l'illustre magistrat et nous ne pouvons adhérer à son système.

Dans un mémoire que la signature de son auteur nous a portés à consulter, nous trouvons l'approbation de la doctrine de Troplong fortifiée par un argument tiré de l'article 2219 C. C., mais qui nous paraît poussé à l'extrême.

L'article 2219, nous dit cet auteur, dispose que la prescription est un moyen de se libérer ; il serait impossible que le législateur se fût exprimé de la sorte, si dans sa pensée l'obligation naturelle devait subsister ; l'obligation naturelle, en effet, justifiant un payement d'une véritable dette, on ne pourrait dire raisonnablement que la prescription a libéré l'obligé. Il faut admettre qu'il ne doit plus rien même naturellement et que ce qu'il paye ensuite est indû. Cette façon d'argumenter est excessive et nous ne pouvons que répéter que l'article 2219 règle un point de droit positif civil, veut mettre un terme à l'action du créancier, donner tout repos au débiteur ; mais on ne peut forcer la signification de cet article, comme le fait l'auteur de l'argument que nous venons d'examiner. Nous ne trouvons nul article nous disant que telle ou telle obligation est naturelle ; il existe cependant des obligations naturelles.

Voici encore un argument pour établir que l'obligation naturelle ne survit pas à la prescription. Comment comprendre, dit-on, que l'obligation naturelle, qui est protégée par le droit positif, bien moins énergiquement que l'obligation civile, puisse survivre à cette dernière, lorsque la prescription produit son effet entre les parties ? Nous répondrons que la loi civile protège par la prescription la sécurité du débiteur, mais rien de plus, ainsi que le prouve l'article 2262 C. C. qui nous présente la prescription comme moyen de mettre un terme à l'action du créancier ; mais c'est là tout, le débiteur peut à son gré l'invoquer ou non, le juge ne la prononce pas d'office (article 2223 C.C.). Pourquoi le juge ne peut-il pas l'invoquer d'office, sinon parce que la loi a certains scrupules et que la société ne court aucun péril, si le débiteur n'use pas de l'exception offerte par la loi.

L'obligation naturelle survivant à l'obligation civile, éteinte par la prescription, est si peu admissible, dit-on encore, qu'il ne vient à l'idée de personne de soutenir qu'elle puisse jamais être cautionnée. C'est là un argument à côté de la question ; la caution a droit à sa libération par suite de la prescription ; elle sera donc déchargée dès que la prescription sera invoquée victorieusement, puisque l'obligation civile cautionnée a disparu. Mais si, par cet argument on veut dire que, la prescription acquise, la dette qui survit ne pourra être directement cautionnée, nous l'admettons ; nous avons dit, en effet, que, dans certains cas, la caution peut survivre à l'annulation de l'obligation civile et suivre encore l'obligation naturelle ;

mais nous n'avons jamais admis que la caution puisse venir adhérer à une obligation déjà naturelle, car la caution est une garantie civile et a besoin, au moins à son origine, d'adhérer à une obligation civile.

Massol admet que l'obligation naturelle, distincte de l'obligation civile et abstraction faite de cette dernière qui a pu lui donner naissance, est elle-même éteinte par la prescription. Nous ne comprenons guère l'utilité d'une pareille assertion ; tout ce que nous avons indiqué plus haut est déjà une réfutation, puisque nous avons établi que, la prescription invoquée, l'obligation civile éteinte, une obligation naturelle lui succède. Nous ferons encore observer que l'obligation naturelle n'ayant ni échéance fixe, ni action à redouter, il est difficile de fixer le point de départ d'une prescription et il est impossible d'indiquer aussi quelle sera l'action que pourra éteindre la prescription. De quelle utilité pourrait être pour l'obligé naturel la prescription que l'on revendique pour lui, comme un moyen de libération ? Il n'a qu'à ne pas payer, s'il ne veut pas acquitter sa dette ; il n'est pas nécessaire qu'il invoque aucune exception : on ne peut le poursuivre. S'il paye, au contraire, c'est qu'il ne veut pas de la prescription.

L'obligé naturel qui paye, après que la dette civile a été éteinte par la prescription, paye contre l'intérêt de ses créanciers ; ces derniers, lésés, peuvent-ils invoquer l'article 2225 C. C. et se prévaloir de la prescription ?

Nous répondons que le droit des créanciers n'est, dans ce cas, ni plus ni moins étendu que dans tous ceux où ils peuvent faire admettre que leur débiteur a agi en fraude de leurs droits. Ils ne pourront invoquer l'article 2225 qu'en le combinant avec l'article 1167 C. C. et en faisant juger que le payement fait après la prescription est fait en fraude de leurs droits. Cette opinion est soutenue par M. Demangeat (sur Mourlon, note 2e, p. 860, t. III).

CHOSE JUGÉE. — L'obligation naturelle survit-elle à un jugement ou bien, ainsi que le veut Massol, la chose jugée est-elle un obstacle insurmontable à son existence ? Cette dernière opinion s'appuye sur l'article 1352 et sur cette règle générale et universelle qui veut que ce qui a été jugé soit tenu pour vrai. Il ne faut donc voir que l'exécution d'une obligation morale dans le sentiment qui pousse l'heureux plaideur, ayant gagné son procès, à remplir l'engagement dont le juge l'a à tort déchargé.

Dans cette opinion, on dit, avec beaucoup de raison, sur les jugements des choses fort justes et très raisonnables, qui sont incontestables, mais qui n'ont rien à faire ici. Il est très exact de dire que la chose jugée est présentée par le législateur comme l'expression d'une vérité sociale ; elle est une dogme nécessaire à la sécurité des personnes et des fortunes ; il serait destructif de tout ordre social de laisser les particuliers s'insurger contre les décisions de justice ; le mal jugé vaut mieux, socialement parlant, que l'incertitude dans les droits ; on pourrait ainsi, avec quelques auteurs, poursuivre le cours des considérations philosophiques justifiant le principe de l'autorité accordée à la chose jugée.

Rien n'est plus exact que ces justes considérations, que personne d'ailleurs n'a jamais contestées, mais de quel poids sont-elles devant la question bien posée ? Un débiteur a gagné son procès, il a été jugé que la prestation qui lui est réclamée n'est pas due ; mais, écoutant le cri de sa conscience qui proclame dans son for intérieur l'injustice de la sentence qui a méconnu le droit de son créancier, il va vers lui et le paye.

Quel est, en envisageant une pareille situation, celui qui oserait invoquer qu'il y a là, dans ce payement, un trouble pour l'ordre social ? Y a-t-il eu mépris pour la justice, insurrection contre ses décisions dans ce fait que l'équité commande, que la justice et la morale approuvent l'une et l'autre, qui donne le repos à la conscience et qui fait rentrer dans les biens du créancier une valeur dont la sentence du juge l'avait injustement frustré ?

Comment ne voir dans un pareil acte, qu'une obligation morale exécutée ? Le *vinculum œquitatis,* la certitude et la détermination de ce qui est dû et payé, le créancier et le débiteur, la cause certaine de la dette, en un mot tout ce qui constitue une véritable obligation naturelle est ici réuni ; et si la dette n'est plus civile, c'est qu'une présomption invincible de la loi lui enlève ce caractère.

SERMENT DÉCISOIRE. — Les auteurs et les jurisconsultes, qui pensent que l'obligation naturelle peut survivre au jugement, sont plus affirmatifs encore lorsqu'il s'agit d'une revendication portée en justice, et terminée par le serment décisoire. Le serment efface certainement, disent-ils, l'obligation naturelle, car il a plus de force que le jugement. Il n'est pas imposé par la loi, il est un jugement volontaire (article 1363 C.C.), résultat d'une convention entre les parties. Sa force ne peut être diminuée par le parjure et le dol ne saurait l'entacher, puisque la partie qui souffrira dans son droit l'a d'avance accepté dans des circonstances connues ; on a promis de reconnaître sa vérité, on ne peut donc prétexter ensuite qu'une obligation naturelle survit.

Massol va plus loin encore, il considère le serment comme extinctif à la fois de l'obligation civile, de l'obligation naturelle et de toute obligation morale ; le serment déféré, une fois prêté, il ne reste plus rien. A l'appui de cette opinion, il invoque la théorie bien connue qui veut qu'en cas de parjure au criminel (article 366 C. P.) la partie lésée ne puisse jamais intervenir, la société seule et non les intérêts privés étant en jeu, dans une action de cette nature.

Le défenseur de cette opinion applique la même théorie,

au cas du serment supplétoire ; ce serment, moins efficace par lui-même, reçoit une force égale par le jugement qui le confirme.

Nous retrouvons ici les mêmes erreurs que celles qui ont été émises au sujet de la chose jugée. On ne peut soutenir, dit-on qu'une obligation naturelle survive au serment, alors qu'il a été déféré d'un commun accord ou à titre supplétoire ; il faut que les parties le respectent et terminent ou plutôt tiennent leur différend pour terminé au civil, d'après le droit naturel et même dans le plus intime de la conscience. Mais, ici encore, celui qui se déclare obligé, qui paye, n'est point un insurgé qui refuse obéissance, qui veut protester contre le droit acquis à son adversaire ; c'est celui-là même qui a gagné son procès, qui a prêté le serment, qui a éteint indûment sa dette, qui vient reconnaître qu'il a eu tort de prêter le serment, de nier sa dette et qui, sans être contraint, vient la payer. Que peut redouter l'ordre social ? Tous les caractères de l'obligation naturelle sont encore réunis ici. Les auteurs qui admettent que l'obligation naturelle survit à la prescription admettent aussi qu'elle survit à la chose jugée et au serment.

§ III

L'OBLIGATION NATURELLE SURVIT-ELLE A L'OBLIGATION CIVILE NULLE POUR VICE DE FORME DANS L'ACTE QUI LA CONSTATE OU QUI EST DESTINÉ A LA FAIRE NAITRE ?

Cette question ne peut être résolue en bloc et par une solution unique ; elle doit être détaillée avec soin ; des hypothèses très diverses attirent notre attention et nous paraissent appeler des solutions différentes.

Zachariæ (t. IV, § 297) range parmi les obligations

naturelles les engagements résultant de conventions ou de dispositions qui réunissent toutes les conditions requises pour leur validité intrinsèque, mais qui n'ont pas été revêtues des formes extrinsèques exigées par la loi pour leur efficacité civile.

Il cite à l'appui de sa doctrine le cas si discuté de l'héritier qui est, selon lui, tenu naturellement d'exécuter le legs fait dans un testament irrégulier ou même verbalement. Nous reviendrons sur ce cas particulier, mais nous allons d'abord bien arrêter quelques points de droit indispensables pour préparer la solution.

Les vices de forme qui peuvent empêcher une obligation civile d'être sanctionnée par la justice sont de diverses natures : 1° dans certains cas, l'obligation peut être civilement et régulièrement contractée verbalement ; 2° dans d'autres, elle doit l'être par écrit pour que la preuve en soit reçue en justice sauf exception; 3° d'autrefois encore la forme et l'écrit qui doit faire preuve de l'obligation est soumis à des formes parfaitement déterminées par la loi, à peine de nullité de l'acte ; 4° quelquefois, enfin, la forme dite solennelle est exigée par la loi, non seulement à peine de nullité de l'acte, mais à peine de nullité de l'obligation même.

1° L'article 1341 C. C. dispose que tout engagement excédant 150 francs doit être constaté par écrit. Si donc l'obligation est inférieure à cette somme et qu'il n'y ait pas d'écrit, il ne peut être question de vice de forme. Si la dette est niée, le jugement rendu admettant ou n'admettant pas la dette réglera le différend, et l'obligé qui aura gagné son procès indûment ne pourra être recherché ultérieurement, mais il restera tenu naturellement, comme nous l'avons dit en étudiant le cas général de la chose jugée.

2° Si la somme est supérieure à 150 francs et qu'un acte n'ait pas été dressé sous seing-privé ou authentique, le

créancier ne pourra pas poursuivre utilement son débiteur, à moins qu'il ne se trouve dans l'un des cas spéciaux
prévus par la loi (art. 1347-1348 C. C.).

3° L'article 1325 C. C. exige, pour les contrats synallagmatique, que l'acte soit authentique ou sous seing-privé,
qu'il y ait autant d'originaux que de parties ayant dans le
contrat un intérêt distinct, et que chaque original porte la
mention du nombre d'exemplaires dressés.

Qu'adviendra-t-il dans ces divers cas si la loi n'a pas
été suivie, si aucun acte n'a été dressé pour constater
l'obligation dont le montant est supérieur à 150 francs,
ou bien si l'acte contient un vice de forme, s'il n'y a pas
le nombre d'originaux exigés et si chacun d'eux ne contient pas la mention voulue par la loi ? Dans ces divers cas,
la loi règle la forme de l'acte considéré comme moyen de
preuve, mais rien de plus, car l'article 1108 C. C. ne met
pas l'acte au nombre des conditions essentielles de l'obligation ; le débiteur peut s'engager sans acte et être tenu
civilement s'il reconnaît sa dette. L'acte n'est donc qu'un
moyen de preuve. Par conséquent, le vice de l'acte devra
être invoqué par la partie qui refuse de payer pour que le
juge, en l'absence de preuve régulière et ne trouvant pas
dans les articles 1347 et 1348 C. C. raison suffisante d'admettre l'obligation, déboute le créancier. Mais, si l'obligé,
pressé par les divers moyens laissés dans certains cas à
la discrétion du tribunal, reconnaît sa dette, malgré les
vices de forme de l'acte, ou s'il est condamné, il sera bien
tenu civilement. Il n'y a donc pas de place ici pour une
obligation naturelle; elle ne peut survivre à la dette civile
que si le juge déboute le demandeur et qu'ensuite l'obligé,
cédant à l'inspiration de l'équité, paye sa dette ; c'est
alors le cas de la chose jugée et rien de plus.

4° ACTES SOLENNELS. — L'article 893 du Code civil ne
reconnaît que deux modes de dispositions à titre gratuit :

la donation et le testament ; les articles 931 C.C. et suivants donnent la forme en laquelle les donations doivent être faites et acceptées, et ils frappent de nullité, non seulement l'acte contraire à ces prescriptions, mais encore la disposition elle-même, lorsque les formes n'ont pas été scrupuleusement suivies. Les articles 967 CC. et suivants prescrivent les règles relatives à la confection des testaments et la violation de ces règles entraîne encore ici la nullité du testament et des dispositions qu'il contient.

Ni les donations, ni les testaments ainsi viciés ne peuvent être confirmés ou ratifiés, et leur nullité ne peut pas être couverte ; le donateur ou le testateur qui persévère dans sa volonté doit faire un nouvel acte pour arriver à ses fins. (Art. 1339 CC.)

Toutefois l'article 1340 C.C. admet la ratification possible par les héritiers du donateur de la donation irrégulière ; la jurisprudence et de nombreux auteurs admettent que les héritiers du testateur peuvent exécuter valablement un testament nul en la forme, et payer valablement non à titre de libéralité, mais à titre de legs, et par suite, comme réellement dû, le legs fait à un tiers ; plusieurs vont même plus loin et admettent le payement dans les mêmes conditions d'un legs purement verbal.

Dans ces divers cas, que fait l'héritier du donateur ou du testateur, en payant ainsi cette donation ou ce legs ? Il acquitte une dette naturelle, répondent les arrêts et de nombreux auteurs, parmi lesquels Demolombe, (t. IV, p. 33), et voici son raisonnement : « Nous demandons, pour reconnaître dans un cas donné l'existence d'une obligation naturelle : 1° qu'il s'agisse d'une relation entre une personne déterminée et une autre personne déterminée ; 2° il faut que l'obligation soit de celles qui, d'après leur nature, peuvent s'acquitter à prix d'argent. » Et alors, sans rechercher si une obligation civile a pu exister à priori, faisant naître ensuite une obligation naturelle, il admet l'existence de cette dernière et ne comprend pas la répétition possible d'un payement fait dans ces conditions, qu'il soit fait en argent, en meubles ou en immeubles ; ce dernier terme nous montre nettement que Demolombe exclut toute idée de donation manuelle dans l'espèce, ce qui est important à noter.

Toullier (t. VI, n° 380) admet que le donateur qui exécute une donation irrégulièrement faite par lui acquitte une obligation naturelle.

Troplong (t. I, *Des Donations et Testaments*, 1064) combat cette opinion.

Massol (p. 294) ne voit qu'une obligation morale dans le fait des héritiers exécutant une donation ou un legs nuls en la forme, et il pense qu'il ne faut même pas admettre une pareille obligation à la charge du donateur ; si la répétition n'est donc pas admise, c'est qu'au cas d'exécution d'une donation ou d'un legs irrégulier par des héritiers, il y a une *causa pietatis*, une obligation morale qui s'y oppose ; si elle est également refusée au cas où le donateur lui-même l'exécute, c'est qu'on se trouve en présence d'un don manuel affranchi des formes de la donation. Cette manière de raisonner ne peut expliquer le maintien, par la justice, de payement de legs faits en immeubles, car, pour ce cas, on ne peut trouver application d'un don manuel et on ne peut pas davantage invoquer la maxime « En fait de meubles, la possession vaut titre », qui justifie ces délivrances de legs dans la pensée de M. Rodière. M. Demolombe admet, d'ailleurs, nettement la validité d'une délivrance de legs même immobilière.

Molitor (p. 67) invoque encore, contre l'existence de l'obligation naturelle dans les espèces actuelles, les raisons qui ont déterminé tous les législateurs à défendre le donateur et le testateur contre ses propres entraînements et contre la pression ou la captation, en imposant des formes rigoureuses, à peine de nullité, aux actes de libéralité. On a voulu le protéger contre sa propre faiblesse ; que deviendrait cette protection, si on ne décidait pas nettement que, les formes violées, il ne reste plus rien ?

Le législateur, cela est vrai, a voulu protéger le donateur, mais sa protection couvre aussi les héritiers ; de là la règle admise dans notre Code « Donner et retenir ne vaut » ; or, cette règle, dont l'existence est reconnue de tout le monde, serait certainement violée si la ratification ou l'exécution d'une donation irrégulière était possible pour le donateur, car, ayant donné, il pourrait, à son gré, retenir jusqu'à ce qu'il lui plût d'exécuter.

Mais on pourrait faire le même raisonnement contre la ratification d'une disposition vicieuse par les héritiers eux-mêmes, ratification que tous les auteurs admettent cependant ; la seule différence dans la situation des héritiers est qu'ils renoncent à la protection que la loi leur accorde, au moyen des formes rigoureuse des actes.

Molitor ne veut voir, dans l'exécution des donations ou des legs irrégulièrement constitués, que l'exécution volontaire d'une obligation viciée, mais non d'une obligation naturelle. Ne serait-ce pas là une pure querelle de mots ?

Laurent (t. 17, § 13, p. 23), critiquant à son tour l'opinion de Toullier, dit : « Quand la donation est nulle en la forme, elle est inexistante, l'art. 1339 C.C. le dit dans les termes les plus énergiques ; or, le néant ne peut engendrer aucun lien, pas plus une obligation naturelle qu'une obligation civile. »

Colmet de Santerre dit de son côté : « N'était l'art. 1339 C.C. on aurait pu considérer le donateur entre-vifs lui-même comme obligé naturellement, au cas de donation nulle ; mais l'article 1339 exige formellement que la donation soit refaite, par conséquent refuse à l'acte irrégulier les effets de l'obligation naturelle par rapport au donateur. »

Duranton, au sujet de l'obligation naturelle des héritiers

du donateur, pense qu'il faut tenir compte de la composition de la succession du de cujus, des relations de ce dernier avec le donataire. Il applique encore ce système d'appréciation arbitraire au testament nul, au sujet de l'article 1340 C.C. Cette opinion ainsi formulée nous paraît être sans valeur pour la solution de notre question et mérite d'être négligée. ·

Quant aux testaments nuls, aux legs verbaux, Laurent pense qu'on peut tout au plus voir une obligation de conscience dans le fait par l'héritier d'exécuter de pareilles dispositions ; il ne veut pas reconnaître là une obligation naturelle, il critique de ce chef les arrêts de la cour de Liège et celui de la Cour de cassation, qui déboutèrent le Fisc de sa prétention de percevoir un droit de mutation sur l'acte de délivrance d'un legs verbal composé d'une somme d'argent et d'un immeuble : c'était reconnaître que cette délivrance était tout simplement l'acquittement d'une obligation naturelle, en dehors de toute vue de libéralité.

Malgré les arguments nombreux, très serrés, nous le reconnaissons, apportés pour établir qu'il n'y a pas d'obligation naturelle dans l'acquittement par l'héritier d'un legs ou d'une donation faits dans un acte nul, nous ne partageons pas cette opinion.

Il nous semble que l'intérêt social n'a rien à redouter d'une pareille exécution, la morale et l'équité y trouvent leur compte ; d'ailleurs, le payement d'une pareille obligation est toujours volontaire, puisque le créancier est sans action ; il n'y a donc rien qui nous arrête pour partager l'opinion de Zachariæ et pour admettre avec la jurisprudence l'existence d'une obligation naturelle. Nous répéterons ici que la limite entre l'obligation naturelle et l'obligation de conscience est si faiblement marquée, que les législateurs et les juges devront tendre à resserrer le domaine des dernières en élargissant le domaine des obligations naturelles, au fur et à mesure de l'épuration de l'idée du droit et du perfectionnement de la législation.

Avant de quitter la matière des actes solennels il y a lieu d'examiner la question de savoir ce que peut produire, comme lien de droit, une reconnaissance d'enfant naturel faite en dehors des termes de la loi. On est unanime à reconnaître qu'elle ne produira pas la reconnaissance, et pas davantage l'obligation naturelle de traiter l'enfant comme reconnu ; mais un grand nombre d'auteurs et plusieurs arrêts admettent que l'aveu du lien naturel, existant entre celui qui a reconnu et l'enfant, produiront certains effets. Les uns n'y voient qu'une cause suffisante d'empêchement à mariage, d'autres en plus grand nombre admettent qu'il en résulte une dette naturelle alimentaire envers l'enfant ; quelques-uns nient la dette naturelle et y substituent un devoir de conscience, suffisant pour empêcher la répétition des subsides payés et déjà fournis. Le résultat est, en fait, le même dans les deux cas : pas d'action pour l'enfant, pas de répétition de ce qui est payé. Pour les raisons que nous avons déjà données, nous pensons qu'il y a lieu d'admettre au moins la dette naturelle d'aliments et de secours, car ici l'ordre public est intéressé aussi bien que l'équité à cette solution. L'opinion contraire, toute fondée en droit pur et appuyée sur les textes, répugne évidemment au point de vue du droit naturel et de l'équité.

Nous admettons une solution analogue, dans le cas où l'adoption serait faite en dehors des formes prescrites et serait nulle par conséquent de par la loi ; les mêmes raisons se rencontrent en cette matière.

Aux quatre actes solennels ci-dessus énoncés, nous devons joindre encore : le contrat de mariage, la constitution d'hypothèque, et la subrogation à l'hypothèque ordinaire ou légale.

Que résultera-t-il d'un contrat de mariage sous-seing

privé, ou fait après la célébration du mariage ? Evidemment rien, car la loi est trop précise, ses exigences sont trop rigoureuses pour qu'on puisse aller à son encontre ; les tiers et l'ordre public sont d'ailleurs intéressés à la publicité exigée par la loi, et on ne peut songer ici à laisser produire aux actes défendus le moindre effet.

Il faudra décider de même pour le cas où une constitution d'hypothèque ou une subrogation à l'hypothèque auraient été faites sans la publicité exigée par le Code et sans les mentions prescrites par la loi. On ne devrait pas cependant reconnaître le caractère de libéralité à l'acte par lequel des créanciers hypothécaires inscrits valablement admettraient en concours avec eux, pour le partage du prix de vente des immeubles de leur débiteur, un créancier non inscrit ; ils acquitteraient simplement une dette naturelle en cette occasion.

Mais, si les actes faits ainsi d'une façon vicieuse ne peuvent aucunement produire l'effet voulu, il pourrait cependant découler des obligations naturelles des engagements accessoires, pris par les parties ou par l'une d'elles ; et si la subrogation et l'hypothèque ne résultent pas de l'acte, ce qui est évident, on pourra admettre, examen fait de l'espèce, qu'il demeure l'obligation de refaire les actes en vue d'atteindre le but voulu, mais sans qu'il puisse en résulter en aucune manière une action pour le créancier contre l'obligé naturel.

§ IV

DES OBLIGATIONS NATURELLES RÉSULTANT DES RELATIONS

DE PARENTÉ

La question qui a été traitée précédemment nous amène à étudier ici certains cas d'obligations naturelles que Zachariæ indique sommairement dans le § 297, t. IV, en plaçant parmi les obligations naturelles : « le devoir des pères et mères de pourvoir à l'établissement de leurs enfants par mariage ou autrement ; le devoir qui incombe aux proches parents autres que ceux indiqués aux articles 205 et 207 C. C. de fournir, dans la mesure de leurs facultés, des aliments à leurs parents légitimes ou naturels qui se trouvent dans le besoin ».

L'obligation de doter les enfants est une obligation naturelle bien certainement, dit M. Laurent (§ 18, t. XVII) et si cette proposition est controversée, c'est que tout est sujet à controverse dans notre matière. La dot a pour objet de faciliter aux enfants un établissement, de les aider à supporter les charges du mariage, de leur assurer une part de l'aisance de la maison paternelle. C'est dans ce but que la loi a établi les réserves dans les successions. Les enfants n'ont pas d'action pour obtenir la dot, et si la dot est, au fond, une libéralité, le législateur considère cependant sa constitution comme faite à titre onéreux, à bien des points de vue, en prenant en considération les charges du mariage, que les époux n'acceptent que parce qu'ils sont aidés par la dot ou par la donation par contrat de mariage. Cela dénature singulièrement la donation ; elle devient en réalité une aliénation à titre onéreux, bien que celui qui reçoit ne donne rien en retour au donateur ;

il rendra aux enfants qu'il pourra avoir la libéralité qu'il reçoit et leur éducation sera la contre-valeur de la dot. La famille perpétuée, la société continuée et étendue, l'ordre providentiel secondé militent en faveur de cette opinion ; d'ailleurs, nul n'a jamais contesté que l'article 1235 C. C. était ici justement applicable.

Les articles 204, 1438 et 1439 du Code civil sont indiqués avec raison par Aubry et Rau comme militant en faveur de l'obligation naturelle de doter. Le premier de ces articles refuse une action aux enfants pour obtenir des parents qu'ils les établissent, c'est justice ; le respect de l'autorité personnelle l'exige, mais le fait du refus de l'action pour obtenir d'être doté indique la créance naturelle de l'enfant ; les deux autres articles, par les règles qu'ils établissent pour la répartition entre les époux de la charge de doter, indiquent non moins nettement l'obligation de doter. Au tome V, p. 222, Zachariæ affirme nettement cette pensée lorsqu'il nous dit : « Le père et la mère ne sont pas civilement obligés à doter leurs enfants, mais ils sont à cet égard soumis à une obligation naturelle. »

L'obligation de fournir des aliments à certains parents en dehors des cas prévus par les articles 205 et 207 C. C. est considérée comme une obligation naturelle, non seulement par Zachariæ, mais encore par un grand nombre d'arrêts et par plusieurs auteurs, notamment par Demolombe qui trouve dans cette obligation les caractères de lien naturel ou d'équité, dont parle Pothier, « entre deux personnes déterminées et la possibilité de l'acquitter en argent ».

Demante nie l'existence de l'obligation naturelle dans l'espèce, il n'y voit qu'un devoir familial, un devoir de conscience ; c'est aussi l'opinion de Laurent (§ 16) qui fait ressortir le défaut de limitation de cette obligation de fournir des aliments, et reproche aux décisions judiciaires la faiblesse de leurs motifs et l'arbitraire qu'elles révèlent.

14

Ces reproches ne sont pas sans fondement, mais nous sommes dans le domaine du droit naturel, il faut par suite être moins exigeant et reconnaître que fournir des aliments à des parents dans le malheur, ce n'est point être libéral, mais faire ce que les liens de famille et l'équité exigent. Il est d'ailleurs reconnu, à peu près par tous les auteurs, que la répétition des sommes payées en pareil cas ne serait pas admise.

La dette alimentaire envers un enfant non reconnu constitue-t-elle une obligation naturelle? Laurent (§ 17) admet qu'il y a obligation naturelle pour le père naturel qui, n'ayant pas reconnu son fils, s'est obligé envers lui à servir une pension alimentaire. La loi civile est très rigoureuse en cette matière de la paternité naturelle; le fils ne peut rechercher son père et celui-ci ne peut reconnaître son fils que par un acte solennel; mais, à défaut de reconnaissance, il y aura dette naturelle par le fait des engagements du père; la jurisprudence a plusieurs fois sanctionné cette opinion. Les circonstances de fortune, de relations et les termes dans lesquels l'engagement de fournir des aliments sera pris, ou les conditions de durée et autres dans lesquels les aliments auront été donnés, serviront au juge à déterminer son appréciation et à prendre une décision.

La dette contractée envers la mère de l'enfant naturel par le père de l'enfant doit être considérée comme civile si la forme de la reconnaissance le permet; elle trouve son fondement dans les articles 1382 et 1383 C.C.; c'est la juste réparation du préjudice qui lui a été causé; divers arrêts l'ont admis pour ce motif. Mais, si la reconnaissance ne peut donner le caractère civil à cette dette, il faut voir, dans toute prestation faite à la mère par le père de l'enfant ou par ses héritiers, le payement d'une dette naturelle. Le cas ne paraît pas douteux et il est éminemment favorable.

CHAPITRE V

Divers cas d'obligations naturelles sans connexité entre eux

Nous avons essayé de grouper de notre mieux, dans le chapitre précédent, les cas d'obligations naturelles qui avaient des rapports entre eux à divers points de vue ; nous allons examiner dans ce chapitre une série de cas isolés.

§ I

DE LA CESSION DE BIENS

La cession de biens, réglementée par les articles 1265 et suivants du Code civil, est judiciaire ou volontaire. Judiciaire, elle éteint les poursuites des créanciers, fait cesser la contrainte par corps, donne aux créanciers le droit de réaliser les biens abandonnés par le débiteur, de se payer avec le produit de la vente de tout ou partie de ce qui leur est dû. Cette cession laisse subsister une obligation civile et, si le débiteur acquiert de nouveaux biens ultérieurement, les créanciers pourront à nouveau faire valoir leurs droits et exiger que ces nouveaux biens servent à les désintéresser (art. 1270 C. C.).

La cession de biens volontaire, dit l'article 1267 C.C., est celle que les créanciers acceptent de leurs débiteurs, suivant des accords faits entre eux ; elle n'a d'autres effets que ceux stipulés. C'est seulement au sujet de cette espèce de cession que se pose la question de savoir si, les créanciers ayant déclaré l'accepter en libération de leur débiteur, et avec renonciation de poursuivre les biens qui pourraient lui advenir plus tard, le débiteur reste tenu naturellement pour le surplus de sa dette. Il y a là une question d'interprétation de la convention intervenue entre les créanciers et leur débiteur ; l'accord peut être assez explicite pour qu'il en résulte la plus entière libération. Mais il semble que dans les cas ordinaires, dans le silence des parties, il ne faut prononcer que l'extinction de la dette civile ; et si plus tard le débiteur, revenant à meilleure fortune, veut bien payer le surplus de sa dette, nous dirons qu'il paye en l'acquit d'une dette naturelle et qu'il ne fait pas une libéralité.

§ II

DU CONCORDAT

La faillite suivie de concordat met le débiteur failli à l'abri de toute poursuite de la part de ses créanciers, dont l'action est éteinte, mais il reste tenu de l'obligation naturelle de les désintéresser intégralement ; les créanciers n'ont pas, d'ailleurs, entendu faire une gratification à leur débiteur en signant le concordat ; ils cèdent une partie de leurs créances pour sauver le reste ; plusieurs d'entre eux peuvent même avoir subi le concordat par le fait de la majorité et malgré eux ; d'autre part, la loi frappe le failli de certaines incapacités et déchéances, dont elle ne le relève qu'après payement de toutes ses dettes. (Demante, t. 5, p. 307. — Zachariæ, t. 4, p. 7. — Demolombe, t. 4, p. 31. — Code com., art. 507, 604 et 613.)

On ne peut s'empêcher de remarquer les rapports qui

existent entre les situations du failli et du débiteur qui a fait cession de biens à ses créanciers ; ce serait là une raison d'appliquer à l'un et à l'autre la même loi.

Quelques auteurs ont soutenu que la dette qui subsistait à la charge du failli, à la suite du concordat, n'était autre qu'une dette civile, particulière, en ce qu'elle était sans action, mais en réalité reconnue par la loi qui attache à son acquittement des effets civils et politiques ; le failli ne pourra être réhabilité, paraître à la bourse, redevenir éligible et électeur, être élu prud'homme, admis à l'escompte de la Banque de France, etc , que lorsqu'il aura acquitté intégralement sa dette. Il y a donc, à l'acquittement d'une pareille dette, une autre incitation que la volonté pure du débiteur, il y a un intérêt civil et politique ; dès lors, une pareille dette est plus qu'une dette naturelle.

Ce raisonnement n'est pas exact. La dette du failli est bien une dette naturelle ; nul, en effet, ne peut contraindre le failli à payer ; tous les avantages honorables et appréciables qu'il pourra trouver à payer pourront agir sur sa volonté, le stimuler, mais ce ne sera jamais que volontairement qu'il payera ; on peut même constater que, dans bien des cas, les avantages que nous venons de signaler sont sans action sur les faillis , et qu'un grand nombre d'entre eux préfèrent conserver les biens qui leur adviennent et ne pas payer.

Aussi pensons-nous que le failli concordataire venant à la succession d'un de ses créanciers n'aura pas à rapporter les sommes dont le concordat a privé le *de cujus*, car il n'est pas tenu envers lui d'une dette civile, soumise au rapport par l'article 851 C. C. ; à tout prendre, le rapport serait effectué ici en moins prenant, et nous avons admis que la dette naturelle ne pouvait donner lieu à compensation, ce qui est en réalité effectué dans les rapports de cette nature.

Nous trouvons sur cette question quelques développements pleins d'intérêt dans Laurent (t. XVII, § 21 et suivants). Après avoir reconnu que la jurisprudence et la doctrine sont d'accord sur l'obligation naturelle du failli il ajoute : « Mais il se présente toujours des difficultés et des doutes dans cette matière ; il arrive parfois que dans le concordat le débiteur exprime l'intention, en cas de retour à meilleure fortune, de désintéresser ses créanciers ; la Cour de cassation considère cet engagement comme une obligation naturelle, qui ne lie le débiteur que dans son for intérieur (1er décembre 1863). » Laurent fait observer avec raison que l'obligation naturelle existe d'elle-même, par le fait seul du concordat et sans convention entre les parties. S'il y a convention, promesse faite et acceptée de payer, cet engagement peut être tel qu'il forme une obligation civile et, par suite, dans ces cas-là, ce sera aux tribunaux à apprécier. Nous pensons comme Laurent ; comme lui nous voyons l'obligation naturelle naître du concordat, et nous admettons que dès qu'il y a une convention particulière, c'est au juge qu'il appartient de décider s'il n'y a pas obligation civile.

Dans l'espèce tranchée par l'arrêt rapporté par Laurent, il s'agissait d'un failli commun en biens, qui, après avoir payé le solde de sa dette selon les conventions faites au moment du concordat, réclamait des héritiers de sa femme la moitié de ce qu'il avait ainsi payé pour compte, disait-il, de la communauté. Les héritiers opposèrent à la prétention du mari failli, que le payement fait par lui était volontaire et qu'il ne pouvait y être contraint ; et que, par suite, il n'avait pas de répétition à exercer contre la succession. La Cour, ne voyant dans l'espèce qu'une obligation naturelle, que la promesse faite n'avait pas changée en obligation civile, débouta le failli. Laurent blâme cette décision, il a peut-être raison ; pour nous nous ne voulons retenir de cet arrêt que ceci : qu'il y a dans le concordat une obligation naturelle.

Mais si, après le concordat, le failli prend avec ses créanciers en bloc, ou avec quelques-uns seulement, des engagements particuliers, s'il leur consent une obligation, leur signe des billets, nous n'hésitons pas à reconnaître qu'il y a substitution d'une dette civile à la dette naturelle, qu'il y a véritable novation. Nous ne saurions admettre l'opinion de Laurent qui voit simplement là une renonciation à la faveur du concordat et la continuation de l'obligation civile préexistante. Le concordat avait éteint irrévocablement la première dette, l'obligation naturelle l'avait remplacée, et à son tour une nouvelle dette civile vient remplacer, nover l'obligation naturelle, ainsi que cela nous paraît résulter de plusieurs arrêts cités par Laurent (§ 22).

§ III

DU PAYEMENT D'INTÉRÊTS NON STIPULÉS

Le payement d'intérêts non stipulés lors du prêt d'une somme d'argent est déclaré non répétible par l'article 1906 du Code civil ; le débiteur ne peut pas non plus exiger après coup qu'ils soient imputés sur le capital ; le législateur a vu dans cette prestation d'intérêts non stipulés l'acquittement d'une dette naturelle. L'intérêt servi à l'occasion d'un prêt est tellement dans les mœurs et les usages actuels du commerce et de la vie civile, qu'on ne peut admettre que le débiteur ne se soit pas considéré comme tenu de les payer ; la seule condition à exiger pour qu'un pareil payement soit maintenu, c'est qu'il ait été fait volontairement, que les intérêts n'aient pas été usuraires et qu'ils aient été servis au taux civil ou commercial selon la nature du prêt.

Quelques jurisconsultes invoquant les traditions romaines et celles de l'ancien droit français, déclarent que l'article 1906 C. C. est sans raison dans sa disposition, et que son texte, combiné avec l'article 1235 C. C., n'est pas suffisant pour faire admettre l'existence d'une obligation naturelle dans l'espèce. Nous répondrons que, dans la plupart des cas, la seule raison qu'a le prêteur de se priver d'un capital, dont il serait pour lui plus sûr et plus prudent de conserver la possession, est le profit qu'il retire de ce fait, profit qui le sollicite à prêter à autrui.

On peut même affirmer que l'intérêt est de l'essence du prêt, sauf stipulation contraire ; on pourrait invoquer, à l'appui de cette affirmation, les efforts d'imagination et les combinaisons compliquées que vit naître notre ancien droit pour atteindre ce résultat de rendre l'argent productif, alors que les coutumes, les ordonnances ou le droit canonique prohibaient si sévèrement le prêt à intérêt.

Celui qui profite d'un capital prêté et qui en retire un revenu accomplit donc une obligation naturelle en donnant au prêteur, sous forme d'intérêt, une partie des profits qu'il retire du capital.

§ IV

DE LA RÉMUNÉRATION DE CERTAINS SERVICES

La rémunération de services rendus, quand ces services sont de la nature de ceux qui se rendent communément à prix d'argent, tels les soins extraordinaires donnés par un domestique à son maître, ou apportés par un mandataire à l'exécution du mandat qu'il avait accepté gratuitement, constituent l'exécution d'une obligation naturelle, d'après

Zachariæ (t. IV, p. 6). Aubry et Rau (t. VII, p. 379, note 2) fortifient cette opinion en ajoutant : « Une obligation naturelle de reconnaissance n'engendre point d'action et cependant son acquittement ne constitue pas une donation. »

Cette opinion quoique très discutée nous paraît cependant très juste. Comment pourrait-on considérer comme une libéralité les sommes données dans les conditions que nous avons indiquées ou dans des conditions analogues? Après une longue maladie durant laquelle un serviteur n'a reculé devant aucune fatigue pour soulager son maître ou pour adoucir les derniers jours de sa vie, les enfants du *de cujus* ou ses héritiers attribuent à ce serviteur modèle et dévoué une somme d'argent, qui améliore sa situation, récompense ses services incessants, dont la valeur était bien au-dessus des gages mensuels qu'il recevait. Peut-on dire que c'est là une libéralité, une donation *pietatis causâ* dispensée des formes solennelles, et partant exemptée de toute répétition possible ? Évidemment le bon sens le plus ordinaire aussi bien que le sens juridique refusent de l'admettre ; cette somme accordée au serviteur est un payement rémunératoire des services rendus, mais non une donation. Lorsque le serviteur touche la somme, ceux qui la lui comptent ont déjà reçu, ou en la personne de leur auteur ou par eux-mêmes, l'équivalent de ce qu'ils payent, dans les soins donnés au *de cujus ;* rien ici n'est gratuit, si ce n'est les services rendus d'abord ; il y a donc véritablement payement d'une dette, et, comme une pareille dette n'est pas civile, elle est naturelle.

Nous pourrions faire le même raisonnement pour le mandataire qui va au delà de ce que l'on pouvait attendre de lui, qui, heureux dans les actes de l'administration à lui confiée, sait accroître la fortune du mandant, dénouer heureusement une situation difficile, solutionner un grave litige, etc. Nous trouvons les mêmes raisons de décider que le payement rémunératoire, fait pour récompenser de pareils services, est l'acquit d'une dette et non une libéralité.

Mais on nous fait cette objection : Comment voir une dette naturelle dans ces cas-là ? Pourrait-on admettre ici une novation ou un cautionnement ? Certainement la novation est possible ; si, au lieu de donner en espèces la rémunération, on assure par contrat, au créancier naturel, une rente viagère ou une somme d'argent, il y aura une novation par substitution d'une nouvelle dette civile à la dette naturelle. Quant au cautionnement, il ne sera pas possible tant que la dette naturelle demeurera telle. Nous avons déjà dit, en étudiant les effets de l'obligation naturelle, que, pour admettre une dette naturelle cautionnable, il fallait supposer une dette civile, qui tombait au rang de dette naturelle et que le cautionnement suivait dans cette nouvelle situation.

D'ailleurs, cet argument tiré du non-cautionnement est une argutie, car, si on veut cautionner la dette rémunératoire, on y arrivera en définitive par la novation, en faisant cautionner la dette civile appelée à nover la dette naturelle.

La Cour de Caen a admis cette manière d'apprécier la question, dans un arrêt du 19 mai 1841, où elle reconnaît une obligation naturelle dans ce que certains auteurs appellent, à tort selon nous, une donation rémunératoire.

Dans un document mémorable, relativement récent (Encyclique de Léon XIII, *De conditione opificum*), on peut puiser des arguments très énergiques en faveur de l'opinion que nous venons d'adopter. Dans toute rémunération de services rendus, deux éléments concourent ou peuvent concourir : le principe de justice et le principe de charité ; en vertu du premier, la rémunération est un payement ; en vertu du second, elle est une libéralité. Dans les cas analogues à ceux que nous avons exposés,

il est évident que c'est la justice qui commande la rémunération ; donc elle est un payement, donc il y a dette
naturelle.

§ V

DES DETTES ABOLIES POUR RAISONS POLITIQUES

Les dettes abolies pour raisons politiques ont-elles
donné naissance à des obligations naturelles ? La question est tellement vaste et embrasse des cas et des situations si diverses, qu'il serait tout au moins téméraire de
répondre par une affirmation s'appliquant à tous les cas.

Nous préférons, comme l'a fait la jurisprudence, procé-
der par l'examen successif des espèces ; mais nous pouvons, toutefois, dire tout de suite que notre sentiment est
celui-ci : Lorsque la politique commande, elle s'inspire
ordinairement de la nécessité du moment, de ce qui paraît
aux hommes qui la dirigent le bien de l'Etat, ou quelquefois même la punition des adversaires politiques ; dès lors,
il ne faut chercher, dans les mesures qu'elle prescrit, ni
l'expression de la justice, ni celle de l'équité.

Il n'est pas étonnant, par suite, que les dettes éteintes
civilement par raison politique laissent, en équité et en
conscience, le sentiment qu'elles survivent naturellement
à la loi qui les éteint en droit positif.

Notre droit intermédiaire compte de nombreuses lois
essentiellement politiques qui ont supprimé ou diminué des
droits, qui n'avaient rien de politique et qui constituaient,
pour leurs possesseurs, de vrais biens ordinaires. Tel est,
le décret de la Convention du 17 juillet 1793 qui abolit
purement et simplement des rentes déclarées d'abord
rachetables, rentes qui avaient pour origine, non la vio-

lence féodale, mais, au contraire, des transactions civiles, généralement favorables à l'affranchissement des fonds.

Le payement de ces rentes abolies continue à être jugé comme n'étant que l'accomplissement d'une obligation naturelle. (Cassation, 28 janvier 1840.) Aubry et Rau, n° 14, p. 8, du tome IV, disent à leur sujet : « En tenant compte de l'origine historique des rentes féodales, on est forcé de reconnaître que l'obligation de les servir ne constituait pas une obligation purement civile, mais qu'elle comportait en même temps un lien naturel, qui a dû survivre à l'abolition de l'obligation civile prononcée pour des motifs purement politiques. »

Laurent (§ 20, t. XVII), développe la même opinion sur les rentes féodales. Aussi Toullier, § 383, t. VI.

La jurisprudence s'est souvent prononcée dans ce même sens ; un arrêt de la Cour de cassation, du 3 juillet 1811, décida que les rentes féodales, supprimées comme dettes civiles, subsistent comme dette naturelle ; qu'en conséquence une novation a pu intervenir et rendre à nouveau exigibles ces mêmes rentes. Un arrêt de rejet, du 3 août 1814, décida que des frères admettant à un partage un frère émigré, frappé de mort civile, exclu par cela même par la loi, ne faisaient point là un acte de libéralité, mais qu'ils acquittaient une dette naturelle, et maintint, à ce titre, l'attribution à lui faite.

Un arrêt de la Cour de Grenoble, du 25 août 1809, a décidé qu'un débiteur d'une somme empruntée avant la création des assignats, et remboursée avec ces valeurs dépréciées, était redevable naturellement de la différence entre la valeur des assignats, au moment du payement et la valeur prêtée.

La Cour de cassation, par deux fois (arrêts du 3 décembre 1813 et 23 juillet 1833), a décidé que les détenteurs de biens nationaux étaient tenus d'une obligation naturelle envers les anciens propriétaires.

Ces arrêts sont vivement critiqués, comme ayant fait une sorte de loi à leur guise, une législation en opposition avec les lois existantes, dont on proclame l'injustice en droit et en équité, mais qui sont en définitive le droit rigoureux.

On rapproche alors de ces décisions : celle de la Cour de cassation, du 11 avril 1820, qui ne reconnaît pas d'obligation naturelle contre ces lois ; la loi du 25 avril 1825, qui a indemnisé les émigrés, montrant bien qu'à l'Etat seul incombe l'obligation de réparer le dommage causé. Portalis lui-même avait indiqué nettement, dans le rapport qui précéda le vote de cette loi, que les nouveaux propriétaires n'étaient obligés à rien. On invoque encore : l'article 9 de la charte de 1814, qui confirma la sécurité des achats de biens nationaux ; la loi du 5 décembre 1814 qui garantit tous droits acquis par des faits antérieurs à la charte ; et, enfin, un arrêt de la Cour de cassation, du 25 avril 1819, qui fait application de cette loi.

La même solution est indiquée, en ce qui touche les biens de l'Eglise et tous les biens confisqués par des lois révolutionnaires.

En présence de ces oppositions et de ces discussions, que peut-on conclure et quelle est la solution qu'il convient de donner à cette question ?

Nous n'hésitons pas à répéter, que les solutions pourront varier selon les cas spéciaux, soumis à l'appréciation du jurisconsulte ou du juge, mais que la question, sous cette réserve, peut être ainsi résolue : Toutes les fois que le bénéficiaire d'une des dispositions des lois de confiscation saura qu'il a acquis au détriment d'autrui, qu'il n'a payé qu'un prix dérisoire, qu'il a payé une dette sérieuse en valeurs dépréciées, ne représentant qu'une partie de la dette vraie : toutes les fois qu'il reconnaîtra ces faits et qu'il indemnisera celui qui a été lésé par son fait, je ne dis pas par sa faute, il exécutera une obligation naturelle, fera un remboursement ou un payement et ne fera pas une libéralité. Les tribunaux jugeront bien, en décidant que c'est là un acte onéreux et non une libéralité ; que c'est l'accomplissement d'un devoir de justice naturelle qui, volontairement acquitté, rentre sous la règle posée par l'article 1235, § 2, du Code civil.

§ VI

DU DÉDIT STIPULÉ EN MATIÈRE DE PROMESSE DE MARIAGE

Le dédit stipulé, ajouté à une promesse de mariage, entraîne-t-il une obligation naturelle ?

Massol, qui examine cette question, répond négativement ; il fonde cette solution sur les traditions romaines et sur l'absence de mention des fiançailles dans notre droit moderne. Toute entrave apportée à la liberté de rupture d'un projet de mariage pourrait être considérée comme une violence faite au consentement, qui doit rester entièrement libre. Il n'y aurait, dit-il, qu'à stipuler un dédit très élevé, pour que le juge, aux termes de l'article 1152 C. C., ne pouvant pas le réduire, la partie qui aurait stipulé fût contrainte à se marier malgré sa volonté, ce qui serait contraire à l'ordre social et ne pourrait que rabaisser l'union conjugale. Il refuse même de voir, dans l'espèce, une obligation morale, tout en reconnaissant que, si le dédit a été payé, il ne pourra être répété.

Nous admettons, pour notre part, qu'il y a, dans la stipulation formelle d'un dédit, une obligation naturelle, nous pensons même qu'après rupture d'un mariage, alors qu'aucun dédit n'a été stipulé, il peut y avoir obligation naturelle, en certains cas, de payer une indemnité. Une rupture de mariage non motivée par raisons sérieuses, résultat d'un simple caprice, peut se produire dans des circonstances telles, qu'elle cause un réel préjudice à l'une des parties, qu'elle porte atteinte à sa réputation et nuise à un établissement ultérieur, et cela surtout si c'est le futur qui a rompu son engagement. A ces considérations d'ordre moral, peuvent se joindre des considérations d'ordre matériel ; des dépenses ont pu être faites, des cadeaux offerts, etc.: ce sont là de véritables dommages subis par l'une des parties ; la réparation est de droit et nous admettons que tout dédommagement volontairement payé en de pareilles circonstances ne pourra être soumis à une répétition, ni considéré comme une libéralité.

Remarquons encore que l'intervention du juge, dont parle Massol à propos de l'article 1152 C. C., n'aura rien à faire ici, puisque la partie lésée, à laquelle nous accordons une créance naturelle et rien de plus, n'a pas d'action et doit tout attendre de la libre volonté du débiteur.

Nous ne voyons, d'ailleurs, rien de contraire à l'ordre social ni à la loi, dans le payement de dommages ; nous pensons même que le payement, venant à être connu, sera la meilleure preuve que la partie délaissée n'est pas en faute, et ainsi satisfaction sera donnée, d'une part, à celui qui veut rompre et, d'autre part, à celle avec qui l'on a rompu.

L'appréciation des faits est ici plus délicate que jamais, mais le principe nous paraît favorable et la solution donnée conforme au droit naturel et à l'équité bien entendue.

§ VII

DE LA VENTE DE LA CHOSE D'AUTRUI

L'article 1599 C. C. déclare nulle la vente de la chose d'autrui que le droit romain déclarait susceptible de faire l'objet d'un contrat valable entre les parties, attendu qu'à Rome le vendeur s'obligeait seulement à procurer la chose, sans le transférer *hic et nunc*. Faut-il dire qu'en droit français la vente de la chose d'autrui, quoique nulle, laisse subsister un lien naturel entre le vendeur et l'acheteur ? L'article 1599 attribue à l'acheteur, qui ignore la situation du bien vendu, le droit de demander des dommages-intérêts à son vendeur ; cela prouve bien que, malgré son ignorance et sa bonne foi, l'acheteur ne peut forcer son auteur à le mettre en possession. Mais on reconnaît généralement, d'autre part, que si l'acheteur a été mis en possession, le vendeur ne peut obtenir la rétrocession. Il y a donc ici un engagement dénué de toute contrainte possible, mais qui, une fois exécuté, ne souffre pas de répétition.

Les termes de l'article 1235 se présentent tout de suite à la pensée ; l'analogie que l'on constate entre cet engagement et l'obligation naturelle est telle, qu'on ne peut se dispenser d'admettre l'existence de cette obligation dans le cas de la vente de la chose d'autrui.

§ VIII

DU JEU ET DU PARI

Le jeu et le pari peuvent-ils donner naissance à une obligation naturelle ?

La doctrine se partage en plusieurs opinions sur cette question :

PREMIER SYSTÈME. — Le jeu et le pari sont par eux-mêmes une cause illicite et immorale d'engagement, et par suite ils ne peuvent donner lieu à aucune obligation civile ou naturelle. Les partisans de ce système raisonnent de la sorte : le jeu n'engendre aucune obligation ; ou la somme engagée comme enjeu est modique ou elle est élevée ; dans le premier cas, le jeu ou le pari est un délassement, il n'y a aucun intérêt sérieux en cause : *de minimis non curat prœtor;* le législateur le néglige. Au second cas, on cherche à faire un gain illicite, à gagner de l'argent par un moyen réprouvé par la loi et contraire à l'ordre social, la loi ne peut reconnaître, par suite, une cause d'obligation dans un acte contraire à la morale, agent de ruine ; monstre antisocial, comme dit Duveyrier, en un mot illicite (article 1131, C. C.)

Le droit romain ne reconnaissait pas le jeu comme source d'obligation, et il autorisait la revendication de ce qui avait été payé; l'ordonnance de Moulins de 1560, dans son article 59, permet au mineur la répétition de ce qu'il a perdu au jeu et réprouve le jeu même entre majeurs. L'article 138 de l'ordonnance de 1629 déclarait affranchis de toute obligation même naturelle tous engagements ayant le jeu pour cause. On pourrait encore citer d'autres documents anciens et les décisions des synodes et des conciles qui à maintes reprises s'élevèrent contre le jeu.

Les paroles de Siméon, de Portalis et de Duveyrier flétrissant le jeu, durant la discussion des articles que le Code lui consacre, sont encore invoquées comme la démonstration que les auteurs du Code n'ont pas abandonné les traditions romaines et celles du droit ancien. (Fenet, t. XIV, pp. 539 et suivantes, pp. 550 et 559.)

Si l'article 1964 du Code civil place le jeu et le pari parmi les contrats aléatoires dont il donne l'énumération, il ne vise que le jeu et le pari licites, tels que les entendent les articles 1965 et 1966 du Code civil et dans les limites qu'ils posent. Si la loi reconnaît la validité du payement d'une dette de jeu, fait loyalement et volontairement, ce n'est pas qu'elle reconnaisse une juste cause de payement, ni une libéralité, mais c'est qu'elle ne veut pas qu'il puisse être fait appel à la justice en pareille matière, et qu'elle

15

applique ici cette vieille maxime : *In pari causâ melior est causa possidentis.*

Demangeat (sur Mourlon, t. III, p. 488) est le principa défenseur de ce système, il conclut à la nullité des engagements résultant du jeu et du pari, quand l'article 1966 ne peut s'appliquer, et pose ainsi les conséquences de son système :

L'engagement du perdant ne peut être ni nové ni ratifié, et tous engagements, tous contrats, tous billets souscrits en conséquence seront déclarés nuls ; la preuve testimoniale pourra être admise contre ces actes (articles 1348, 1353 C.C.).

Le perdant qui viendrait à ressaisir l'enjeu mis sur la table sera fondé à le garder, de même qu'il pourra réclamer sa mise, même relevée par le gagnant, car il n'a pas, au moment de l'action du jeu, assez de liberté d'esprit pour faire un payement valable dans le sens de l'article 1967 C.C.

Le perdant ne peut être condamné par le juge, même par défaut, car il n'y a pas de cause à l'action. De même, le mandat de jouer est nul et, si le mandataire, muni d'une certaine somme destinée à être jouée, la joue et la perd, le mandant pourra en exiger la restitution : *Rei turpis nullum mandatum est.* Bien plus, si le mandataire a joué et payé pour son mandant, au su du gagnant, la remise des fonds pourra être encore répétée par le perdant entre les mains du gagnant, car la remise des fonds a précédé le jeu, elle a été faite sous l'empire de la passion et n'a pas le caractère qu'exige l'article 1967 pour être irrépétible.

DEUXIÈME SYSTÈME. — Le Code fait au jeu une place parmi les contrats ; par ce fait même, le jeu, comme tous les contrats, engendre une obligation civile et, si l'action lui est refusée, son exécution est reconnue et ne peut donner lieu à revendication. L'obligation qui résulte du

jeu peut être novée, cautionnée; mais, l'action étant
refusée au créancier, au gagnant, la novation, le cautionnement ne la feront pas naître et les nouveaux engagements en demeureront dépourvus.

TROISIÈME SYSTÈME. — Ce système, auquel nous donnons volontiers notre préférence, voit, dans la dette
de jeu, une obligation naturelle. Une pareille dette présente tous les caractères d'une obligation naturelle ;
l'article 1235 nous indique, en effet, que le payement qui
en est volontairement effectué est irrévocable ; de plus,
la dette de jeu met bien en présence un débiteur et un
créancier déterminés et un véritable lien existe entre eux ;
ce lien est-il un *vinculum æquitatis* ? Oui, car chacun des
joueurs entendait être payé s'il gagnait, donc il devait
aussi payer en perdant. La cause de cette dette est
réprouvée par la morale pure, elle ne l'est pas par l'opinion publique qui regarde la dette de jeu comme dette
d'honneur, dette sacrée entre toutes, et l'homme qui ne
peut payer cette dette est exclu des relations de la société,
il doit disparaître.

On invoque contre la dette de jeu la sévérité du droit
ancien, qui lui était certainement très hostile et refusait,
comme nous l'avons dit, toute action au gagnant contre
le joueur malheureux. Mais pas plus qu'aujourd'hui l'opinion publique ne se prononçait en ce sens ; comme dans
notre société actuelle, on flétrissait celui qui manquait à
ses engagements ; un règlement du 6 mai 1760, émané
du tribunal d'honneur des maréchaux de France, donna
action contre tout gentilhomme, pour dettes de jeu au-
dessous de 1000 livres,

Pothier exprime bien, dans plusieurs passages, sa réprobation pour le jeu; il avait cependant subi le courant
des idées de son temps et, dans son traité *Du contrat de
jeu*, n° 58, il dit : « J'incline à penser que ceux qui ont
perdu en jouant, sur leur parole, à des jeux défendus, des

sommes considérables, sont obligés, dans le for de la conscience, de les payer, et que celui qui les a gagnées n'est pas obligé de les restituer. » Nous savons, d'ailleurs, que Pothier donne la conscience comme le fondement des obligations naturelles et on pourrait difficilement prétendre qu'il ne voit dans l'espèce qu'une obligation morale.

Siméon, dans son rapport au tribunat, dit : « Mais, si le joueur, plus sévère à lui-même que la loi, s'est tenu pour obligé ; si, fidèle à sa parole et délicat dans son égarement, il a acquitté ce qu'il avait témérairement engagé, il ne sera plus reçu à répéter ce qu'il a payé. » Ces paroles indiquent, par la généralité et la force des expressions employées, qu'il s'agit de tous les jeux, même des plus exagérés, mais elles indiquent aussi que le législateur fait la part de l'opinion publique.

Portalis, si violent contre le jeu, dit seulement ceci : « Bien qu'il affecte la forme et le maintien d'un contrat, il ne mérite pas la protection que la loi accorde aux conventions ordinaires. » C'est aussi là notre avis, la dette de jeu ne nous a jamais paru devoir être mise au rang d'obligation civile, mais nous la considérons simplement comme naturelle.

Bigot de Préameneu, sous l'article 1235, range parmi les obligations naturelles « celles dont la cause est trop défavorable pour que l'action soit admise » ; et Laurent nous semble être dans la vérité, quand il pense que Bigot de Préameneu vise par ces paroles la dette de jeu.

La plupart des jurisconsultes qui ont écrit sur le jeu voient dans la dette qui en découle une dette naturelle.

Laurent (t. XXVII, n° 216) reconnaît bien ce caractère de dette naturelle donné par les auteurs du Code à la dette de jeu.

Colmet de Santerre (t. V, p. 308) écrit : « Nous devons aussi ranger dans les obligations naturelles la dette résultant des contrats de jeu ou de pari ; c'est bien là une obligation entachée d'une certaine imperfection, puisque la loi, dans l'article 1965 C. C., prive le créancier de toute action ; mais, comme elle est le résultat d'une convention que le débiteur peut reconnaître avoir faite en toute liberté, le payement volontaire est validé par l'article 1967 C.C. Le principal effet de l'obligation naturelle est donc produit par la dette de jeu. » Cet auteur reconnaît que la fidéjussion et la novation ne pourraient s'appliquer à une pareille dette à cause des termes si explicites de l'article 1965 C.C., qui refuse toute action pour ces sortes de dette.

Zachariæ (t. IV, p. 6) indique comme prenant place parmi les obligations naturelles les engagements résultant de conventions licites et valables en elles-mêmes, mais pour la poursuite desquelles le législateur, par des raisons d'utilité sociale, n'a pas cru devoir accorder d'action au créancier : telles sont les dettes de jeu et de pari ; à la page 574, il ajoute : « Le jeu et le pari ne sont plus aujourd'hui, comme autrefois, prohibés par la loi... Les obligations résultant de ces conventions sont donc en général licites et valables en elles-mêmes ; aussi les payements volontairement faits... ne donnent ouverture à aucune répétition (article 1967)... le refus d'action pour obtenir leur exécution... les fait rentrer dans la classe des obligations naturelles. » Une note de Aubry et Rau fait des réserves pour le pari sur effets publics et reconnaît que l'obligation résultant du jeu ne peut servir de base à une novation par une obligation civile : cette dernière serait privée d'action, car on ne peut obtenir exécution de la dette de jeu par voie détournée, puisque la loi interdit toute action.

Par conséquent, le perdant qui paye sa dette avec des billets qui opèrent une vraie novation ne pourrait être contraint à les payer, mais le tiers porteur de bonne foi pourra en poursuivre le recouvrement, les usages commerciaux demandent qu'il en soit ainsi.

Celui qui aura payé en argent meubles ou immeubles ne pourra répéter (art. 1967 C.C.), pas plus que s'il a payé en un billet d'un autre souscripteur qu'il aura endossé lui-même. S'il cède en payement une créance, il faudra suivre la forme de la cession et le défaut de cause licite pourra faire annuler la cession. (Laurent. t. XXVII, § 214.)

Larombière (t. IV, p. 62) met aussi au nombre des obli-gations naturelles les dettes de jeu et de pari et ajoute : « Ces obligations sont même, à proprement parler, les obligations naturelles que l'article 1235 a particulièrement en vue. » Cette phrase est évidemment inspirée à cet auteur par ce fait que le payement volontairement fait est à l'abri de toute répétition et que le jeu et le pari sont spécialement placés dans cette situation par les articles que la loi leur consacre.

Toullier (t. IV, n° 381) et Duranton émettent tous les deux une opinion favorable à la reconnaissance d'une obligation naturelle dans la dette de jeu.

Laurent (t. XVII, n° 19) est encore du même avis et n'admet pas que la dette du jeu puisse être novée, ni cautionnée ; c'est, d'ailleurs, là sa doctrine générale. Quant à l'obligation naturelle, il attaque l'argument puisé, par ceux qui nient que la dette de jeu constitue une obligation naturelle, dans l'article 138 de l'ordonnance de 1629, qui déclarait nulles toutes obligations ou promesses faites à cause de jeu, en opposant que les dispositions nouvelles du Code ont abrogé la dite ordonnance. Cependant il admet (t. XXVII, n° 201) que si les poursuites ont lieu contre le perdant, le juge pourra relever d'office l'exception de jeu, si le perdant ne l'oppose pas, car il s'agit ici d'une mesure d'intérêt social.

Quatrième système. — Nous ne ferons qu'indiquer l'opinion soutenue avec M. Troplong (*Contrats aleatoires*, n° 190), par quelques auteurs qui distinguent entre le petit jeu, délassement permis qui est licite et engendre une obligation naturelle, et le gros jeu de spéculation, véritable cause de ruine, qui est illicite et ne peut donner naissance à aucune obligation naturelle. Cette opinion ne s'appuie sur aucun texte ; le Code divise le jeu en deux catégories seulement : jeux d'adresse et jeux de hasard. Et puis où serait la démarcation du petit jeu et du gros jeu ? Ce serait une question impossible à résoudre, la fortune des joueurs, étant très différente : ce qui serait pour certains un gros jeu, pour d'autres. serait un petit jeu.

CINQUIÈME SYSTÈME. — Demolombe (t. IV, n° 45) exprime une opinion qui tient le milieu entre les opinions diverses exprimées jusqu'ici, à savoir: « que les rédacteurs du Code ont regardé la dette de jeu comme une dette d'un caractère particulier, qui, sans avoir précisément une cause illicite, ne peut être élevée néanmoins au rang d'obligation naturelle ». D'après lui, si la répétition est refusée, c'est pour éviter une action qui pourrait avoir des conséquences graves en certains cas et aussi parce que le perdant qui paye témoigne par là qu'il n'a pas jugé sa perte excessive. « Le législateur, dit cet auteur, n'exige pas du perdant un payement fait sciemment, en connaissance de cause, sans erreur de droit, comme dans l'article 1235, mais un payement simplement exempt de supercherie, dol ou escroquerie de la part du gagnant (article 1967 C.C.). » Mais Demolombe ne nous donne qu'une explication insuffisante de cette différence de situation, que nous ne pouvons admettre.

La jurisprudence, longuement analysée par Laurent (au n° 203 de son tome XXVII) est tiraillée et invoquée par les divers systèmes ; elle a dû varier avec les espèces différentes sur lesquelles elle s'est prononcée, l'appréciation des juges subissant l'influence de la moralité des faits ; nous ne croyons pas utile de la rappeler et nous en finissons avec cette matière en résumant notre opinion sur la question.

Le jeu est incontestablement réprouvé par le législateur dans ses excès ; il ne mérite aucune protection et le gagnant est sans action contre son adversaire malheureux ; mais celui-ci est aussi coupable ; s'il a payé, tant pis pour lui, il ne pourra répéter ; ce payement volontairement fait et exempt des vices signalés par l'article 1967 C.C. est irrévocable. Le jeu ne pouvant, d'après l'article 1965 C.C., donner naissance à aucune action, toute convention greffée sur la dette de jeu sera elle-même sans action ; dès lors, ni novation, ni cautionnement possibles. Le jeu cependant n'est pas une cause illicite de payement, sans quoi la loi accorderait la répétition ; nous ne voyons donc pas de raison pour repousser l'existence de l'obligation naturelle, dans le cas qui nous occupe.

Nous croyons pouvoir ajouter que lorsque, conformément au texte de l'article 1966 C.C., en cas de jeux autorisés, le juge aura réduit la dette du perdant, il restera tenu, pour le surplus, d'une obligation naturelle ; pour cette part de la dette de jeu qui a paru excessive, l'action est refusée, comme dans le cas de l'article 1967 C.C., mais cette part est due au même titre que l'enjeu du jeu de hasard et elle nous paraît susceptible d'être payée irrévocablement aux mêmes conditions.

Du PARI. — L'article 1965 C. C. met le pari sur la même ligne que le jeu; l'ancien droit l'avait négligé. Le pari dont il est ici question est le pari déterminant des gains et des pertes véritables, et non le pari usité dans un but récréatif ou d'amusement. L'article 1966 C. C. établit-il entre les paris la même distinction qu'entre les jeux et en favorise-t-il quelques-uns? Nous ne le pensons pas, car on ne rencontre pas ici le même sujet de distinguer; le parieur ne s'exerce à rien, il n'y a, dans le fait de parier, rien qui développe l'adresse ou la force, quelles que soient les circonstances et les occasions du pari.

Nous croyons que le pari sur le champ de course doit

rester en dehors de notre matière : les variations d'appréciation de l'autorité chargée de surveiller les courses et l'instabilité de la législation en font une matière à part ; on invoque à cette occasion-là des raisons spéciales et techniques.

Nous étudierons tout particulièrement ce qu'on est convenu d'appeler « jeux de bourse »; cette question nous a paru mériter une attention toute spéciale à cause de son importance financière, du grand nombre de personnes qu'elle intéresse et des nombreux procès survenus en cette matière avant la loi de 1885.

On donne parfois, à tort, le nom de jeu à ce qui peut être une affaire sérieuse. La vente ou l'achat à terme peut être une affaire ou un jeu. Elle est affaire sérieuse lorsque la partie, acheteur ou vendeur, opère en vue de lever ou de livrer les titres achetés ou vendus ; elle peut être affaire sérieuse pour l'une des parties, et jeu pour l'autre. Les parties ne se connaissent pas, à la Bourse, et ne connaissent que leur agent de change ou leur courtier, dans la plupart des cas ; souvent même les agents ou les courtiers traitent entre eux, sans savoir l'intention de leurs clients respectifs ; l'une des parties peut donc vendre pour livrer, l'autre peut acheter sans argent pour jouer et encaisser ou payer la différence, le terme arrivant ; par suite il y a affaire sérieuse d'un côté et jeu de l'autre.

L'achat à prime à la hausse ou à la baisse peut être aussi affaire sérieuse ou jeu : la partie a voulu se réserver de livrer ou de lever les titres si les prix lui conviennent, ou se délier en abandonnant la prime, ou encore essayer de vendre plus cher le titre ou la marchandise qu'elle possède, sauf à n'encaisser que la prime, si la contre-partie paye la prime plutôt que de lever le titre, si la cote est défavorable ; tous ces marchés peuvent être sérieux ou constituer un jeu.

Lorsque le marché à terme est déclaré opération de jeu

par une des parties ou par les deux, ou si les usages de la place admettent que dans le cas litigieux il en est ainsi, quel sera l'obligation qui résultera de ce fait pour la partie perdante et quels seront les droits du gagnant ?

Avant la loi de 1885, lorsque l'opération était jugée tomber sous le coup de la loi pénale, il est évident qu'aucune obligation ne subsistait et que la répétition de la somme payée était admissible ; mais, si l'opération, quoique ne tombant pas sous le coup de la loi pénale, était néanmoins jugée recouvrir et dissimuler une opération de jeu, on appliquait alors les articles 1965 C.C. et suivants (Zachariæ, t. IV, p. 579). La difficulté résidait tout entière dans l'appréciation des faits de la cause. Il est inutile de rappeler ici la jurisprudence ancienne, dénuée aujourd'hui de tout intérêt en présence des nouveaux textes.

La loi du 28 mars 1885, dans son article 1er, nous dit : « *Tout marché à terme sur effet public et autres, tout marché à livrer sur denrées et marchandises sont reconnus légaux.*

« *Nul ne peut, pour se soustraire aux obligations qui en résultent, se prévaloir de l'article 1965 du Code civil, lors même qu'elles se résoudraient par le paiement d'une simple différence.* »

Dans les articles suivants elle abroge les articles 421 et 422 du Code pénal et les autres dispositions de l'ancien droit relatives à la matière, ainsi que divers articles du Code de commerce.

Cette loi fait disparaître la présomption de jeu. Mais, dans le cas où une véritable opération de jeu serait contractée, la doctrine et les textes concernant le jeu trouveraient encore leur application.

L'opération connue sous le nom de report est toujours une affaire sérieuse et jamais une affaire de jeu ; elle consiste dans l'achat au comptant et la revente à terme de valeurs qui sont livrées contre argent et reprises ensuite contre remboursement de la somme avancée, accrue des intérêts variables que détermine la cote. C'est un prêt à intérêts sur valeurs cotées en bourse.

CHAPITRE VI

Des obligations morales, d'honneur
ou de conscience

La jurisprudence tend à élargir constamment et indéfiniment le cercle des obligations naturelles, et de nombreuses décisions confondent, dit Laurent (t. XVII, § 15), les obligations morales, d'honneur, de conscience *pietatis causâ,* avec les obligations naturelles. Laurent adresse un semblable reproche à la doctrine.

Ce reproche nous semble exagéré ; nous pensons que la jurisprudence fait bien de se déterminer par l'examen des faits, et que si la doctrine l'approuve ordinairement, c'est qu'il y a chez l'une et chez l'autre une louable tendance à s'inspirer des principes moraux et supérieurs, dont elles aiment à penser que le législateur s'est inspiré lui-même, en ne pas définissant l'obligation naturelle. Il est, d'ailleurs, plus sincère et plus vrai de donner l'obligation naturelle, plutôt que la libéralité, pour cause à certaines prestations, qui ne sont que la rémunération de services rendus ou l'exécution d'engagements, pris en vue d'acquitter une véritable dette envers un créancier déterminé. (Demolombe, n° 41, tome IV). Larombière, tome IV, p. 65.)

Ce n'est pas à dire que nous confondions les obligations imparfaites dont parle Pothier avec les obligations naturelles ; il existe entre elles des différences que MM. De la Bigne de Villeneuve et Henry nous paraissent avoir parfaitement saisies et exprimées (t. II, *Cours de Droit civil,* p. 1007) : « Les obligations naturelles ressemblent, il est vrai, disent-ils, aux devoirs moraux, en ce qu'elles ne lient que dans le for intérieur, et que celui qui en est tenu est légalement libre de ne pas les exécuter; mais leur nature ne ferait point obstacle à ce que le législateur les sanctionnât, tandis que la nature des devoirs moraux exclut, en ce qui les concerne, la possibilité d'une coercition extérieure. » On ne peut mieux dire, on comprend l'obligation naturelle résultant d'un engagement pris dans un acte irrégulier en la forme, la loi eût pu ne pas régler la forme ; d'un engagement pris par un incapable légal, la loi pourrait faire disparaître cette incapacité. On comprend encore l'obligation naturelle déterminant un payement rémunératoire , le service d'une pension alimentaire, l'exécution d'une dette d'honneur, ou toute autre prestation, car, dans tous ces cas-là, le législateur eût pu changer le *vinculum æquitatis* en *vinculum juris,* sans violer aucun principe. Un exemple saisissant à l'appui de cette assertion nous est fourni par la loi du 28 mars 1885, qui vient de reconnaître légaux et obligatoires des actes que jusqu'alors la jurisprudence, appuyée sur les articles 1965 C. C. et suivants, réprouvait et annulait dans la plupart des cas. Ce fait se reproduira, et au fur et à mesure que l'opinion publique se prononcera en ce sens dans tel cas déterminé, on verra le législateur la suivre et déclarer civiles des obligations naturelles auxquelles on refuse ce caractère dans certains écrits.

On ne comprendrait pas, au contraire, que le législateur puisse jamais rendre civile l'obligation purement morale, de conscience ou d'honneur, de faire l'aumône, de payer les dettes d'un parent ; ce sont là des devoirs, quelquefois même de simples procédés de délicatesse en dehors et au-dessus des lois. Dans ces cas, en effet, on ne trouve pas ce *vinculum æquitatis* qui peut être converti en *vinculum juris;* on trouve bien un débiteur, mais pas de créancier déterminé.

Nous ne pouvons admettre avec quelques auteurs, avec M. de Vienne entre autres, que, pour être naturelle, une obligation doit être auparavant élevée à ce rang par une décision formelle de la loi civile, qui la fait ainsi sortir du rang d'obligation purement morale.

Le Code civil nous dit-il quelque part que telle ou telle obligation est naturelle? Non, assurément, et cependant personne ne nie l'existence de pareilles obligations.

La conclusion pratique à tirer de cette discussion est qu'il faut distinguer l'obligation naturelle de l'obligation morale par l'impossibilité dans laquelle le législateur se trouverait de donner une action pour forcer à l'exécution de cette dernière, tandis qu'il peut, et nous en avons des exemples, donner cette sanction aux obligations naturelles.

CHAPITRE VII

Des simples promesses

On ne saurait mettre au rang des obligations naturelles les simples promesses. « La pollicitation, dit Pothier (§ 4), aux termes du pur droit naturel, ne produit aucune obligation proprement dite, et celui qui a fait cette promesse peut s'en dédire, tant que cette promesse n'a pas été acceptée par celui à qui elle a été faite. » L'auteur ajoute que si des pollicitations obligatoires existaient en droit romain dans certains cas, il n'en existe pas en droit français. Il est hors de doute que la simple promesse non acceptée ne peut rien produire, pas même un lien naturel.

La promesse acceptée n'engendre pas toujours le lien de droit, ni même le lien naturel, ni même un devoir de conscience : il faut, en effet, pour qu'elle lie le promettant, qu'il ait, en la faisant, l'intention de se lier; car, comme dit Toullier, (t. VI, p. 6, n° 8) : « Il y a des promesses qui, quoique faites de bonne foi et avec la volonté de les accomplir, ne produisent pas une obligation parfaite, par exemple lorsque celle des parties qui fait la promesse n'a pas l'intention de conférer à l'autre le droit d'en exiger l'accomplissement en justice. » Dans ce cas, on pourrait soutenir que cette promesse acceptée, dépourvue d'action, donnera naissance à une obligation naturelle toutes les fois qu'il existera une cause sérieuse de la faire ; mais, si la cause dont procède la promesse est le bon plaisir, l'affection ou la générosité du pollicitant, il n'y aura aucun engagement; car, si la donation de la main à la main d'objets mobiliers, de sommes d'argent est valable sans aucune forme déterminée, il en est autrement de la simple promesse de donation, qui ne vaut donation ni en droit civil ni en droit naturel. Le jour où le pollicitant tiendra sa promesse et donnera, il fera ce jour-là une donation, mais ce ne sera point en vertu de sa promesse, qui ne pouvait le lier.

Pour être bien convaincu de cette vérité, il suffit d'examiner l'hypothèse que Toullier soumet au lecteur : promesse d'un père de donner à son fils, qui accepte, une somme d'argent pour faire un voyage d'agrément; promesse d'un père de faire un cadeau, ou de compter une dot déterminée à sa fille, si elle se marie à son gré. De pareilles promesses, même consignées par écrit, dans une lettre par exemple, ne produisent qu'une obligation imparfaite et ne donnent pas à celui qui les a reçues le droit de traduire devant les tribunaux celui qui les a faites. Cela est évident, mais je crois qu'il faut aller plus loin et ajouter que le lien manque et qu'il n'y a pas même, en ce cas, obligation naturelle ; l'exécution sera une pure libéralité.

On peut même supposer certains accords qui ont la forme extérieure des contrats. Toullier en donne des exemples que Demolombe reproduit (t. I, p. 11, n° 13) et qu'il nous montre cependant sans effet aucun : « L'objet sur lequel la convention a porté, dit-il, son importance plus ou moins grande, les circonstances dans lesquelles elle est intervenue, et la qualité des parties, telles sont les considérations principales dont il faudra tenir compte pour décider si cette convention a eu lieu en effet, *animo contrahendi negotii*, et si elle constitue ou non un contrat. » Il y a donc des accords qui obligent et d'autres qui n'obligent pas.

C'est avec raison, selon nous, que par deux fois la Cour d'Orléans a jugé qu'il n'y avait, en cas pareil, ni obligation civile, ni obligation naturelle, et seulement un devoir de conscience. Le premier arrêt, du 23 avril 1842, statue sur le cas d'un notaire de Caen, qui avait promis au bureau de bienfaisance de cette ville de lui donner 1000 francs par an pendant vingt ans ; après avoir rempli cet engagement pendant quinze ans, il résigna ses fonctions et se retira à Tours ; dès ce moment il cessa son versement annuel ; le maire de Caen l'actionna, au nom du bureau de bienfaisance, devant le tribunal de Tours, qui le débouta avec des considérants, à peu près ainsi formulés : « que l'engagement du dit notaire contenait sans doute une obligation, mais une obligation imparfaite, qui pouvait bien le lier dans le for intérieur, mais non dans le for extérieur, et qu'ainsi il ne produisait aucun lien de droit entre lui et ceux auxquels il avait fait sa promesse ; que n'ayant reçu aucun service des pauvres, il n'était tenu d'aucune obligation envers eux. Que l'on est tenu comme chrétien à faire l'aumône, mais que le dit notaire n'avait pas eu l'intention de conférer aucun titre contre ui et que par suite, d'après la doctrine même « du pieux Pothier », on ne pouvait réclamer en justice l'exécution de sa promesse. »

La Cour d'Orléans confirma ce jugement en appel : « considérant que cet engagement ne présente pas le caractère d'obligation naturelle et que l'on ne peut y voir que la volonté libre et spontanée du dit notaire de faire participer les pauvres de la ville de Caen aux avantages qu'il pensait recueillir de sa nomination à l'office de notaire ; que dès lors cet engagement ne constitue qu'une obligation imparfaite qui intéresse le for intérieur, mais qui ne peut lier juridiquement celui qui l'a contractée. »

Le second arrêt, du 3 juin 1862, statue dans une espèce plus intéressante : Il s'agit d'une promesse faite par un beau-père à sa belle-fille, par lettre adressée à un notaire, de lui payer une rente annuelle de 800 francs, à condition qu'elle vendrait ses immeubles. Le beau-père mort, ses héritiers se refusèrent à exécuter sa promesse, soutenant que la lettre de promesse, étant confidentielle, ne contenait aucun engagement précis et n'était qu'une promesse d'honneur, dont on ne pouvait exiger l'exécution ni de lui-même ni de ses héritiers.

La Cour d'Orléans débouta la demanderesse, « parce qu'il n'y a de promesse obligatoire, en droit, que celle qui est faite avec intention de s'obliger et qui confère à l'autre partie le droit d'en exiger l'accomplissement en justice »; la Cour constate même que les versements effectués par les héritiers dans les années écoulées avaient été faits à titre purement gratuit.

Ces deux arrêts confirment notre opinion que les promesses faites et même acceptées ne forment pas toujours un lien de droit ou un lien naturel ; mais la Cour d'Orléans, dans la deuxième affaire, nous paraît avoir fait une appréciation des faits trop favorable aux débiteurs, puisqu'une condition qui pouvait être onéreuse selon les circonstances avait été imposée à la demanderesse : celle de vendre ses immeubles.

Laurent (t. XVII, p. 46) indique un arrêt de la Cour de Bruxelles qui a jugé, contrairement aux deux arrêts que nous venons de rapporter, qu'au cas d'un engagement verbal par lequel deux époux ont promis de payer à leur fille une pension annuelle de 500 francs, en raison d'un mariage contracté par elle, le père et la mère étaient valablement et réellement obligés. La Cour s'est fondée sur ce que cette promesse était une donation affranchie des formes légales, attendu qu'elle avait pour cause une obligation naturelle. Cet arrêt est très critiquable, car le propre de l'obligation naturelle est d'exclure l'idée de donation et de constituer un vrai payement, valable lorsqu'il est volontaire.

Malgré cette diversité de la jurisprudence provenant de la façon dont les faits des procès se sont présentés et ont été appréciés, il nous paraît certain que la simple promesse en principe ne constitue pas une obligation même naturelle, à moins qu'elle ne revête la forme précise d'un engagement, car elle perd alors le caractère que nous lui supposons.

Il en serait de même des engagements facultatifs de la part de l'obligé, faits dans des termes tels que ceux que relève M. Demolombe (au t. 1, p. 12, *des obligations*) : « Croyez que si je puis réunir 4000 francs, ils seront pour vous » ; ou encore : « Si vous fondez un jour une maison de commerce, avisez-moi, je participerai à la formation du capital. » Ce ne sont là que des promesses vagues et sans consistance, dans lesquelles il est difficile de voir même une intention précise de s'engager.

CHAPITRE VIII

Des obligations ayant une cause illicite
ou immorale

§ I

Les articles 6, 1131, 1133 du Code civil prononcent la nullité de toute convention dont la cause serait illicite ou qui contiendrait des dispositions contraires aux prescriptions de la loi, à l'ordre public ou aux bonnes mœurs. Cette nullité s'étend à toute convention, à tout engagement ; non seulement personne ne peut être contraint à accomplir un fait illicite par voie judiciaire, mais encore nul ne peut se tenir pour obligé dans son for intérieur, lorsqu'il a souscrit à un pareil engagement ; donc toute promesse faite en vue d'obtenir une action ou une abstention de cette nature doit être déclarée nulle non seulement par le droit civil, mais elle est encore sans valeur aux yeux de l'équité et devant la conscience.

Zachariæ (t. IV, p. 10) dit à ce sujet : « Aucun des effets attachés aux obligations naturelles ne saurait être attribué à des engagements résultant des conventions prohibées par des motifs d'ordre public, bien qu'ils aient été contractés librement et en pleine connaissance de cause ; de pareils engagements, réprouvés par la loi, n'ont aucune existence en droit et ne peuvent par conséquent être invoqués, même sous forme d'exception seulement, pour repousser soit la *condictio indebiti, vel sine causâ*, soit la demande en nullité formée pour défaut de cause contre les obligations nouvelles contractées par les débiteurs. »

Le payement fait dans de pareilles circonstances serait donc fait sans cause et pourrait être répété, car l'article 1235 ne trouve pas ici son application.

Demante (t. V, p. 308) expose la même théorie et fait observer que l'obligation naturelle, étant une obligation civile, moins énergiquement sanctionnée que l'obligation civile proprement dite, ne peut être engendrée à l'encontre des prohibitions formelles de la loi, « car la loi manquerait ordinairement le but qu'elle veut atteindre par la prohibition d'une convention, si elle sanctionnait même imparfaitement l'engagement qu'elle refuse de sanctionner par les moyens ordinaires de contrainte. »

Demolombe et la doctrine sont unanimes en ce sens, mais la divergence se produit cependant dans l'appréciation de certains points de détails, je ne dis pas seulement dans les espèces, ce qui serait bien naturel.

Quelques jurisconsultes et certains auteurs considèrent comme atteintes par la prohibition des articles précités, toutes conventions, tous engagements, tous payements faits en des circonstances où une loi déclarait qu'ils n'avaient pas de raison d'être ; et ils donnent comme exemple les payements ratifiés si souvent par la justice, faits par des débiteurs de rentes féodales ou par des acquéreurs de biens nationaux vendus par autorité de la loi, et à l'occasion desquels des dispositions législatives particulières et même des constitutions ont déclaré qu'aucune recherche ne pourrait jamais être dirigée contre les débiteurs ou acquéreurs ; et ils admettent que, dans ces diverses hypothèses, le payement accompli pourrait être répété.

Nous croyons que c'est faire une fausse application du principe de la nullité des conventions et des obligations que d'aller si loin. On doit considérer comme nul l'engagement contraire à l'ordre public, ou aux bonnes mœurs celui qui violerait une loi, celui qui constituerait un

appel à l'immoralité ou qui tendrait à infirmer l'existence de la loi. Mais, dans les espèces que nous avons citées
et dans celles analogues où nous admettons pour notre
part l'existence de l'obligation naturelle, peut-on voir une
violation de la loi, une atteinte aux mœurs ou à l'ordre
public ? Evidemment non; et il ne faut y voir que le fait d'une
conscience plus délicate que la loi positive et qui cherche
son repos dans l'accomplissement de ce qui est une obligation naturelle aux yeux même de la plupart des magistrats et d'un grand nombre de jurisconsultes.

Il se rencontre quelques hypothèses qui ont un caractère
bien moins déterminé, dont la nullité est généralement
admise, mais au sujet desquelles nous ferons certaines réserves, que nous semble commander la vérité doctrinale.

Nous dirons peu de choses des cas où l'atteinte aux
mœurs, à l'ordre public ou à la loi est tellement évidente
qu'elle est admise par tous, tels que stipulations, promesses de payement en vue de commettre un crime ou un délit, en vue de s'abstenir de remplir une obligation légale,
un acte de la fonction dont on est revêtu, un service public, ou bien la stipulation d'une rémunération pour accomplir ces mêmes actes ; dans tous ces cas et autres
semblables, pas d'obligation possible et si l'on vient à
payer, l'on pourra répéter.

Il en est de même des stipulations, promesses ou conventions portant atteinte à l'autorité paternelle ou maritale. De nombreux jurisconsultes, suivant ici la doctrine
du droit romain et de Pothier, n'admettent la répétition
qu'au cas où la cause de payement n'est illicite que d'un
côté ; quand elle l'est des deux côtés, ils appliquent le vieil
adage *In pari turpi causâ melior est causa possidentis.*
Marcadé et avec lui plusieurs auteurs repoussent cette doctrine avec raison, car l'article 1376 oblige à restitution celui qui reçoit ce qui ne lui est pas dû sciemment ou par
erreur. Ici, le payement est reçu sciemment, car nul n'est

censé ignorer la loi, et la loi refuse tout effet à l'obligation illicite. Il faut donc annuler le payement, et celui qui a payé peut répéter, car rien n'est dû.

§ II

DES STIPULATIONS SUR SUCCESSION FUTURE

Les stipulations sur succession future sont prohibées par les articles 791, 1130 et 1600 du Code civil « et la violation de cette règle, dit Zachariæ (t. 11, p. 317), doit faire considérer comme non avenue la convention dans laquelle elle a été faite. » Cette nullité est étendue, par la doctrine et les textes, non seulement aux conventions entre héritiers, mais encore entre héritiers et étrangers, et même entre toute personne et celle dont la succession non encore ouverte fait l'objet d'un pareil pacte.

On admet généralement que le pacte sur succession future ne donne pas naissance à l'obligation naturelle et encore moins à l'obligation civile; cette solution cependant nous parait difficile à admettre dans certains cas. Est-il évident que de pareilles conventions présentent toujours un danger pour l'ordre public, que les bonnes mœurs soient intéressées à cette prohibition générale? Nous ne le croyons pas, car la conscience ne répugne pas à de pareilles conventions faites dans certains cas donnés; la loi les prohibe aujourd'hui, mais, dans notre ancien droit, elle les tolérait; les institutions contractuelles, si usitées alors, formaient pour ainsi dire la base de l'ordre successoral ancien et rendaient de grands services.

Le pacte sur succession future est-il donc si contraire à l'ordre public, alors qu'on voit notre législation admettre, sous l'article 1075 C.C., le partage entre-vifs des biens de l'ascendant, et les donations de biens à venir par contrat de mariage sous l'article 1082 C. C.; ces deux actes constituent véritablement des pactes sur succession future.

Par conséquent, que manque-t-il à ces sortes de conventions, pour être des obligations civiles? Rien autre chose que la consécration du législateur ; si elle leur était accordée, on ne verrait là aucune atteinte à l'ordre social.

Supposons qu'un fils promette à son voisin de lui concéder une servitude sur un immeuble appartenant à son père, pour le jour où il le possédera ; supposons qu'il s'engage à livrer, à la même échéance, un meuble ou un immeuble de la succession ; ou que des cohéritiers s'entendent entre eux à l'avance sur le partage qui interviendra après le décès de leur auteur ou qu'ils promettent de payer à un tiers une somme qu'il réclame, afin d'éviter un procès qui tourmenterait les derniers jours de leur père ou causerait un scandale. N'y aurait-il pas, dans des cas pareils, un lien formé entre les parties, un lien tout au moins naturel? Nous inclinons à le penser et il nous paraît que l'exécution volontaire pourra avoir lieu ; dans la dernière hypothèse que nous avons supposée, nous pensons même que le payement aura une juste cause et devra bénéficier de l'article 1235, malgré la prohibition générale des articles cités en tête de cette section.

§ III

DES CONTRE-LETTRES

Les contre-lettres, en matière de transmission d'offices ministériels, font naître une question identique ; on s'est demandé, dit M. Larombière (t. IV, p. 68), si, après un payement volontairement fait par lui, le cessionnaire d'un office ministériel pourrait répéter le montant du supplément de prix, qu'il a payé au cédant, en dehors de la somme portée dans l'acte soumis à l'approbation du gouvernement.

La jurisprudence longtemps hésitante s'est aujourd'hui prononcée dans le sens du droit de revendication ; elle repousse l'application à ce cas de l'article 1235 et ne voit pas d'obligation naturelle admissible du côté du cessionnaire, et justifiant le payement du supplément de prix porté dans la contre-lettre.

Les considérations alléguées pour justifier cette juris-prudence nous paraissent puisées dans des motifs d'ordre public : l'Etat peut viser un jour à l'expropriation des titulaires d'offices, au rachat des charges, comme il l'a fait déjà sous l'Empire pour les courtiers de marchandises ; il a donc intérêt à ce que les prix ne s'élèvent pas démesu-rément ; la moralité des officiers ministériels peut être mise à une trop rude épreuve s'ils achètent trop cher leur charge, et il y a intérêt à les protéger eux mêmes contre les gros prix. L'expérience journalière confirme tristement la valeur de ces considérations qui ont certainement une très juste portée. La propriété de l'office, qui est assuré-ment aussi sacrée que toute autre, est en définitive une propriété d'un ordre particulier, une création du droit po-sitif, bien plus que du droit naturel ; enfin, il faut recon-naître encore que les cédant et cessionnaire, en sou-mettant à l'autorité un acte mensonger et en l'accompa-gnant de contre-lettres, ont agi frauduleusement et fait un acte civilement blâmable.

Par toutes ces raisons nous expliquons la rigueur de la jurisprudence qui est allée jusqu'à autoriser la répétition du principal et des intérêts du supplément de prix payé, malgré toute transaction intervenue postérieurement et librement.

Nous avons vu cependant des magistrats n'obéir à cette jurisprudence qu'avec une profonde tristesse et l'un d'eux disait un jour avec un accent de sincérité que nous ne saurions oublier : « Nous avons autorisé M. X... à revendiquer le supplément de prix qu'il a payé à son cédant, mais M. X... est un triste notaire, et je n'aimerais pas à lui confier mes affaires ; on ne doit pas revenir sur ce qui a été librement convenu et volontairement payé. »

Il y a donc matière à hésitation sur cette question ; cette répétition de prix nous répugne profondément et, si nous ne pouvons voir ici une obligation naturelle, nous y reconnaissons une de ces obligations imparfaites dont parle Pothier.

Les promesses de démission faites par des officiers ministériels ont été très vivement blâmées dans notre ancien droit, sous le nom de « résignations *in favorem* ou confidence », lorsqu'il s'agissait soit d'un bénéfice, soit d'un office.

Nous assimilons ces actes aux contre-lettres contenant supplément de prix, car elles leur ressemblent absolument. En effet, sur une promesse de rétrocession ou de démission en faveur d'une personne désignée ou à désigner, l'office a pu être vendu moins cher ; il y a donc là, comme dans le cas précédent, une question de morale et de probité, à côté de la question de droit civil pur. La conscience n'est pas d'accord avec la loi, et elle oblige sûrement de faire là où la loi défend d'agir ; c'est fort triste.

Le seul remède c'est que la vénalité des charges disparaisse ou que la liberté de fixation du prix soit accordée entière ; les contre-lettres cesseront alors d'être usitées, jusque-là on aura à déplorer leur emploi.

S'il s'agissait d'un emploi, d'une fonction non constituée en titre d'office vénal, nous n'hésiterions pas à nous ranger, sans réserve, à la solution la plus radicale et nous admettrions alors la nullité absolue de tous accords.

§ IV

DU PRÊT USURAIRE

Le prêt usuraire est rangé parmi les conventions illicites qui, selon Demante, sont radicalement nulles, « car c'est, dit-il, dans des vues d'utilité générale que la loi a limité l'intérêt de l'argent... Cet intérêt général serait presque aussi certainement lésé par l'existence d'une simple obligation naturelle que par celle d'une obligation civile. Les emprunteurs seraient toujours pressurés par les créanciers qui auraient soin de se faire payer d'avance l'intérêt usuraire. Les conventions dont nous parlons sont contraires à l'ordre public, elles doivent être absolument dénuées d'effet ».

Cette opinion est générale en doctrine et en jurisprudence ; les législateurs du Code ne semblent pas avoir cependant embrassé la réprobation de nos anciens pour le prêt usuraire, mais s'être inspirés de la liberté du taux de l'intérêt que la loi du 5 thermidor an IV avait proclamée en ces termes : « A dater la publication de la présente loi, chaque citoyen sera libre de contracter comme bon lui semblera. »

L'article 1903 C. C. s'exprime ainsi en effet : *Il est permis de stipuler des intérêts pour simple prêt, soit d'argent, soit de denrées ou autres choses mobilières.* C'est laisser à la convention des parties la fixation du taux de l'intérêt.

La loi du 3 septembre 1807 vint fixer le taux de l'intérêt et prononça une peine correctionelle contre celui qui serait convaincu de se livrer habituellement à l'usure. Ce taux fut fixé au 5 0/0 pour l'intérêt légal et conventionnel en matière civile et à 6 0/0 en matière commerciale.

Le texte et l'esprit de la loi de 1807 placent dans la catégorie des conventions illicites toute stipulation d'intérêts excédant le taux qu'elle a fixé, au moins pour les prêts d'argent, le texte ne paraissant pas s'appliquer aux autres prêts. Dès lors, la jurisprudence et la doctrine sont d'accord pour ne voir aucune obligation même naturelle pouvant justifier le payement de l'intérêt usuraire. La répétition de cet excédent est même consacrée par les jugements, pour les raisons déjà énoncées, la nullité devant être entendue en pareil cas dans le sens du refus par la loi de l'exception aussi bien que de l'action.

Nous éprouvons cependant le besoin de présenter une observation devant les variations de la législation sur cette matière. L'intérêt est d'abord prohibé ; puis il est laissé libre ; ensuite il est limité en matière civile et commerciale ; enfin, la loi du 13 janvier 1886 est venue rendre la liberté complète au taux de l'intérêt conventionnel commercial, laissant subsister la fixation du taux légal au 6 0/0. Par conséquent, il n'y plus d'usure ni de délit d'usure en matière commerciale.

Pourquoi alors ne pas traiter de même les intérêts civils ? Evidemment parce que les législateurs ont encore trouvé bonnes en ce cas les raisons qui ont fait voter la loi de 1807, tout en trouvant que ces raisons n'avaient plus de force ni de valeur en matière commerciale. C'est là une anomalie qui devra disparaître de nos codes ; rien n'est plus nécessaire, plus conforme à l'intérêt général économique bien entendu, que la liberté des transactions et celle du taux de l'intérêt ; de cette liberté, en effet, dépend la hardiesse des entreprises et l'extension des affaires. Si l'intérêt civil ne vient pas indemniser le prêteur sérieux des risques que peut courir son capital dans un cas donné, il aimera mieux le garder et laissera l'emprunteur en présence de l'homme qui, défiant la loi, traitera avec lui aux conditions les plus dures et le ruinera. En l'état actuel de notre législation, l'usure en matière civile reste un délit.

Quelle sera la situation de l'emprunteur obéré qui aura trouvé un prêteur consentant à lui prêter au 6 o/o ou au 7 o/o en matière civile? On répond : il pourra ne payer que le 5 o/o et, s'il paye davantage, il pourra répéter. Cela n'est pas douteux, et cela sera encore vrai, quelque soit l'avantage qu'il ait retiré du prêt, ce prêt l'eût-il sauvé d'une ruine complète, lui eût-il procuré les plus beaux bénéfices. L'ordre public, les bonnes mœurs exigent-elles et justifient-elles un pareil résultat ? Peut-on dire qu'en ce cas l'emprunteur ne doit rien au delà de l'intérêt légal ? Nous ne pouvons l'admettre en droit naturel, ni en conscience, et nous sommes ici encore en présence d'une de ces dispositions de droit positif que nous déplorons.

Nous croyons qu'en droit naturel et en conscience celui qui a emprunté librement, sans dol, sans tromperie, à un taux supérieur au 5 o/o, doit cet intérêt et qu'il ne peut le revendiquer après l'avoir payé ; il y a certainement un prêt illégal en cette occasion, mais non ce qu'on peut appeler une action illicite et, si nous revenons à la définition de l'obligation naturelle, telle que nous l'avons acceptée, nous pouvons dire qu'il en existe vraiment une ici, car le législateur peut faire au civil ce qu'il a fait pour le commerce et établir la liberté de l'intérêt civil.

CHAPITRE IX

L'obligation naturelle peut-elle naître
d'un quasi-contrat, d'un délit ou d'un quasi-délit?

QUASI-CONTRATS. — Colmet de Santerre (p. 660, t. V) définit le quasi-contrat : « un fait volontaire et licite qui n'est point une convention, et qui oblige celui qui l'a accompli et quelquefois un autre ». Il résulte de cette définition que le quasi-contrat est un fait volontaire ; par suite, il faut que ce fait émane d'une personne capable d'avoir une volonté, pour que la loi lui attribue quelque effet ; quant à la personne qui est obligée par le fait d'autrui, qui joue un rôle passif dans le quasi-contrat, sa capacité n'est pas exigée, la loi seule l'oblige pour des raisons d'équité (article 1370 du Code civil).

Supposons donc qu'un mineur ou une femme mariée entreprennent la gestion d'affaires des biens d'une personne qui ne leur a pas donné mandat à cet effet, pourront-ils invoquer leur incapacité pour se défendre contre l'action dirigée contre eux par le maître de l'affaire ; cela ne paraît pas douteux, puisqu'ils le pourraient, s'il s'agissait de la gestion de leurs affaires propres.

Mais, si leur incapacité les fait relever des responsabilités qu'un capable aurait encourues, ils en resteront tenus naturellement et lorsqu'en état de capacité ils acquitteront la dette de leur gestion, on devra constater un payement et non pas une libéralité ; l'article 1235 sera applicable.

Dans le cas de réception de l'indû, nous devons appliquer au remboursement de l'indû les mêmes principes ;

s'il a été jugé que, dans un cas donné, il n'y a pas eu réception de l'indù, l'obligation civile de restitution est éteinte ; mais l'obligation naturelle subsiste, comme elle subsisterait au cas de prescription de l'action en répétition. On peut don c indiquer les quasi-contrats comme générateurs possibles d'obligations naturelles.

Délits, Quasi-délits. — Le délit est un fait nuisible et illicite commis avec intention de nuire. Le quasi-délit est un fait de même nature, avec l'intention de nuire en moins (art. 1382, 1383 et suiv. C. C.). On reconnaît des délits civils qui n'ont rien de criminel ; soustraits aux lois pénales, ils sont du domaine des tribunaux civils qui ont seuls à en connaître et qui prononcent sur la réparation des dommages qu'ils ont causés ; les faits criminels sont, au contraire, laissés à l'appréciation des tribunaux répressifs.

La prescription criminelle, une fois acquise, couvre la réparation des dommages et éteint l'action civile ; elle est plus courte que la prescription civile, qui seule peut être opposée aux demandes en réparation au cas de délit ou de quasi-délit civils.

Mais, dans les deux cas, il faut qu'il y ait faute, pour qu'il puisse être demandé réparation ; pour qu'il y ait faute, il faut que l'action ou l'omission soit imputable à un être responsable, conscient de ses actes. La loi prévoit cependant plusieurs cas dans lesquels, si l'agent est irresponsable, elle rejette la faute sur celui qui avait charge de surveiller ses actes et qui a manqué à ce devoir.

Dans ces cas-là, l'action en réparation peut être repoussée par l'agent qui invoque son inconscience, son incapacité, et aussi par la personne responsable, si elle établit qu'elle se trouve avoir fait son devoir et être dans un des cas d'excuses prévus par la loi.

Mais nous admettons que dans ces divers cas il y a obligation naturelle survivant au succès des moyens invoqués par l'agent irresponsable, ou même à la prescription, si elle a pu être invoquée victorieusement ; si donc l'incapable ayant recouvré sa capacité, si le responsable renvoyé des fins de la plainte ou ayant gagné son procès, poussés par leur conscience, indemnisent la partie lésée, ce ne sera point de leur part une libéralité, mais un payement dans le sens de l'article 1235. L'obligation naturelle sera constatée par ce fait et on pourra dire qu'elle a pour générateur le délit ou le quasit-délit.

CHAPITRE X

Dernier état de la doctrine
et de la jurisprudence

Au moment où nous terminons ce modeste travail, paraît le tome XIe du Supplément au Répertoire de Dalloz, qui consacre quelques pages aux obligations naturelles et nous donne le dernier état de la jurisprudence et de la doctrine sur notre question.

Nous noterons simplement et très brièvement ce qui nous paraît mériter de l'être.

Nous trouvons là la confirmation de l'idée admise au cours de cette étude : qu'il appartient aux juges de reconnaître, dans les faits de la cause qui leur est soumise, l'existence d'une obligation civile ou naturelle ou encore d'un simple devoir de morale ou de conscience. La Cour de cassation consacre son droit de reviser les décisions des magistrats, dans le cas notamment où elles reposent sur l'appréciation des conséquences légales qu'un fait, dont ils ont constaté l'existence, était de nature à produire. (Ch. civ., Cass., 15 janvier 1873, affaire de S.., Dall., *P.*, 73-1-180.)

L'examen fait par l'auteur de plusieurs espèces (§ 387) démontre bien que l'appréciation que nous venons de reconnaître aux tribunaux le droit de faire, amène des solutions différentes dans des cas dont les apparences ne font pas d'abord saisir la diversité.

Un point sur lequel nous ne saurions trop insister est mis en lumière une fois de plus par un arrêt de la Cour de Paris du 14 février 1877, aff. W. (Dall., *P.*, 77-2-96) et par un arrêt, du 3 avril 1882, ch. r., affaire Gautier (Dall., *P.*, 82-1-250) et par quelques autres décisions : c'est que l'obligation civile peut seule donner au créancier le moyen d'agir contre le débiteur. Il faut, par conséquent, que le juge reconnaisse le *vinculum juris* dans l'engagement, pour qu'il accueille la demande en justice ; ce lien pourra d'ailleurs être révélé par les éléments de la cause soumise à la sagesse et à la sagacité des juges.

Au § 392, nous trouvons une nouvelle affirmation de l'obligation naturelle qui peut être la cause d'une juste prestation rémunératoire pour services rendus et insuffisamment rétribués par les gages convenus ; cette prestation est un vrai payement et non une libéralité, ainsi que l'a décidé, le 16 mai 1881, le tribunal de Marseille, affaire Gabriel (*Jurisprudence de Marseille*, t. VI, p. 240).

L'obligation naturelle résultant du jeu et du pari est aussi affirmée.

Nous croyons inutile de nous arrêter plus longuement aux autres parties de cet article, qui ne révèle aucun point de fait ou de doctrine qui ne soit déjà noté dans notre travail.

POSITIONS

Droit Romain

I

L'usufruitier acquiert les fruits naturels et industriels par la perception ; le possesseur de bonne foi les acquiert par la seule séparation.

II

C'est par erreur que Justinien, aux Institutes, déclare que les règles relatives à la restitution des fruits ne sont pas les mêmes dans la *rei vindicatio* et la *petitio hereditatis*.

III

La dot constituée en fraude des droits des créanciers peut être révoquée en vertu de l'édit du préteur par l'action révocatoire ou par l'interdit *fraudatorium*.

IV

Le fils de famille n'est pas considéré comme paterfamilias par rapport à son pécule adventice.

Droit Français

I

Un immeuble donné aux deux époux, conjointement, est propre pour moitié à chacun d'eux, s'ils sont communs en biens.

II

Les autres cohéritiers ne participent pas au bénéfice du retrait exercé par un seul d'entre eux.

17

III

L'enfant renonçant ne doit pas être compté pour le calcul de la réserve.

IV

Le trésor trouvé par un tiers sur le fonds d'un des époux communs en biens, ou par l'un des époux sur son propre fonds, forme un conquêt de communauté.

V

Le capital d'une assurance sur la vie doit être compris dans l'actif de la communauté.

VI

Dans l'intervalle de l'acquisition d'un immeuble à son acceptation en remploi par la femme commune en biens, cet immeuble est propre de celle-ci.

Droit Criminel

I

Lorsque, dans un même délit, il y a lieu d'appliquer l'aggravation de la récidive et les circonstances atténuantes, ces dernières doivent produire effet avant la récidive.

II

L'homicide et les blessures résultant d'un duel loyalement accompli ne sont pas compris dans les dispositions du Code pénal, qui punissent le meurtre et les blessures volontaires.

Droit Constitutionnel

I

Les droits du Sénat sont égaux à ceux de la Chambre des députés en ce qui concerne les lois de finances, sauf le droit de priorité qui appartient à la Chambre.

II

L'Assemblée nationale a le pouvoir constituant illimité, nonobstant toutes les indications restrictives contenues dans les votes séparés du Sénat et de la Chambre qui ont provoqué sa réunion.

Droit International

I

La constitution actuelle des tribunaux de prise est vicieuse.

II

Pour être obligatoire, le blocus doit être effectif.

Vu : le Professeur, président de la Thèse,

CAREL.

Vu : le Doyen de la Faculté,

Edmond VILLEY.

Vu et permis d'imprimer :

Le Recteur de l'Académie de Caen,

E. ZEVORT.

ERRATA

Page 15, ligne 2 ; *au lieu de :* equitas, *lire :* æquitas.
— 15 — 10 — entwidklung, *lire :* entwickelung.
— 25 — 16 et 23 — 11-21, *lire :* XLVI, t. 1 (Dig.).
— 28 — 20 — 111-14, *lire :* XLIV, t. 7.
— 28 — 24 — 111-21, *lire :* l. XLVI, t. 1 (Dig.).
— 34 — 4 et 1 — payement l'obligation, *lire :* payement de l'obligation.
— 34 — 7 — la montant, *lire :* le montant.
— 38 — 13 — 111-21, *lire :* l. XLVI, t. 1.
— 42 — 23 — 111-21, *lire :* l. XLVI, t. 1.
— 56 — 11 et 12 — exhorbitant. *lire :* exorbitant.
— 59 — 31 — le prouve, *lire :* le prouvent.
— 64 — 27 — prescriptis, *lire :* præscriptis.
— 72 — 16 — accordée, *lire :* opposée.
— 72 — 22 — le patria potestas, *lire :* la patria potestas.
— 85 — 9 — § III, *lire :* § IV.
— 89 — 16 — quant, *lire :* quand.
— 89 — 28 — § IV, *lire :* § V.
— 96 — 23 — § IV, *lire :* § VI.
— 123 — 10 — assimillation, *lire :* assimilation.
— 168 — 5 — § 44, *lire :* t. IV, § 47.
— 168 — 27 — § 26, *lire :* t. XVII, § 26.
— 168 — 29 — §§ 8 et 9, *lire :* t. IV, §§ 8 et 9.
— 175 — 25 — p. 424, n° 5, *lire :* t. IV, § 424, note 5.
— 217 — 32 — § 16, *lire :* t. XVII, § 16.
— 218 — 10 — § 17, *lire :* t. XVII, § 17.
— 223 — 16 — § 22, *lire :* t. XVII, § 22.

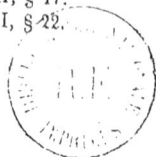

TABLE DES MATIÈRES

DES OBLIGATIONS NATURELLES EN DROIT ROMAIN

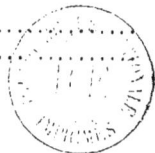

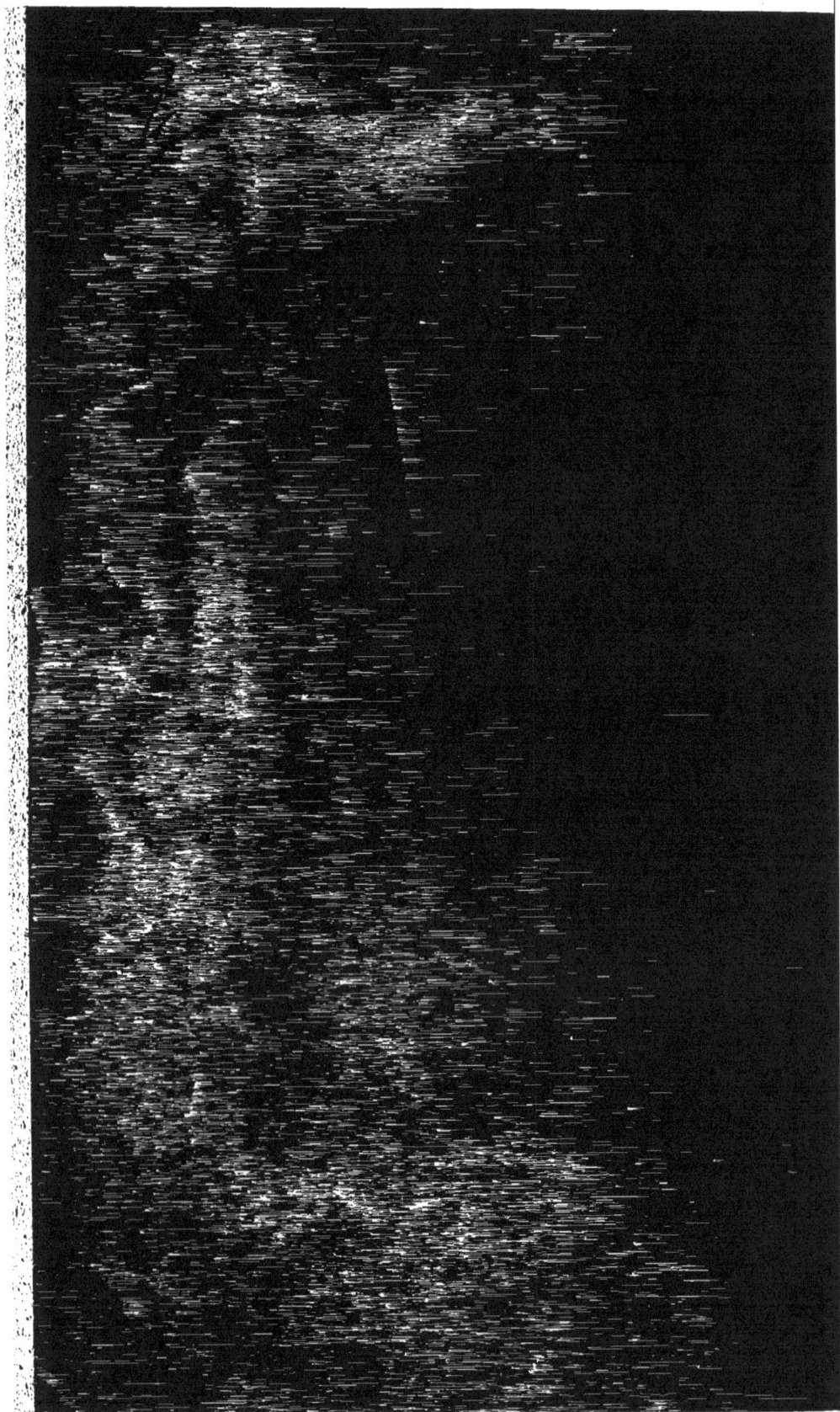

www.ingramcontent.com/pod-product-compliance
Lightning Source LLC
Chambersburg PA
CBHW070251200326
41518CB00010B/1759